清华哲学文库

国学散论

陈来随笔录

陈来 著

清华大学出版社

北京

内 容 简 介

本书广泛讨论了国学在当代的主要意义、国学的内容与分类、近代国学的发展过程、儒家思想在中华民族复兴时代的作用和意义，以及各种与儒学史相关的思想。本书作者以国学大家的身份，以小篇幅的学术随笔形式对这些问题加以阐发，是学术大众化的典范。

图书在版编目（CIP）数据

国学散论：陈来随笔录/陈来著.—北京：清华大学出版社，2019（2020.1重印）
（清华哲学文库）
ISBN 978-7-302-51590-6

Ⅰ．①国…　Ⅱ．①陈…　Ⅲ．①国学—文集　Ⅳ．①Z126.27-53

中国版本图书馆 CIP 数据核字（2018）第 257203 号

责任编辑：梁　斐　骆　骁
封面设计：常雪影
责任校对：赵丽敏
责任印制：李红英

出版发行：清华大学出版社
　　　　　网　　址：http://www.tup.com.cn，http://www.wqbook.com
　　　　　地　　址：北京清华大学学研大厦 A 座　　邮　　编：100084
　　　　　社 总 机：010-62770175　　　　　　　　邮　　购：010-62786544
　　　　　投稿与读者服务：010-62776969，c-service@tup.tsinghua.edu.cn
　　　　　质量反馈：010-62772015，zhiliang@tup.tsinghua.edu.cn
印 刷 者：三河市铭诚印务有限公司
装 订 者：三河市启晨纸制品加工有限公司
经　　销：全国新华书店
开　　本：170mm×240mm　　印　张：17.5　　　字　　数：323 千字
版　　次：2019 年 3 月第 1 版　　　　　　　印　　次：2020 年 1 月第 2 次印刷
定　　价：79.00 元

产品编号：080134-01

陆埮

Contents
目录

中篇 国 学

下篇　散　　论

儒学

一、儒学的基本思想

- ◆ 孔子思想的道德力量
- ◆ 儒家文明的价值意义

孔子思想的道德力量

　　孔子与其所创立的儒学是中华文化的主干和主体部分,并且长期居于主导地位。孔子与儒学奠定了中华文化的核心价值,对于中华文明的传承和发展产生了深刻的影响。孔子与儒学在塑造中华文化及其精神方面起了不可替代的作用。因而,在历史上,尤其是近代以来,孔子已经在相当程度上成为中华文化的标志。

　　孔子思想最重要的作用是确立了中国文化的价值理性,奠立了中华文明的道德基础,塑造了中国文化的价值观,赋予了中国文化基本的道德精神和道德力量,使儒家文明成为"道德的文明"。中国在历史上被称为"礼仪之邦"就是突出了这个文明国家具有成熟的道德文明,而且这一成熟的道德文明成为这个国家整体文化的突出特征,道德力量成为中华文明的最突出的软实力,这一切都是来源于孔子与儒学的道德塑造力量。

　　那么,孔子思想中的哪些内容在中华文明中发挥了以上所说的作用?

一　崇　　德

　　"崇德"是孔子的原话,见于《论语》,亦见于《尚书·武成篇》"惇信明义,崇德报功",但《武成篇》的成熟时代可能稍晚。自西周以来,中国文化已经开始不断发展重视"德"的倾向,孔子在此基础上,更加强调"德"的重要性。孔子思想中处处体现了"崇德"的精神。崇德就是把道德置于首要的地位,在任何事情上皆是如此,无论政治、外交、内政、个人,都要以道德价值作为处理和评价事务的根本立场,对人对事都须先从道德的角度加以审视,坚持**道德重于一切**的态度。如在治国理政方面,孔子强调:"道之以政,齐之以刑,民免而无耻。道之以德,齐之以礼,有耻且格。"(《论语·为政》)就是说用政令领导国家,人民可以服从但没有道德心;用道德和礼俗来领导国家,人民乐于服从而且有道德心。孔子不相信强力、暴力能成为治理国家的根本原则,孔子的理想是用道德的、文化的力量,用非暴力、非法律的形式实现对国家、社会的管理和领导。孔子的这一思想也就是"以德治国"。这是孔子"崇德"精神最明显的例子。事实上,无论是涉及国家、社会还是个人,孔子对道德理想、道德政治、道德美德、道德人格、道德修养的论述，处处都体现了崇德的精神，并成为中国文化的道德基础。为了方便，以下我们只从仁、义、中、和四个基本观念入手，来呈现孔子道德思想的主要特征。

二　贵　仁

在《论语》中，孔子在 100 多处谈到"仁"，"仁"是孔子谈论最多、最重视的道德概念，因此战国末期的思想界已经把孔子的思想归结为"孔子贵仁"（《吕氏春秋·审分览》）。贵仁是指孔子在诸多的道德概念中最重视仁，仁是孔子思想中最重要的伦理原则，是孔子思想中最高的美德，也是孔子的社会理想。仁的性质是仁慈博爱，仁在孔子也是全德之称，代表了所有的德行，仁在儒家思想中又代表了最高的精神境界。在中华文明的发展中，仁成为中华文明核心价值的首要道德概念。仁的含义可见于《论语》中最著名的例子："樊迟问仁。子曰：'爱人'。"（《论语·颜渊》）孔子重视家庭伦理，但在家庭伦理的基础上，又提出了普遍的人际伦理"仁者爱人"，把仁设定为社会文化的普世价值。仁有多重表现形式，在伦理上是博爱、慈惠、能恕，在情感上是恻隐、不忍、同情，在价值上是关怀、宽容、和谐，在行为上是和平、共生、互助、扶弱以及珍爱生命、善待万物等。同时，仁是孔子和儒家思想的核心，**仁爱为道德之首**，在 2500 年以来的历史中业已成为中华文明的道德精神的最集中的表达。

孔子不仅突出了仁的重要性，而且把仁展开为两方面的实践原理，即"己所不欲，勿施于人"（《论语·卫灵公》）和"己欲立而立人，己欲达而达人"（《论语·雍也》）。前者亦称为恕，后者亦称为忠，孔子说忠恕便是他的一贯之道。从恕来说，自己所不想要的，决不要施加给别人。从忠来说，自己要发展、幸福，也要使他人发展、幸福。孔子不主张"己之所欲，必施与人"，即自己认为是好的，一定要施加给别人。这就避免了强加于人的霸权心态和行为。中国现代新儒家思想家梁漱溟提出，儒家伦理就是"互以对方为重"，以此来说明忠恕之道的伦理态度，就是说，儒家伦理的出发点是尊重对方的需要，而不是把他者作为自我的实现对象。儒家伦理不是突出自我，而是突出他者；坚持他者优先，**他者先于自我**，这是仁的伦理出发点。20 世纪 90 年代以来，"己所不欲，勿施于人"已经被确认为世界伦理的金律，而在中华文明 2500 年以来的发展历程中，孔子仁学的这一教诲早已深入人心，化为中华文明的道德精神。

三　尊　义

在孔子看来,处理"义"和"利"的关系是人类文明永恒的道德主题。他说"君子喻于义,小人喻于利"(《论语·里仁》),又说"君子义以为上"(《论语·阳货》)。《礼记·坊记》引孔子说"忘义而争利,以亡其身"。孟子尤其重视义利之辨,汉代大儒董仲舒明确强调儒家的义的立场与功利追求的对立:"正其义不谋其利,明其道不计其功"。这里的义都是指道德原则,利是指功利原则及私利要求。孔子坚持认为,君子即道德高尚的人,其特征和品质是尊义、明义,任何时候都以义为上、为先,坚持**道义高于功利**。他把追逐功利看作小人的本质,提出争利必亡,"见利而让,义也"(《礼记·乐记》)的道德信念。这种义利之辨不仅是崇德的一种体现,更具体地影响了中国文化的价值偏好。在儒家思想中,义与利的这种关系,不仅适用于个人,也适用于社会、国家。孔子的儒学主张"国不以利为利,以义为利"(《大学》),即国家不能只追逐财富利益,而应该把对道义的追求看作最根本的利益。现代化的过程,在极大促进了人类生产力的同时,也在相当程度上破坏了传统义-利的平衡,使社会文化向着工具-功利的一边片面发展,孔子的这一思想可以对现代社会文化的发展偏向形成一种制约。

"义"不仅在孔子思想中在一般意义上指道德原则,在孔子以及孔子之后的儒学中,"义"还被赋予了"正义"的规范含义。《礼记》中的"仁以爱之,义以正之""仁近于乐,义近于礼"(《礼记·乐记》),便突出了义的这种规范意义。孔子弟子子思的学生孟子将仁义并提,把"义"提高到与"仁"并立的地位,使得此后"仁义"成为儒学中最突出的道德价值。在儒学中"义"的正义含义,是强调对善恶是非要做出明确的区分判断,对惩恶扬善下果断的决心。义不仅是个人的德性,也是社会的价值。就现实世界而言,仁导向社会和谐,义导向社会正义;仁导向世界和平,义导向国际正义,二者缺一不可。

四　守　中

孔子很重视"中庸"。中的本意是不偏不倚。中的一个意义是"时中",指道德原则的把握要随时代环境变化而调整,从而达到无时不中,避免道德原则与时代脱节,使道德原则的应用实践能与时代环境的变化相协调,避免道德准则的固化僵化。"庸"是注重变中有常,庸即是不变之常,尽管时代环境不断变化,尽管人要不断适应时代环境变化,道德生活中终归有一些不随时代移易的普遍原则,"中"就代表了这样的普世原则,这是孔子中庸思想更加强调的一面。

中庸思想更受关注的意义是反对"过"和"不及"。《论语》中说"过犹不及"(《论语·先进》),始终主张**以中庸排斥极端**。《中庸》说"智者过之,愚者不及也""贤者过之,不肖者不及也",有智慧的人和有道德的人容易犯的错误是"过",而愚人、小人容易犯的过失是"不及"。孔子主张"执其两端用其中""中立而不倚"(《中庸》),不倚就是不偏向过之或不及任何一个极端。所以"中"即是不偏、不倚。虽然人类实践中的偏倚是难以避免的,但中庸的思想总是提醒我们注意每一时代社会的两种极端主张,力求不走极端,避免极端,不断调整以接近中道。由于极端往往是少数者的主张,因而中道才必然是符合大多数人民要求的选择。孔子弟子子思所作的《中庸》中,不仅把中庸作为实践方法,同时强调中庸具有道德价值,认为中庸是道德君子才能掌握的德性,这与亚里士多德是一致的。事实上,道德上的差失无非都是对道德原则过或不及的偏离,这种中道思想和中庸之德赋予了儒家与中华文明以稳健的性格。在中华文明的历史上,在儒家思想所主导的时代,都不曾发生极端政策的失误,这体现了中庸价值的内在引导和约束。

五　尚　　和

孔子之前以及和孔子同时代的智者,都曾提出"和同之辩",强调"和"与"同"的不同,和是不同事物的调和,同是单一事物的重复,和是不同元素的和谐相合,同是单纯的同一。这些和同之辩的讨论都主张和优于同,**和合优于单一**,认为差别性、多样性是事物发展的前提,不同事物的配合、调和是事物发展的根本条件,崇尚多样性,反对单一性。因为单一性往往是强迫的同一,而和合、调和意味着对差异和多样性的包容、宽容,这也正是民主的基础。

孔子正式提出"君子和而不同,小人同而不和"(《论语·子路》),还提出"和为贵"(《论语·学而》)的思想。"和而不同"的思想既肯定差别又注重和谐,在差别的基础上寻求和谐,这比早期的和同之辩更进了一步。孔子还认为,和是君子的胸怀、气度、境界,孔子追求的和也是建立在多样性共存基础上的和谐观。

儒家经典《尚书》已经提出"协和万邦""以和邦国",奠定了中华文明世界观的交往典范。孔子以后,在"和合"观念的基础上,"和"的和谐意义更为突出,以**和谐取代冲突**,追求一个和平共处的世界是中华文明数千年来持久不断的理想。60年前的万隆会议及其所形成的和平共处五项原则的共识,中国曾积极参与其中,从中可以看到中华文明基本价值在当代中国的影响。国家间的和平共处是人类的普遍理想,孔子的思想产生于2500年前,孔子与儒家思想关于与外部世界关系的主张,其基本特征是尚文不尚武,尚柔不尚勇,孔子主张对于远方的世界应"修文德以来之"(《论语·季氏》),就是主张发展文化价值和软实力来吸引外部世界建立友好关系。

孔子坚持道德重于一切的态度,以仁爱为道德之首,主张他者先于自我,道义高于功利,以中庸排斥极端,以和谐取代冲突,这些思想不仅深刻影响了历史的中国,也仍然影响着当代的中国。21 世纪中国领导人的演讲,以自强不息、以民为本、以德治国、以和为贵、协和万邦为核心,自觉地汲取中国文化的主流价值资源,正面宣示对中国文明的承继,用以解释中国政策的文化背景,呈现中国的未来方向。以"和谐社会"为中心的国内政治理念和口号,也体现着类似的努力,即探求以中国文化为基础来构建共同价值观,巩固国家的凝聚力,建设社会的精神文明。大量积极地运用中国文化的资源以重建和巩固政治合法性,已经成为 21 世纪初中国领导人的特色。放眼未来,这种顺应时代的发展只会增强,不会减弱。2013 年 11月下旬,习近平以党和国家领导人的身份到访曲阜和孔府,并发表重要讲话,这是中国共产党执政以来的第一次,具有重要的象征意义。选择曲阜发表有关中华文化和孔子儒学的讲话,明确强调继承中华文化和儒家文化的优秀传统,弘扬儒家的美德和价值观,表明了对孔子与儒家思想的道德力量的深刻认识。习近平在 2014年孔子诞辰 2565 周年纪念大会等讲话中指出,孔子和儒家的思想"蕴藏着解决当代人类面临的难题的重要启示",肯定其中含有超越时空、跨越国度、有当代价值和永恒魅力的部分。这些都是中国国家领导人在文化与价值引领方面所做的重大宣示,显示出孔子及其思想不仅对当代中国有重要的意义,对未来中国的发展也将继续发挥重要的影响。因此,"中国梦"内在地含有道德追求的目标,这是不可忽视的。21 世纪中国的复兴必然同时是其固有的中华文明的复兴和发展,在孔子和儒家传统及核心价值的影响下,对富强的追求并不是当代中国发展的全部,对道德文明与世界和平的追求将永远是中国发展的目标价值。

(本文系作者 2015 年 11 月在印度尼西亚大学举办的"中国梦:孔子与现代中国"学术交流研讨会上所做的主题报告)

儒家文明的价值意义

轴心时代的儒家文明延续了早期文明与西周人文思潮的发展,系统提出了文明的价值、德性,其中最主要的价值与德性都是针对人与他人、人与社群的关系而言。就其偏好而言,儒家文明显示出对仁爱、礼教、责任、社群价值的特别重视,这些价值经过后世哲学的阐发更显示出普遍的意义。

第一是仁爱。众所周知,儒家思想最重要的道德观念是"仁"。仁是自我对于他人的态度,对他人的关怀爱护,或对他人施以恩惠,故《国语》有所谓"言仁必及人"。从文字来说,中国东汉时期的字典《说文解字》解释仁字说:"仁,亲也。从人从二。"说明仁的基本字义是亲爱。清代学者阮元特别强调,仁字左边是人,右边是二,表示二人之间的亲爱关系,所以一定有两个以上的人才能谈到仁,一个人独居闭户,是谈不到仁的,仁是人与人之间的相互关系。阮元的这一讲法是对仁的交互性特质的阐明。孔子以仁为最高的道德观念,孔子和孟子都强调仁者爱人,仁在孔孟思想中已经成为普遍的仁爱,超越了双亲的亲爱或对某些人的亲爱。当然,仁是爱,但爱不必是仁,因为爱如果是偏私的,则不是仁,仁爱是普遍的、公正无私的博爱。事实上,孟子更把仁扩大为"亲亲-仁民-爱物",仁爱的对象已经从社会伦理进一步扩展到人对自然的爱护。中国的儒学,始终把仁德置于道德体系和价值体系的首位。

从另一个方面来看,仁的原始精神是要求双方皆以对方为重而互相礼敬关爱,即相互以待人之道来互相对待,以待人接物所应有的礼貌和情感来表达敬意和亲爱之情,展现了"仁"字所包含的古老的人道主义观念。儒家则将之扩大为博爱仁慈的人道伦理,但"仁"并不主张单方面主观地表达自己的感受,而必须尊重对方。现代新儒家的代表梁漱溟,把儒家文化的伦理概括为"互以对方为重",正是发挥了儒家传统仁学伦理的精神。

因而,仁的实践有其推广原则,解决如何推己及人,这就是忠恕之道,特别是恕。恕即是孔子所说的"己所不欲,勿施于人"(《论语·卫灵公》),它可以保证因尊重对方而不会把自己的爱、好强加于他人,这在当今时代已经成为全球伦理的普遍原则。

第二为礼教。古代儒家文明被称为"礼乐文明",礼在古代在儒家文化中占有重要的地位。孔子强调，礼的实践是行仁的基本方式。儒家思想是东亚轴心文明的代表，而轴心时代的儒家思想可以说与"礼"的文明有极为密切的关系。西周的礼乐文明是儒家思想的母体，轴心时代的儒家以重视"礼"为其特色，充满了礼性的精神。礼性就是对礼教的本性、精神、价值的理性肯定。

在儒家看来，道德是在人与人交往的具体行为中实现的，这些行为的共同模式则为礼。礼是相互尊重的表达，也是人际关系的人性化形式。当然，古代历史文化的"礼"包含多种意义，古代礼书所载，更多的是属于士以上贵族社会的生活礼仪，规定着贵族生活与交往关系的形式，具有极为发达的形式表现和形式仪节。"礼尚往来"的古语正是指明古礼从祭祀仪式脱胎而发展为西周的交往关系的形式化规范体系。比较而言，古老的《仪礼》体系更多属于古代贵族生活的庆典、节日、人生旅程、人际交往的仪式与行为的规定。而后来的《礼记》则强调"礼义之始，在于正容体，齐颜色，顺辞令"（《礼记·冠义》），把礼作为行为规范体系，强调容貌辞气的规范和修饰是这一规范体系的基础，也是礼仪训练的初始入手处。古礼包含大量行为细节的规定，礼仪举止的规定，人在一定场景下的进退揖让、语词应答、程式次序、手足举措皆须按礼仪举止的规定而行，显示出发达的行为形式化的特色。这些规定在一个人孩提时起开始学习，养成为一种自律的艺术，而这种行为的艺术在那个时代是一种文明和教养。子夏甚至说"君子敬而无失，与人恭而有礼。四海之内，皆兄弟也"（《论语·颜渊》），做到了恭敬有礼，才能四海之内皆兄弟，达到人际关系的和谐。

历史表明，礼之"文"作为形式节目，是可变的，随时代环境而改变；礼之"体"则是不变的基本精神原则。可以说，几千年来，儒家文化培养了一种"礼教精神"，它起源于祭祀礼仪，而渐渐从宗教实践中独立出来成为人世的社会交往之礼；它包括上古以来各个时代的各种礼俗表达，但又是超越了那些具体仪节的普遍精神，这是一种人文主义的礼性精神。礼的文化包括三个层面，即礼的精神、礼的态度、礼的规定。我们可以说，儒家文明的"礼"是以"敬让他人"为其精神，以"温良恭俭让"为其态度，以对行为举止的全面礼仪化修饰与约束为其节目的文明体系。无论如何，礼不仅对个人修身有其意义，对社会更有提升社会精神文明的移风易俗的作用。在国与国的关系上，"好礼"则体现了尊重其他国家和人民的行为方式。

第三为责任。古代儒家的德行论非常发达，在春秋战国时代已形成完整的体系。其中忠信仁义孝惠让敬，都是个人与他人、社会直接关联的德行，这些社会性德行的价值取向，都是要人承担对于他人、对于社会的责任，如孝是突出对父母的责任，忠是突出尽己为人的责任，信是突出对朋友的责任等。责任是相对权利而言,责任取向的德行不是声张个人的权利,而是努力履行对他人的义务、担当自己身上所负的责任。古代儒家的道德概念"义"往往包含着责任的要求。由于在儒家思想看来,个人与他人、与群体是一个连续的而不是断裂的关联,人在这种关系之中必须积极承担自己对对方的责任,以自觉承担对对方的责任为美德,以此来维护和巩固这种关系。责任之心是儒家文化养成的人的普遍心理意识。

在儒家文化中,个人不是原子,是社会关系连续体中的关联性存在一方,因此,注重关系的立场必然不是个人本位的立场。它主张在个人与其他对象结成的关系中,人不是以权利之心与对象结成关系,而是以责任之心与对象结成关系。个人与他方构成关系时,不是以自我为中心,而是以自我为出发点,以对方为重,个人的利益要服从责任的要求。人常常为责任的实现而忘我,忘记其个人,责任往往成为个人的社会实践的重要动力。这样的立场就是在人际关系之中的责任本位的立场。由于个人是在社会关系网中的个人,个人与多种对象结成各种关系,因此个人的责任是多重的,而不是单一的,个人有多少角色,就相应地有多少责任。儒家思想始终表达了担当责任的严肃性。

第四是社群。人在世界上的生存不是个体的独立生存,一定是在群体之中的生存生活。人的道德的实现也一定要在社群生活中实现。社群的超出个人的最基本单位是家庭,扩大而为家族、社区以及各级行政范围,如乡县府省直至国家。儒家文明特别重视家庭价值,家庭是第一个走出个人向社会发展的层级。显然儒家文化的主流思想不强调个人性的权利或利益,认为个人价值不能高于社群价值,社会远比个人重要,而强调个人与群体的交融、个人对群体的义务,强调社群整体的利益的重要性。虽然古代儒家思想并没有抽象地讨论社群,更多地用"家""国""社稷""天下"等概念具体地表达社群的意义和价值,其所有论述,如"能群""保家""报国"等等都明确体现了社群安宁、和谐与繁荣的重要性,强调个人对社群团体和社会的义务,强调社群和社会对个人的优先性和重要性。后世"以天下为己任""天下兴亡,匹夫有责""苟利国家生死以之",都是中国儒家文化中常见的士大夫责任语言,并深入影响到社会民间。在表现形式上,对社会优先的强调还往往通过"公-私"的对立而加以突出,"公"是超出私人的、指向更大社群的利益的价值。如个人是私,家庭是公;家庭是私,国家是公等。社群的公、国家社稷的公是更大的公,最大的公是天下的公道公平公益,故说"天下为公"。

总之,儒家伦理不是个人本位的,而是在一个向着社群开放的、连续的同心圆结构中展现的,即个人——家庭——国家——世界——自然,从内向外不断拓展,从而使得儒家伦理包含多个向度,确认了人对不同层级的社群所负有的责任。

　　轴心时代儒家文明形成的基本价值成为主导东亚文明后来发展的核心价值。经过轴心时代以后 2000 年的发展,儒家文明确定地形成了自己的价值偏好,举其大者有四:责任先于权利,义务先于自由,社群高于个人,和谐高于冲突。

　　儒家文明的价值与现代西方价值有很大差异。如现代西方自由主义的道德的中心原则是个人的权利优先,人人有权根据自己的价值观从事活动,认为用一种共同的善的观念要求所有的公民,将违背基本的个人自由。而儒家和世界各大宗教伦理则都强调社会共同的善、社会责任、有益公益的美德。"社群"与"个人"、"责任"与"权利"是两种不同的伦理学语言,反映着两种不同的伦理学立场,适用于不同的价值领域。伦理学的社群-责任中心的立场必须明确自己的态度,即它应当在表明赞同自由、人权的同时,不含糊地申明它不赞成权利话语和个人优先的伦理立场。

　　儒家文化经历近代、现代的发展走到今天,面对现代化的社会转型和世界的变化趋势,毫无疑问,我们应当坚持和守护《人权宣言》中的所有要求,并努力使之实现。但是,这不意味着自由人权是最重要的价值或伦理仅仅是为个人人权提供支持。应当指出,在伦理问题上,权利话语和权利思维是有局限的,是远远不够的,权利中心的思维的泛化甚至是当今众多问题的根源之一。权利话语又往往联系着个人主义。个人主义的权利优先态度,其基本假定把个人权利放在第一位,认为个人权利必须优先于集体目标和社会共善。在这样的立场上,个人的义务、责任、美德都很难建立起来。权利优先类型的主张只是强调保障人的消极的自由,而不能促进个人对社会公益的重视,不能正视社会公益与个人利益的冲突。社群和责任立场要推进的是建设有积极意义的价值态度。20 世纪的新儒家梁漱溟以中国文化的代表自任,以"互以对方为重"的责任立场反对以个人主义和权利观念作为人生根本态度,这在本质上也可以说是反对以自由主义作为人生的根本态度和根本的伦理原则。他所主张的是一种儒家的态度,可视为现代儒家文明价值观对于权利伦理的一种态度。梁漱溟"以对方为重"的伦理观,或者说由梁漱溟所阐释的儒家伦理,确实具有与突出主体的意识不同,也与"交互主体性"观念不同的意义,是一种以"他者"优先为特征的伦理。在这种伦理中,不仅突出了对他者的承认,也强调了对他者的情谊、义务和尊重,这种尊重不是交换意义上的,而是不讲前提条件的"以对方为重"。

　　在西方文化的主流理解中,人权是个人面对国家而要求的一种权利。它是每个人都需要的、对其政府提出的道德的和政治的要求。在这里,个人的权利要求即政府的责任和义务,故人权观念只涉及了政府的责任和应当,却无法界定个人对社会、家庭、他人的义务和责任。这样的权利观念是西方近代以来的自由主义哲学的核心,是近代市场经济和政治民主进程的产物。但由于把焦点集中在个人对社会的要求,往往忽视个人对社会的责任,集中在个人对自己权利的保护,而忽视了个人也具有尊重他人权利的责任。

作为东亚文明的核心,儒家伦理的价值在现代社会有不同的表达形式。例如,在现代东亚世界,新加坡"亚洲价值"的说法即是其中之一。新加坡"亚洲价值"的提法虽然可能受到有关亚洲文化包括西亚、南亚文化的质疑,不过,按李光耀的解释,他所谓亚洲价值主要是指东亚受儒家文化影响的价值体现。这些"亚洲价值"是东亚传统性与现代性的视界融合中所发展出来的价值态度和原则。这些原则根植于东亚文化、宗教和精神传统的历史发展,又是亚洲在现代化过程中因应世界的挑战,淘除传统不合理的要素,适应亚洲现代性经验所形成的。他所说的亚洲价值被概括为五大原则:第一,社会、国家比个人重要;第二,国家之本在于家庭;第三,国家要尊重个人;第四,和谐比冲突有利于维持秩序;第五,宗教间应互补、和平共处。

这五项原则中不仅有东亚的传统价值,也有百年来吸收西方文明和建立市场经济、民主政治过程中生长起来的新的价值,如尊重个人。因此,所谓"亚洲价值"并不是说它的价值体系中的所有要素只有亚洲性。现代亚洲的价值与现代西方的价值的不同,不是所有的价值要素都不同,而是价值的结构、序列不同,价值的重心不同。质言之,这是一套非个人主义优先的价值观,是新加坡版本亚洲现代性的价值观,也是新加坡版的现代儒家文明的价值观。其核心是,不是个人的自由权利优先,而是族群、社会的利益优先。不是关联各方冲突优先,而是关联各方和谐优先。这种社群利益优先的价值态度,不能用作压制人权的借口,它要靠民主制度和尊重个人的价值实现人权的保护。而与现代西方价值的不同在于,这种价值态度要求个人具有对他人、社群的义务与责任心,这种义务与责任心是与社群的基本共识和共享价值一致的。当然,新加坡的伦理还不是现代儒家伦理的全部,如现代儒家伦理除了强调社群价值和责任之外,还注重要求人保持传统的美德,认为这种美德既是人性的体现,又是社会普遍利益的升华。这种价值除了致力于社会和谐之外,也致力于人与人、人与社会、文化与文化、人与自然的共生和谐等。更重要的,即使是社会价值,现代儒家仍必须以仁为首位,这是与李光耀作为当政者的视角所不同的。

仁爱原则、礼教精神、责任意识、社群本位都是与个人主义相反的价值立场。由此发展的协同社群、礼教文化、合作政治、王道世界,是当今世界的需要。协同社群突出社群的意义,以对治个人主义;礼教文化突出道德意识,以区别律法主义;合作政治突出合作的政治沟通,以有异于冲突的政治;最后,王道世界是一种与帝国主义强力霸权不同的天下秩序。这四点都以仁为核心，仁是以相互关联、共生和谐为内容的基本原理，是与西方近代主流价值不同的普遍性文化原理。在当今社会它可以与西方现代性价值形成互补。

（本文系作者2014年7月4日在韩国安东市参加"21世纪人文价值"国际论坛所做的主题讲演）

二、儒学复兴

- ◆ 儒学复兴的运势与条件
- ◆ 儒学的复兴与价值的重建
- ◆ 新儒家之后，儒学何为？

儒学复兴的运势与条件

儒学的复兴,我觉得有两个方面,或两个条件。一个是理,一个是势。"理"的条件就是对理的阐明,对于儒学义理、价值所作的抉发,这对儒学的复兴是很重要的。"势"的条件就是势的累积,没有一定的运势的累积,儒学复兴也就不能成为现实。"理"的问题大家谈了很多,下面我仅就儒学复兴的"势"的条件,从四个方面来说明,这四个方面的顺序是依照历史的发展来展开,而不是从重要性来展开。

第一个是政府的理性推动。1978年的时候,由于外国人要参观"三孔",孔府、孔庙、孔林,于是政府要求《历史研究》杂志组织写一篇正面肯定孔子思想的文章。庞朴先生受命来写这篇文章,即《孔子思想再评价》,当时从"批林批孔"拨乱反正并不是没有风险的,而有了政府的肯定,孔子的平反就比较顺利了。1978年春天,中学历史教材把"文革"的"孔老二的反动思想"改变为"孔子的反动思想",开始了调整的步伐。这一年年底中共十一届三中全会开过以后,中学历史教材里的"孔子的反动思想"就变为"孔子的思想"了。1979年李泽厚也写了孔子再评价的文章,学界对孔子的肯定就更多了。1983年在政府的推动下,成立了中国孔子基金会,1985—1987年孔子基金会的学术活动,杜维明先生也都参加了。1989年在孔子基金会主办的纪念孔子诞辰2540年大会上,江泽民主席出席并讲话,他的讲话为正面肯定孔子及其思想的地位和意义,从政府最高层奠定了基调。在当代中国的历史条件下,政府的因素很重要。政府的理性推动,可为儒学的复兴创造有益环境。

第二个是知识群体的文化自觉。1979年后的几年,庞朴先生每年都写一篇关于孔子评价的综述,基本上说来,对孔子的政治平反相当顺利,只是对孔子思想的评价还有分歧。然而,最重要的是,对孔子的肯定,并不等于对儒学的肯定。80年代知识界有一种很受人注意的说法,即"回到孔子",这是什么意思呢?就是说,孔子之后历代所讲的儒学都是错的,都要否定,所以我们要回到孔子去理解儒学。这就把孔子和后来的儒学对立起来,事实上,如果否定了汉以后的儒学,孔子也就很难在中国历史上立足。这种对儒学的否定的观念,在80年代普遍流行。所以,在80年代,我们的学术界和知识界仍然主要受着"五四"激进主义的影响,批判儒学是主流,把传统与现代完全对立起来,不能认识传统价值系统对现代化社会的意义。只有杜维明先生1985年来大陆提出儒学复兴的问题。所以在80年代的"文化热"中,杜先生的观点被概括为"儒学复兴派"。因为他是从美国来,外来的和尚大家比较尊重,能够倾听他的主张。但一般人都认为儒学的复兴,只是一种抽象的可能,积极地说,也只是遥远的梦想。知识群体的文化自觉对儒学复兴是关键。知识群体没有文化自觉,儒学的复兴是根本不可能的。1978 年以来,总体上说,儒学的复兴的障碍其实主要不是来自政府,而主要是来自知识分子。当然,老意识形态的惯性不可能一下子消失,有些意识形态工作者以教条主义的方式仍不断阻碍儒学的复兴。在 20 世纪 80 年代,左的和右的反对儒学的观念支配了绝大多数知识分子的观念。那时没有一个可以代表儒学的声音,我们本土没有一个儒学发出的声音。杜维明先生的功绩在于把海外包括英语学界对儒家思想与现代化的关系、所谓儒家人文主义的各个侧面等的思考带进来,作为当时文化热讨论里面的几大热点之一,使讨论更加多元化了,从而使得文化热不仅仅都是反传统的,而多了一个传统的声音。由于有了杜先生的观点和海外新儒家的文化呼声,1990 年以来才可能成为儒学复兴的一个生长点。1991 年年底我应香港的《二十一世纪》杂志之邀,在每期篇首"展望二十一世纪"专栏写了我对儒学的展望《贞下起元》:"儒家思想,在二十世纪知识分子从文化启蒙、经济功能、政治民主等全方位的批判中,经历了两千多年来最为严峻的考验,但是站在二十世纪即将走过的今天,放眼儒家文化的未来命运,没有理由绝望或悲观。恰恰相反,我确信,在经历了百年以来,特别是最近一次的挑战和冲击之后,儒学已经度过了最困难的时刻,已经走出低谷。"我的依据是 90 年代初知识分子开始沉静下来,重新认识中国文化和儒学价值,虽然这在当时还只是很少人。到了 1995 年年中,《孔子研究》发表了多位学者的文章,公开抗争主流左派对孔子儒学和中国文化的批判态度,文化自觉在知识群体中慢慢扩大和累积起来。

第三个是社会文化的重建。关于 90 年代末期以来中国内地民间学堂、书院、读经班等,已经有学者讲到了,就今天的特殊场合,我只提出几个新世纪以来与"孔子"有关的文化重建的标志性事项。2000 年前卫戏剧导演张广天在北京推出了舞台剧《圣人孔子》,预示了商业化时代民众和文化对孔子的呼唤。2004 年第一个孔子学院建立,到今天全世界已经有 300 多所孔子学院了。2005 年由山东省政府主办了孔子公祭,后来发展为海内外华人全球公祭。2006 年中央电视台"百家讲坛"由于丹讲孔子和《论语》思想。2007 年文化部与地方政府推动"世界儒学大会"并颁发孔子文化奖。2008 年奥运会开幕式以孔子门人六艺表演为首。2009 年学者联名要求以孔子诞辰为教师节。2010 年电影《孔子》在全球上映。2011 年孔子塑像出现在国家博物馆的门口。这一切社会文化的重建构成了儒学复兴的重要基础。其中民间的推动起了很大的作用。事实上,现在所谓儒学的复兴,也主要是在文化的层面。

第四个是中华民族的整体复兴。政府推动是环境,知识群体是关键,社会文化是基础,而儒学的复兴最根本的条件则是中华民族的复兴和重新崛起,换句话说,中国现代化的成功和迅猛的经济发展是文化复兴的根本条件。中国现代化进程自20世纪90年代以来快速和成功的发展,导致了国民文化心理的改变。当现代化进程驶入快速发展的轨道、经济发展取得成功之后,国民的文化自信逐渐恢复,文化认同也随之增强。当代的国学热提示着中华民族自我意识的觉醒,体现了民族自尊与自信的高扬,开启了民族文化的自觉,文化自信增强了民族生命力,振奋了民族精神。中华民族的复兴运势是儒学复兴的历史根基。

(本文系作者2012年4月7日在北京大学参加"儒学的复兴——欢迎孔垂长先生暨两岸学者研讨会"所做的现场发言)

儒学的复兴与价值的重建

凤凰卫视 2014 年 8 月 30 日《世纪大讲堂》：从北宋一直到前清，理学何以能在这 700 年间中成为中国思想学术的主导形态？当儒学受到外来文化的冲击和不断挑战后，又做出了怎样的回应，又呈现出何种特色和精神气质？当今中国正面临着社会结构的急剧变迁，也遇到了社会价值重建的课题，宋明理学的产生、建立和发展又会给我们带来什么样的启发？有关这些问题我们今天非常荣幸地邀请到了清华大学国学研究院院长陈来教授，他来为我们解读儒学的复兴与价值的重建——宋明理学概说。

一

田桐：那我们今天的话题是儒学了，但是也像我刚才开场白里说到的，这种先秦儒学为什么在汉代以后会有一点点的或者说大部分的空白或者是中断的时期？这个原因是什么？

陈来：其实严格来讲还不能说整体上都是中断的，因为从汉代以后儒学也还在发展，但是如果从宋代理学的角度来看，认为从汉朝以后到唐代这一段时间，有一个东西中断了，就是它的这个内圣之学的传统比较强调价值，强调人格，强调修养，这样一个传统中断了，就变成比较注重文献、历史，所以从这个意义上来讲，宋代的理学就致力于把在汉代以后中断的这么一种传统，儒学的内在传统把它接续起来。

如果你说为什么中间会有这段？我想它的理由是有好几种：一个比如说汉代为什么经学发展，因为经学在汉代刚刚开始发展，而且得到国家和政府的支持；到魏晋时代，魏晋时代因为一流的知识分子都被玄学、被道家，甚至道教所吸引；隋唐一流的知识分子，一流的精神和心灵都被佛教所吸引，所以这时候儒学的发展就相对来讲不是很兴旺。那么当时就有一句话叫"儒门淡薄，收拾不住"，就说这个时代，就是儒学没办法收拾很多第一流的人才，人才都流失到道教、佛教和其他相关的研究中去了，所以要从原因来讲这些应该也是一个原因。

田桐：那也就是说儒学的发展实际上也是根据时代的不断变迁不断地演变

的,那么宋明理学在儒学发展的这样的长长的历程当中处于一个什么样的阶段呢?

陈来:宋明理学的这个阶段就是宋代以后的阶段,如果我们要全面地来讲就是宋、元、明、清这个时代,整个这个时代700多年的历史了,应该说就是宋明理学占据主导地位的一段历史,那么为什么会在这个时期出现了宋明理学这样一个儒学的新形态?那正像你刚才说的,它是因为宋明理学跟这个时代的新的发展变化的要求能够适应。

田桐:那宋明理学它的这样一个时代适应之后的产物,它的中心的思想是什么?

陈来:宋明理学应该说就是以"天理"为中心观念的学术思想和话语实践,如果简单地定义的话是这样,就是说它是学术也是思想,也是话语,也包含着实践,所以它是一个综合性的思想文化体系,那么其中它有一些关于学术传承方面的内容,也有思想,提出一些新的思想。那么当然它也广泛涉及很多文化,特别它形成了自己有特色的一套话语,所以这是在宋代开始所形成的这么一个综合的文化体系,简单说起来是这样。那么另外如果从学术史的意义来讲,我们说宋明理学它是整个中国学术发展到宋代以后的一个主导的学术形态。每一个时代都有很多的文化思想的内容,但是每个时代都有一种占主导地位的学术形态,这个宋明理学就是宋代以后历经元、明到清,占据将近700多年历史,在我们国家占主导地位这样一个学术形态。

田桐:好的,那更多内容请您给我们带来今天的演讲,陈院长演讲的题目是《儒学的复兴与价值的重建——宋明理学概说》,有请。

二

陈来:宋明理学,它也称道学、宋明道学,就是传承圣人之道的学问。这个道学的概念应该说在宋代也有一定的争论,这争论就是到南宋这个道学开始慢慢分化,再分化,因此其中有些理学家就不主张一定要用这个道学的概念,就倾向于更普遍地用理学这个概念。

理的概念至少有四种意义,分析来看,第一个就是天道。天道主要讲的是自然法则;那么第二个就是性理,除了天道以外理的一个重要的含义就是性理,所谓性理是指人的道德本质,每个人都有人性,人性就是你的本质,所谓性理就是把理作为你的人性的本质,这是性理的概念;第三个当然是更普遍用的一个概念就是物理,今天我们从中学开始就学物理,这个物理的概念应该说直接来自宋明理学,因为宋明理学很强调物理,物理就是事事物物中所存在的那些事物的本质、规律,那么这就是物理；最后就是义理，义理就是指社会和人生的道德的原则、道德的法则。那么这四个方面这个天道、性理、物理、义理，它是统一的，统一在天理这个概念。接下来我们主要是要把宋明理学的发生发展的一个简要的过程，跟大家做一个介绍，那么从中大家可以了解宋明理学的具体内容。

第一点我们想讲讲关于宋明理学的先驱，宋明理学的先驱是从唐代中期开始有的，代表人物就是韩愈，韩愈大家都很熟悉，在这个时期呢，"儒门淡薄，收拾不住"，所以韩愈就很焦虑，因此韩愈他写了著名的《原道》。《原道》就列举了整个中华文明的体系的所有特征，然后说佛教跟这个是完全相反的，另外他就非常表扬孟子，因为他认为孟子是能够跟儒学的异端坚决斗争的一个典范。所以应该说在这个时期韩愈是发出了振兴儒学、复兴儒学的先声。关于宋明理学的先驱我们第二个要提出来的是范仲淹，这就到了宋代，我们大家都知道他是"先天下之忧而忧，后天下之乐而乐"，他这样的精神是引领时代的道德风气的那种人格的体现，应该说是直接促进了道学的兴起。

第二点，我们就讲宋明理学的发端，第一个我们讲周敦颐，他是理学的创建人，二程兄弟的老师，他在思想上深深地引导了二程的思想发展的方向，那么最重要的就是所谓"孔颜乐处"。《论语》里面讲这个颜子在贫困中能保持他的精神的快乐，而孔子也是，他是"乐以忘忧"，就说这个孔子和颜子他乐在什么地方？"孔颜乐处"所代表的，是跟这个科举时代流行的这个功利主义的那种发展所不相同的一种人格的理想、人生的理想。

二程后来能够向着理学的建立发展，寻"孔颜乐处"是非常重要的一点，跟这点有关。周敦颐写了两部很有名的著作，一部叫《通书》。这《通书》里边就讲，要"志伊尹之所志，学颜子之所学"，颜子就是刚才我们讲的颜回，公开提出要"学颜子之所学"，那"颜子之所学"是个什么学问？就是圣贤之学，不是要仅仅成为一个科举的成功者，是要自己成为成圣成贤的理想的一个实现者，所以从这点来看，这个周敦颐确实是能够呼应这个时代的一种需求。

另外一本书叫做《太极图说》。这个《太极图说》一上来讲"无极而太极，太极动而生阳，动极而静，静而生阴"等一套，最后讲的是"圣人定之以中正仁义而主静，立人极焉"，这一篇作品是从太极讲到人极。

这个作品应该说我们看它是按照《周易》的《系辞传》"易有太极，是生两仪"这个思想发展出来的一个宇宙图式，最重要的是说它从太极到人极，太极就是宇宙的根源，人极就是人类社会的根本准则，讲了这一套道理最后是要确立人极的根本立点，那么这个人极当然就是儒家价值体系的一个代表，就是"定之以中正仁义"，所以从这方面我们说周敦颐他确实还是有先导之功。

理学的发端我们第二个讲张载,张载跟周敦颐有一个作为理学发端的共同性,共同性就是他要建立一个宇宙论来抗衡佛教、抗衡道教,他建立了一个"太虚即气"的宇宙论,就是为了跟佛教、道教的这种虚无的、虚空的宇宙观、世界观相抗衡,所以他具有理学的发端的这个意义。

更重要的是,在精神、境界、人生方面,他也同样在这个时代提出了一些新的方向来引领。张载后来讲了四句话,冯友兰先生曾经把它叫做"横渠四句",因为他的号是横渠先生。这大家都知道,"为天地立心,为生民立命,为往圣继绝学,为万世开太平",我们说这四句不简单。这四句如果用我们今天的题目来讲,它就表达了儒学复兴的一个崇高的精神理想,你说这个儒学复兴的运动用什么样的一个理念和精神来表达呢?就是这四句话,就是这"横渠四句"。所以说从这些方面我们说周敦颐、张载他们的确是发挥了在理学发端这个时代他们应有的作用。

第三点我们就来讲理学的建立,理学的建立我们主要就讲程颢、程颐两兄弟,因为我们讲中国学术史、讲中国理学史都承认二程是理学真正的创立者,他们不是仅仅提出了一些理念,指出一些方向,而是构建了这个体系,当然了,这个体系不仅仅是一些具体的理学的建构,其中也包含了一些精神的发挥。

刚才我们讲两兄弟十四五岁的时候就授学于周敦颐,周敦颐让他们寻"孔颜乐处",对他们影响很大,于是他们"遂厌科举之业""慨然有求道之志"。据程颢就是老大他讲,他后来又去跟周敦颐学过,没说是哪一年又去过,然后说什么呢?说"自再见周茂叔后",自再次见他跟他学习回来,"吟风弄月以归,有'吾与点也'之意"。"吾与点也"是《论语》里边的故事,就是孔子非常赞成曾点那种人生的理想,当然当官为民也是好的人生理想,但是曾点不喜欢当官,就喜欢一种自由的没有功利的生活,春天带几个童子到郊野,沐浴着春风,朗诵着诗,向往这样的生活,那么孔子当时就是肯定他这种精神,所以从"孔颜乐处"到"吾与点也",你看当然中间有"慨然有求道之志",这个过程你看他是受到了这个思想的这种引导。

那么这种引导我想就使他提出了新的儒学的发展和解释,如果从精神境界上来讲,就是他提出了一个新的仁学的境界,"仁"是仁义礼智的"仁",我们知道孔子是提出了仁学,《论语》里边讲了 100 多个"仁"字,但是到了程颢这里,他对这个"仁"字做了发展,就是吸收了周敦颐对他的影响。他也吸收了张载那种民胞物与的理想,提出了仁,什么是仁呢?仁者以天地万物为一体,提出这样一种对仁的理解和仁者的理想,应该说我们刚才讲的"孔颜乐处""横渠四句"包括这个"仁学境界",它是有重要意义的,有了这个,整个宋明理学的精神方向才能确立起来。

那么接下来我们要真正开始讲这个理学的体系建构,这一套体系话语怎么建构起来的？应该说二程作为创立者，建立了最基本的功劳。那么首先程颢活着的时候就讲了，"天者，理也"，经书里边尤其是《尚书》和《诗经》里边讲的"天"，很多都是讲的上帝，就是古代最高的神、上帝，但是到程颢这个地方有坚决的一个理性主义的诠释，一个新的诠释，就是天不是神，天代表的是一个最广大的最普遍的法则，这就叫天理、天道，就是讲"天者，理也"，把这个儒学里边最重要的一个根本概念做了理性化的解释。

这样就奠定了整个理学它的思想话语体系的那个最重要的基点，所以我们不能小看"天者，理也"这四个字，理学之所以为理学的这个建构，就都是从这儿开始。这是程颢。那么程颐，程颐应该说跟他哥哥是一起跟这个老师这样学的，他十八岁的时候入太学，当时太学的老师出了个题目，就是"颜子所好何学论"，颜子就是我们刚讲的孔门的颜回，颜回好的是什么学？那么这个问题就跟周敦颐在四年前问他的问题是一样的，和"所乐何处"是一样的问题，他答的这个答卷太学的主管一看大惊，觉得这个卷子答得太好了，说你不要当学生，你来参加我们这个太学的教学吧。所以我举这个例子是要说明什么？就是重视颜子的这个问题已经成为这个时代的一种呼声、一种要求。所以第一流的知识分子不约而同地都朝向这个方向来用力，来引导这些青年学生思想上向儒学发展。发展什么？了解"颜子所乐何事""颜子所好何学"，所以从这个角度我们说程颐的确受惠于周敦颐不小，此后他和他的哥哥两个人就开始在周敦颐这个方向上往前发展，怎么发展呢？就是两个人明确提出"道学"这两个字。

那么对于道学来讲，他的哥哥做出了一个贡献，就是提出"天者，理也"，那么这个老弟做了什么贡献？贡献也很突出，他讲"性即理也"。一个是说这个价值就是我们最普遍的宇宙法则，一个说这些道德原则就是我们最根本的人性，所以从这点你可以看出他们在理学上的贡献还是相当大的。

现在我们讲第四个问题就是理学的发展。理学的发展主要是讲朱熹和陆王。朱熹的学说是宋代理学的一个集成，集大成的总结。前面我们说二程从"天者，理也"然后讲到"性即理也"，这样子来建构这个体系，那朱熹对这个体系的很重要的发展，主要就是"格物穷理"，不再讨论天道观或者人性论，而讨论知识论，当然这个格物穷理不仅仅是知识，也包括道德的建立。

朱熹对格物的解释就是即物穷理，就是不要离开这个具体事物，要到具体事物上去研究它的理，这是很重要的一个认识和实践的方向。另外他对整个理学的体系还有一些发展，比如说他发展了理气论，认为整个这个世界是由理和气组成的，气是我们欲望的根源，理是我们道德意识的根源，在这个基础上他阐发了道心、人心的观念，他认为道心就是我们的道德理念、道德意识，这根源于那个"天理"，同时我们人又有人心，人心就是我们自然的欲望这样的东西，这些东西从哪儿来呢？是从气来的，气不仅是天地之间的材料，也是我们身体构成的基本的材料，我们的欲望都是从这儿产生的。那道心、人心是什么关系？就是要用道心主宰人心、领导人心，这才能够变成一个君子，变成一个真正的儒学的士大夫。所以应该说从道心、人心的观念，我们同样可以看出在这个时代，理学家在儒学复兴和价值重建中，针对我们每个人的道德实践所提出的一些方法和实践的具体的方向。那么这个是朱熹的，我们讲朱熹就大体上讲他这几个贡献。

北宋的二程提出"天者，理也""性即理也"，基本建构了宋明理学这个体系，而南宋的朱熹提出格物穷理，并发展了理气论，代表了宋代理学的一个集大成的总结，而宋明理学在这时也分化为两支，一支叫理学，一支叫心学。

分化出来的这个理学是狭义的"理学"，跟我们讲的宋明理学那个大理学不是同样一个概念，是它的一个分支，那么分化出的这个理学的代表就是朱熹，朱熹所代表的是强调理，强调我们刚才讲的"天者，理也""性即理也""格物穷理"这样的主流的发展。

在朱熹同时代有一位学者叫陆九渊，他发展了宋明理学的心学这一派。朱熹讲格物穷理，具体的实践，最重要的就是读书，就是要多读书，而陆九渊反对这个，他说这个理不是从读书得来的，所以他反对这个，它从哪来的？要用发明本心的办法，而不是读书，由此他就提出了一个命题，这个命题跟我们刚才讲的三个命题有同样的重要性，就是"心即理也"。除了发明本心以外，他还提出"六经注我"，当时有一个学生说先生"何不著书"，说你看朱熹都是著书，注解古代的经书，先生何不著书，他说"六经注我，我何注六经"，意思是六经就是我的本心的注解，我还要注六经干什么，他强调"六经注我"，这样一来他对经典、人对经典的态度就有一个大的转变，就不提倡对经典的这种学习、领会，而强调对本心的这种发明，所以这派就叫做心学。

那么这派心学到了明代就大大发展了，明代前期还是朱子学兴盛，但是明代中期出现了一个大思想家叫做王守仁，王守仁号阳明，所以平常我们也叫他王阳明，他继承发展了陆九渊思想的路数，更完整地建立起了心学的体系。但是王阳明不是一开始就走上陆九渊的道路的，他一开始是非常循规蹈矩的，是按照朱熹的路数来格物穷理的。他11岁的时候家里的私塾老师问他，想看他的理想是怎么样的，说你说什么是人生第一等的重要的要事，他反问老师，你说是什么？老师说是中科举，说你看你父亲就是状元，你第一等重要的事，一定是像你父亲一样做状元，但他认为不是，他要成为圣贤，他认为成为圣贤才是第一等的事，可见他从小已经有这样一个向理学发展的基础。

那么到了十五六岁的时候,因为他已经读了朱熹的书,他要按照朱熹所讲的路子去格物穷理,变成圣人,就约一个朋友,说朱夫子讲了,说我们要格物穷理,我们家前面有一个亭子,亭子前面有一抹翠竹,咱俩去试试,你先去,他那个朋友先去,就对着那个竹子在那儿坐下,坐着在那儿"格",格了三天就病倒了,什么东西也没有格出来,他说看来你不行,说我来,结果坐了七天,还是没有格出什么来,还病倒了,然后说这个圣人可能做不成了。后来他不断学习,但是始终没有找到一条能够真正进入这个圣人境界的路径。

到了 37 岁,这又过了十几年了,他上书批评宦官刘瑾,被贬官到贵州的龙场,就是贵阳附近的修文县,龙场这个地方很小,当时周围都是少数民族,语言也不通,生活非常苦,在那他每天晚上静坐,有一天晚上他坐到夜里的时候,突然就跳起来了,就大悟了,历史上叫做"龙场悟道",他悟到什么了? 他就悟到说格物穷理,这理在什么地方? 理不在竹子上,也不在事事物物上面,理在哪儿? 理就在我们的心里,所以他就说这个理不在外物,就强化了我们刚才讲的,陆九渊不是发明了一条叫"心即理也"嘛,他把它更强化,心外无理,心外没有理,心外无物,变成彻底的心学。

此后他就继续发展他的思想,他不仅仅讲这个,还尤其重视知行的问题,这也是理学体系里面重要的问题,他强调知行合一,他在晚年时对这个知行合一有所改变、有所发展,提出了"致良知",致良知就是充分地把你的良知扩大、发挥出来,付诸实践,这是王阳明对心学的发展。以上我们讲了四点来展开这段历史,就是宋明理学的先驱、宋明理学的发端、宋明理学的建立、宋明理学的发展,应该说我们通过这四点就把这个理学的建构内容做了基本的交代。

最后我想做一个总结讨论,整个宋明理学的发展如果我们从经典的角度来看,它是突出"四书"和《近思录》里边的那些概念,形成一套学术体系和话语体系,要求人把它诉诸实践,这是它的基本特征。那如果我们从形式来讲,就是说它对古典的儒学做了本体论的论证和新的人性论的论证,它对古典儒学所没有展开的道德论作了新的展开,最后它对古典儒学没有完全展开的工夫论做了全面的这种细化和深入,所以我们要讲宋明理学这个基本的特征,应该可以讲到这么几点。

最后我想简单讲一下就是宋明理学跟佛教和道教的关系,宋明理学我们习惯上都特别强调它对外来文化的吸收、融合,这个讲法其实不太全面。我想到宋代这个时候佛教不应仅仅被看作外来的文化,因为佛教自后汉进入中国,经过魏晋、隋唐、五代的发展,以禅宗为典范,在这个时期已经充分地中国化了。虽然对于儒学来讲它是他者,但是这个他者不一定是作为外来文化的他者,所以我想佛教、道教对于宋明理学不能说是外来文化,但是它的确是儒学自身发展的对立面的他者,就是宋明理学已经充分意识到佛教和道教对它的挑战,因此它面对这个他者来吸取他们有益的成分,至少把它作为一个有益的对照,来发展自己所没有的东西,使自己所重建的这个体系能够成为这些他者的替代物,能够重新占据这个社会文化的中心。好,我今天的报告就到这儿。

三

田桐:非常感谢陈院长给我们带来的从四个方面阐述的宋明理学的概说,那么我们现场的观众朋友有一些问题想和您进行交流和沟通。

现场观众:陈老师您好,那个儒学的复兴和价值的重建在今天的这个社会环境里,特别是当下的制度下,很多人觉得两者从来没有真正地知行一体地践行过,那么在这样的社会环境下儒学真正的重建的可行性该如何去进行,它可不可以成为当今社会环境中什么政治腐败现象那些东西的一个解决途径、一个植入的解决途径? 谢谢。

陈来:也就是我们今天社会遇到的种种问题是不是儒学的复兴都能解决,我觉得这个不一定,它可能部分地有助于它的一些解决、缓解。你比如说刚才讲这个官员的腐败,那么这些腐败问题它当然需要有各种制度的配合,法律、党纪、检察,各种各样的制度的配合,同时也需要你所讲的这种儒家思想文化,在这里面发生作用,那么能发生作用的恰恰不是儒学思想里边阐发经世重要性的那些内容,而是儒学思想里面强调内圣重要性的那些东西,那些东西让他重视自己的官德修养、重视自己的人生修养,从而发生一些作用,来部分地解决这类的问题。

现场观众:陈老师您好,刚才听了您的讲座,您提到这个儒学在它 2500 年的发展过程当中有不同的形态,最主要地来讲比方说有汉代的形态和宋明理学的形态,想问您的问题就是是否可以请您预测一下您认为儒学在当代的复兴,它会以一个什么样的形态参与到现代社会的运作当中,以及尤其是对于我们来讲,就是做儒家哲学的这些人来讲,我们在其中的作用和地位是一个什么样子? 谢谢您。

陈来:应该说理学作为儒学复兴提供了经验,用我们今天的主题来说就是价值重建,就是这个复兴它始终跟价值重建的中心焦点相关联。在这个意义上,汉唐的经学和北宋的道学所不赞成的那些经学的发展,它恰恰是没有把价值的问题突出,所以我们今天这个时代新的儒学的复兴必须要牢牢地抓住这个价值重建的焦点,才能真正在这个时代和社会发挥你的重要作用,所以我的展望是这样的,就是从整个中华民族、中华文化传承来讲,我们对经学的研究会比前 30 年、前 60 年有更大的发展。因为前 30 年、前 60 年我们把这东西都已经摒除在外了，但是尽管如此，在经学有所复兴且比以前有更大发展的同时，以价值理念和价值重建为重的新的儒学哲学思想文化话语的重建，将是一个更大的任务，也会发挥更重要的作用，这是我目前的展望，对未来的一个展望，我的一个基本观点。

现场观众：陈老师您好，您刚才提到了儒学当代的复兴重点在于价值重建，而我们知道您新近也出版了您自己的哲学著作《仁学本体论》。那么您今天所提到的这种新的仁学是不是也可以看作是我们今天价值重建的一个方向，而关于您的这种新的仁学，您能简要地叙述一下较之程颢的这种仁学，它的差异和继承，以及它今天的时代价值和意义在什么方向吗？谢谢您。

陈来：我不能说我这本书是个方向，它只是种努力，因为这本书写的当然跟程明道这个仁学有关系，程颢应该说已经提出了一个新仁学，但是这个新仁学更多的是境界论的，这个境界论的意义是回应佛教和道教的境界论对大众和知识分子的影响。那今天我们写的这本书面对的问题就不同，因为我们不是从境界论，而是从本体论，是面对整个近代以来西方哲学和近代以来中国哲学的自身建构，是顺着这个挑战和这个脉络来讲的，所以我们讲这个一体是仁体，这个一体不仅仅是境界，一体就是仁本体本身，从这个地方来强调，这是一个基本的差别。

田桐："为天地立心，为生民立命，为往圣继绝学，为万世开太平"，这四句话可以说不仅是对宋明的理学家，而且对宋明时代的很多知识分子都起到了一种精神激励的作用，而"为往圣继绝学"，不仅是理学的一种文化自觉，也反映了儒家始终自觉传承中华文明的经典，在受到其他文化挑战的时候，仍要坚持、接续、继承、复兴、发扬整个中华文明的一个主流传统。从这个意义上来说，重新再看宋明理学的产生、建立和发展，对于今天努力复兴中华文化也是有着深刻意义的。感谢您收看这一期的节目，也希望您下周继续关注《世纪大讲堂》系列节目"儒学与当代中国"，下周再见。

（本文系 2014 年 8 月 30 日凤凰卫视《世纪大讲堂》文字实录）

新儒家之后，儒学何为？

儒学是中华传统文化的重要组成部分。中华民族的伟大复兴必然迎来儒学的繁荣发展。沿承20世纪抗战期间儒家思想的理论建构与发展，作为民族哲学的儒学应积极面对时代和社会的变化、调整与挑战，面对中华民族的新发展，开拓出新的辩证吸收西方文化、发扬中华民族精神的儒家哲学，并从儒家立场对世界和人类的普遍性问题给出指引。

民族复兴与儒学的现代建构

谈到儒学的时代使命，不能不从回顾20世纪儒家哲学在发展期对历史使命的认识与承担说起。

近代以来中国遇到的挑战，从一定意义上说是近代西方文化对中国社会和文化的挑战。儒家的回应也是对这个宏观文化挑战的回应。20世纪三四十年代，儒家的回应以熊十力、梁漱溟、马一浮、冯友兰等人哲学体系的出现为代表。这些哲学体系不是对某个西方文化思潮的回应，而是对整个近代西方文化冲击和挑战的回应。同时，它们又是这个时期民族复兴意识高涨的产物。中华民族复兴意识的普遍高涨，成为这一时期儒家哲学的根本支撑。换言之，没有这一时期旺盛的民族复兴意识，就不可能有这些儒家哲学的现代构建。

在儒家哲学的这一发展期，熊十力坚持孟子所建立的本心的哲学思想，依据大易的原理，将本心建立为一个绝对的实体；这个实体是宇宙的实体，故同时建立了一套关于"翕辟成变"的宇宙论，因而他的哲学体系是一个注重宇宙论建构的哲学体系。马一浮把传统的经学、理学综合成一体，认为一切道术（也就是我们今天所说的各种学科）统摄于六艺；他所讲的六艺就是六经，故他的哲学体系是一个注重经典学重建的哲学体系。冯友兰继承程朱理学对理的世界的强调，通过吸收西方的新实在论，在哲学里面建立起一个理的世界，作为儒家哲学形上学的一个重要部分，所以冯友兰的哲学体系是一个注重形上学建构的哲学体系。梁漱溟早年研究东西文化论，后来又不断建构新的哲学。20世纪40到70年代，他一直在努力完成一本书，叫做《人心与人生》。梁漱溟主张心理学是伦理学的基础，所以他的哲学体系是一个注重以心理学为基础的哲学体系。贺麟则强调"以儒家思想为体、以西方文化为用",或者说"以民族精神为体、以西洋文化为用",对儒学复兴进行了系统设计。

上述现代儒家哲学家(也称新儒家)的工作表明,这个时期建构性的、新的儒学出现了。这种新儒学对时代的回应,基本上采取的是哲学的方式。也就是说,这是一个以"哲学的回应"为儒学主要存在方式的时代。上述这些重要哲学思想体系的准备、阐发乃至建构,都与抗日战争带来的民族复兴意识高涨有直接关系:由于这是一个民族意识高涨、民族复兴意识勃发的时代,所以民族文化与民族哲学的重建也得到很大发展。贺麟在当时表达了这种文化自觉,他认为:"中国当前的时代,是一个民族复兴的时代。民族复兴不仅是争取抗战的胜利,不仅是争中华民族在国际政治中的自由、独立和平等,民族复兴本质上应该是民族文化的复兴。民族文化的复兴,其主要的潮流、根本的成分就是儒家思想的复兴、儒家文化的复兴。""儒家思想的命运是与民族的前途命运、盛衰消长同一而不可分的"。

儒学的当代"在场":学术儒学与文化儒学

新儒家是以哲学的方式承担起自身时代使命的。然而,儒学的时代使命并不限于"哲学地"回应时代,而是更为广泛。为了说明这一点,我们必须了解儒学在当代的存在特性和功能。

儒学的存在不等于儒家哲学家或儒家哲学体系的存在,不能认为有儒家哲学家才有儒学存在,这是一种片面的看法。儒学在最基础的层面上,不仅仅是经典的解说,同时是中国人的文化心理结构。在民间、在老百姓的内心里面,儒学的价值持久存在着;中国人的伦理观念,今天仍然受到传统儒家伦理的深刻影响。我们把在百姓内心存在的儒学,叫做"百姓日用而不知"的、没有自觉的儒学。正因为它不自觉,所以会受到不同时代环境的影响,不能顺畅表达出来,有时候甚至会被扭曲。

在百姓日用而不知的潜隐层面之外,当代儒学也有显性的"在场"。必须强调一点,就是在认识改革开放以来儒学的显性"在场"时,我们的儒学观念一定要改变,不能说一定要有儒家哲学家儒学才存在、才"在场"。在当代中国,30 多年来虽然没有出现像 20 世纪三四十年代那样的儒学哲学家,但在这个时期,我认为有两个方面值得注意。

第一个方面是学术儒学。对传统儒学进行深入研究,把握儒学发展演化的脉络,梳理儒学理论体系的义理结构,阐发儒家的各种思想,包括深入研究现代新儒家的思想,这套系统我称之为学术儒学。学术儒学经过 30 多年的发展,已经蔚为大观,在当代中国学术界占有重要地位,产生了相当大的影响。

第二个方面是文化儒学。近 30 年来,我国很多文化思潮与文化讨论跟儒学有直接关系,比如,讨论儒学与民主的关系、儒学与人权的关系、儒学与经济全球化的关系、儒学与现代化的关系、儒学与文明冲突的关系、儒学与建立和谐社会的关系,等等。在这些讨论中,很多学者站在儒家文化的立场来阐发儒学的积极意义,探讨儒学在现代社会发生作用的方式。他们不仅阐述了很多有价值的文化观念和理念,也与当代思潮进行了多方面互动,在当代中国的社会文化层面和思想界起了相当大的作用。这些讨论和活动,也构成了儒学的一种“在场”方式,我称之为文化儒学。从一定意义上说,文化儒学是儒家哲学的一种表现,是其在现代社会日常文化领域发挥批判和引导功能的表现。哲学的存在有不同的形式。尤其在当代社会,哲学应突破仅仅追求哲学体系的传统观念,更加重视对社会文化和日常生活的引导,这一点也适用于儒学与儒家哲学。

所以,我们决不能说这 30 多年来没有出现儒家哲学大家,儒学就是一片空白。除了潜隐的存在形式以外,我们还需理解更为多样的儒学存在形式,所以我用学术儒学和文化儒学来概括和表达这个时代的儒学“在场”。事实上,在这个社会文化转型的时代,比起出现几个抽象的哲学体系,学术儒学和文化儒学对社会文化与社会思想所起的作用可能更大、更深入,同时它们也构成了儒学未来发展的基础。

对儒学未来发展的展望

进入 21 世纪,儒学复兴面临第二次重大历史机遇。如前所述,百年来儒学发展的第一次重大历史机遇出现在抗日战争时期,这是一个民族文化意识、民族复兴意识高涨的时期。当前,随着我国现代化进程的深入和发展,人们的民族文化自信和文化自觉进一步增强,中华民族伟大复兴和中华文化伟大复兴呈现前所未有的光明前景。在这样一个大背景下,儒学现代复兴的第二次重大历史机遇到来了。儒学如何抓住这次机遇,儒学研究者如何参与这次儒学复兴,成为重大时代课题。在我看来,除了前面说到的学术儒学与文化儒学应继续努力发展之外,至少还有几个方面的理论课题应受到重视:如重构民族精神,确立道德价值,奠定伦理秩序,打造共同的价值观,增强民族国家的凝聚力,进一步提升我们的精神文明,等等。这些方面都是儒学复兴要参与的重要思想理论工作。儒学只有自觉参与中华民族的伟大复兴,与国家和民族发展的时代使命相结合,与社会文化发展的需要相结合,才能开辟广阔的发展前景。

　　在以上这些重要工作之外,还有一项中心工作应予以关注,即儒家哲学系统的重建与发展。也就是说,随着我国现代化的进一步发展,新的儒家哲学应当出现,也必然会出现。它将是中华民族文化继往开来的见证,而且将是多彩多样的。新的儒家哲学将在传统儒学与现代新儒学的基础上,在学术儒学、文化儒学的配合下,随着中华文化走向复兴、走向世界而展开和显现。可以期望,经历了20世纪80年代的"文化热"和文化大讨论,经历了20世纪90年代后期至今的国学热积累,伴随着中华民族和中华文化的复兴进程,新的儒家哲学登场是指日可待的了。

（本文发表于 2013 年 12 月 22 日《人民日报》）

三、儒学与创新

- ◆ "创造性转化"观念的由来和发展
- ◆ 文化传承创新对于中华文化发展
  的重要意义

"创造性转化"观念的由来和发展

"创造性转化"近年来已经成为大家耳熟能详的提法,但其提出和演变,还需要做些梳理,才能使我们对这一词语的使用有更清楚的认识。

一 林毓生的"创造的转化"

"创造的转化"这个概念本是美国华裔学者林毓生在 20 世纪 70 年代面对"五四"时代激进的文化思潮而提出来的,他本人也曾说明他对应使用的英文为 creative transformation,"创造的转化"是对这一英文的翻译。林毓生是研究中国近代思想史的专家,也是一位自由主义者,据他说,"创造的转化"这个概念,是他根据罗伯特·贝拉对"创造的改良主义"(creative reformism)的分析而提出来的。而贝拉则是受到德国社会学家马克斯·韦伯分析的影响。林毓生最早在 1971 年纪念其老师殷海光的文章《殷海光先生一生奋斗的永恒意义》中提出"创造的转化"这个概念,主要针对"五四"时代中国自由主义全盘否定中国传统,而希望自由主义的文化立场有所调整转变。他正式提出这个概念是在 1972 年的《五四时代激烈反传统思潮与中国自由主义的前途》一文之中。

"创造的转化"这一概念是针对"五四"自由主义对传统文化的否定态度而提出来的一种修正。林毓生把"五四"自由主义对传统文化的态度归结为"全盘反传统主义",他认为这是不可取的,这只能使得自由主义在中国的发展得不到任何本土文化资源的支持,反而使自己成为文化失落者。另一方面,他也强调这一立场与文化保守主义的区别,他反对"发扬固有文化""文化复兴"一类的提法,反对唐君毅等港台新儒家的文化思想,显示出他自己对这个概念的使用还是有着自由主义的印记。他还指出,一方面,"创造的转化"这个观念的内涵是重视与传统的连续性而不是全盘断裂,另一方面在连续中要有转化,在转化中产生新的东西。所以新的东西与传统的关系是"辩证的连续"。

关于创造性转化这个观念的内容,林毓生多次做过明确说明,如:"简单说,是把那些这个文化传统中的符号与价值加以改造,使经过改造的符号与价值转变成有利于变迁的种子,同时在变迁中继续保持文化认同。"他所说的符号主要指概念和语句,**他所说的变迁是指以自由民主为主的社会变迁**。因此,他对创造性转化概念的定义和说明可概括为三句话:第一,把中国文化中的概念与价值体系加以改造;第二,使经过改造和转化的概念与价值体系变成有利于现代政治改革的种子;第三,在社会变迁中保持文化的认同。其思想实质,是使社会变迁和文化认同统一起来,而不冲突;其基本方法是改造、转化传统的观念,但不是打倒传统的观念。而其局限性是,对传统观念的转化只是在"有利于自由民主"一个向度上。这是他作为自由主义者的明显局限。

林毓生认为,仅仅从西方搬来一些观念,不但不能解决我们的问题,反而造成我们的危机。创造性转化是指从传统中找到有生机的质素,经过改造,与选择的西方观念价值相结合,而产生"新的东西"。比如"性善"可以作为这样的资源,经过创造转化,变成自由民主的人性论基础。又如"仁"在与"礼"分开后,仁成为个人的道德自主性的意义,与外在的民主法制制度进行整合。可见,他所说的变迁始终着眼在西方现代社会的政治建制。

从美国中国研究的学科史来看,林毓生的这个概念,表现出他的问题意识是费正清时代关注中国近代"变迁与连续"的主题。而他的态度则是以自由主义的身份对"五四"自由主义的文化观的一种反思和调整。他认为"五四"的经验教训是自由主义没有处理好"传统"和"文化认同"的问题,提出"创造性转化"作为新自由主义的文化态度,要求自由主义不再否定中国文化,重视中国人的文化认同,从而解决变迁与认同的冲突,使二者都能得到肯定。从 20 世纪 70 年代到今天,他对"五四"自由主义的文化观的批评和对文化认同重要性的补充,已得到不少自由知识分子的赞同。

虽然,"创造的转化"本是自由主义内部在文化上的调整,要求自由主义把"五四"对传统的"全盘否定"改变为"创造转化",但林毓生自己后来也把它的应用做了扩大,使它不仅是对自由主义的要求,也希望使之成为一般人对传统文化的态度。近几十年来,海内外各界人士广泛积极地利用"创造的转化"这一观念形式,抽象地继承这一观念形式。但是,如果从我们今天对文化传统继承的立场来看,林毓生对"创造的转化"的**具体理解**,仍有很大局限性,这也是需要指出的。这主要是:第一,这一观念没有表达"继承"的意识,甚至和"弘扬"相对立,这样的立场不可能成为全面的文化立场,如果林毓生把他的观念概括为"辩证的连续""创造的转化"两句会更好。第二,转化的方向只是有利于与自由民主的结合,完全没有考虑与现代社会道德、伦理秩序、心灵安顿、精神提升、社会平衡的需要结合,这种转化就不能不是单一的、片面的。

二 墨子刻以"调适"批评"转化"

与林毓生同时代的美国中国学家墨子刻从一开始就对林毓生的"创造的转化"的观念提出异议,他从英文的语感出发,认为 transformation(转化)含有革命和根本改变的意思,应当重视改良、调适(accommodation)。所以他提出了transformation vs accommodation("转化/调适")的中国近代史研究框架。他认为,中国近代历史中的革命派属于转化性,改良派属于调适型,前者主张激烈转化,后者主张逐渐调适,而民国初年以来革命派代表的转化方向一直居于思想上的优势地位,他甚至称"五四"思想为转化思想。不过,"转化/调适"这一框架更多地是来处理革命和改良的分别,并不像林毓生的"创造性转化"观念是专对思想文化的激进化倾向而发。墨子刻学生黄克武的《一个被放弃的选择》一书中即运用了这一框架对梁启超做了新的研究。

在墨子刻看来,"转化"是根本改变,是在性质上发生变化,属于革命派思维;这与改良、调整的观念不同,故墨子刻用 accommodation(调适)来说明与革命思维不同的改良方针。在中文中,"转化"虽然不一定有革命式的决裂意义,但确实没有渐渐改良的意思,而有一种从方向上转换的意思。林毓生自身的立场并不是主张政治革命和思想革命,创造性转化观念正是针对思想革命而提出来的。所以墨子刻对这个概念的反对并不能针对林毓生的思想。但墨子刻提出"转化"这个概念是不是过强,是值得我们思考的一个问题。由于墨子刻对"转化"与"调适"的区分主要用于政治思想史的主张,而不是文化态度,所以这里就不再多加讨论了。

三 傅伟勋"创造的发展"

与林毓生等不同,20 世纪 80 年代初,傅伟勋由哲学思想史的研究而提出"创造的诠释学"的方法论。其创造的诠释学应用于文化传承发展,是"站在传统主义的保守立场与反传统主义的冒进立场之间采取中道,主张思想文化传统的继往开来"。他强调,继往就是"批判的继承",开来就是"创造的发展",所以他的文化口号是"**批判的继承、创造的发展**"。这个口号较林毓生的单一口号"创造的转化"要合理,可惜没有得到充分的注意和推广。尤其是,傅伟勋与林毓生不同,不是只从政治改革着眼,而是面对中国学术思想文化的重建发展,其文化视野和对应面本来就更为广泛。而且,"创造的发展"这一观念,比起"创造的转化"来,也没有墨子刻对"转化"所提出的可能毛病。在该口号中,"批判的继承"应是取自 50 年代以来中国文化界对待传统文化的普遍提法,而"创造的发展"是傅伟勋自己特别基于其创造的诠释学所引发出来的。其中还特别关注当代人与古典文本的"创造性对话",以体现"相互主体性"。由于他的诠释主张基于海德格尔和伽达默尔的诠释学理论,也曾被他应用于道家和佛教的典籍文本的解读,经过深思、实践而自得,故比较有系统性。当然,由于他的这一主张更具体化为五个层次的诠释阶段,往往被认为主要是针对思想文化文本的诠释而言,容易忽略了"**批判的继承、创造的发展**"具有的文化主张的意义。

应该说,就观念的历史而言,傅伟勋的"创造的发展"为我们今天提出"创新性发展"提供了基础。就其创造的诠释学的五个步骤而言,即"原典作者实际说了什么""原典作者说的意思是什么""原典作者所说可能蕴含的是什么""原典作者应当说出什么""原典作者今天必须说出什么",他强调应当说出什么的层次就是"批判的继承",必须说出什么的层次就是"创造的发展"。这些说法对古代文化的"创造的诠释"提供了具体的途径,从而也就如何面对古代经典文本进行"批判的继承、创造的发展"提出了具体的实践方法。但其中"批判的继承"是我们50年代的口号,含有批判优先于继承的意义,今天应该予以调整。

四　李泽厚的"转换性创造"

李泽厚80年代中期以后也提出一个口号"转换性创造",很明显这是从林毓生的提法变化出来的。

其实,李泽厚在许多地方讲的"转换性创造"就是"创造性转化",重点是转换,不是创造,与林毓生的讲法在内容上区别不大。李泽厚所说"重复'五四'那种激烈的批判和全盘西化就能解决问题吗?我们今天的确要继承'五四'。但不能重复'五四'或停留在'五四'的水平上。对待传统的态度也如此。不是像'五四'那样扔弃传统,而是要使传统作某种转换性的创造",这说明他的提法也是针对"五四"文化观念而发,其出发点与林毓生有一致之处。而且,李泽厚在使用"转换性创造"时很强调革新和批判,如他认为,至少有两个方面的转换的创造。一个是社会体制结构方面的,吸收近代西方民主、人权,重视个体的权益和要求,重视个性的自由、独立、平等,发挥个体的主动性、创造性,使之不再只是某种驯服的工具和被动的螺钉,并进而彻底消解传统在这方面的强大惰性。第二个是文化心理结构的方面,要真正吸收和消化西方现代某些东西,来进一步改造学校教育、社会观念和民俗风尚,以使传统的文化心理结构也进行转换性的创造。这实际讲的是两个方面的"转换",其目的是"转换传统"。他说"在对传统中封建主义内容的否定和批判中,来承接这传统心理,这就正是对传统进行转换的创造"。这所谓在对传统的批判中承接传统,并认为这就是转换性创造,其实就是以往所说的"批判地继承"。他认为传统只有先得到批判、改造、转换,才能在这个过程中得到承继和发扬。就具体内容而言,他所说的可以承继发扬的是指中国文化的实用理性、道德主义、直觉体悟、人际关怀。

从文化继承的角度来看,他认为,总体来看,历史的**解释者**自身应站在现时代的基地上意识到自身的历史性,突破陈旧传统的束缚,搬进来或创造出新的语言、词汇、概念、思维模式、表达方法、怀疑精神、批判态度,来"重新估定一切价值",只有这样,才可能真正去继承、解释、批判和发展传统。他的这种强调破旧出新、怀疑批判地继承发展传统的说法,还是"批判地继承"的思想,强调以批判为前提。他主张"改变、转换既不是全盘继承传统,也不是全盘扔弃。而是在新的社会存在的本体基础上,用新的本体意识来对传统积淀或文化心理结构进行渗透,从而造成遗传基因的**改换**"。"转换性创造"本来的重点应该落在创造上,但李泽厚在这些地方讲的重点都是改换,不是创造,实际是"创造性转化"。又如他说"我们还要在取得自我认识的基础上,设法**改造**我们的传统,使传统做某种转换性的创造",这里所表达的重点还是改造、转化,并不是与"创造性转化"不同的"转换性创造"。所以学术界和知识界都没有对李泽厚的这一概念产生兴趣。

90 年代以后,李泽厚的讲法有所变化,使得"转换性创造"不再是一种对传统文化的态度,而是对中国道路的一种设想,用以表达其对中国现代化模式的"西体中用"的主张,成为其对"中用"的解释方式,即强调在实践中把中国文化的精华融入于中国现代性的体制建构之中。于是他自觉地把重点从"转换"变为"创造",强调在"用体"(体即现代生产生活方式)中创造新形式。他说:"中国至今仍然落后于先进国家许多年。我以为重要原因之一,是未能建设性地创造出现代化在中国各种必需的形式。关键在于创造形式。为此,我提出'转换性的创造'。这词语来自林毓生教授提出的'创造性的转换',我把它倒了过来。为什么倒过来?我以为尽管林毓生教授的原意不一定如此,但'创造性转换'这词语容易被理解为以某种西方既定的形式、模态、标准、准绳来作为中国现代化前时的方向。""我们不能仅仅是接受,转换一下,把西方东西拿过来,使自己的传统作某种转换是远远不够的;我说'转换性的创造',强调的是创造。这种创造带有转换性,但重点在新形式新内容的建立。我称之为转换性创造,这种创造不是把原来的东西都打掉,而是就在现有的社会政治基础上的创造;这种创造不是模仿,不是克隆港台,而是创造一种新的形式。**中国'用'西方的体,会创造出新形式**。从而这个体也就并不完全等同于西方那个体了。"这是李泽厚后来讲的转换性创造的意义,是要解决怎么"用"的问题。但他也说,重要的是创造,但这创造又是一种转换性的创造,而不能脱离了传统的根本精神。

就道德文化的继承而言,李泽厚认为,儒学的伦理绝对主义所突出的"天理""良知"只是心理形式,而不是具体内容,它们提出的具体内容都只是相对伦理,都服从于特定的时空条件的社会要求,但其结果是通过各种相对伦理历史地积淀出了某些共同性原则和文化心理的结构形式。绝对伦理看起来是超越时空的,其实是以一定时空条件下的"社会性道德"的相对伦理为其真实的产生基地。这也就是"绝对伦理"与"相对伦理"的辩证法。照这个思想,文化继承所继承的对象,一定是历史积淀出来的"心理形式",而不是具体内容、具体规范。这里可以明显看到他所受到的康德的影响。

五　当代中国文化方针的"创造性转化"

习近平总书记在十八大以来有关中华优秀文化的讲话在国内外引人注目,广受好评,产生了巨大反响,其中一个提法就是"实现中华文化的创造性转化和创新性发展"。习近平有关传统文化的讲话充分综合了党在历史上提出的古为今用、推陈出新、去粗取精、去伪存真的文化方针,又在此基础上吸收了学术界有关传统文化研究的成果,加以发展创新,提出了"两有""两相""两创"的方针,为全面继承和发展中华文化指明了方向。"两有"即对古代的文化要有区别地对待、有扬弃地继承;"两相"即中华优秀文化必须与当代文化相适应、与现代社会相协调;"两创"即对中华文化要实现创造性转化、创新性发展。"两有"是讲继承的区别原则,"两相"是讲继承的实践要求,"两创"是讲继承和创新的关系。按照讲话的精神,继承是基础,创新是重点;结合时代条件赋予新的含义就是转化,以古人之规矩开自己的生面就是创新。讲话强调要处理好继承和创造性发展的关系,重点做好创造性转化和创新性发展。讲话在这些方面提出的一系列新的思想观点,是对党以往的文化方针的新发展。当然这不意味着,对党的理论和实践来说,有关继承的理论难题都已经解决,事实上在继承的问题上还有很多人停留在以批判为主的思维,需要加以转变;而是说,面对今天治国理政的复杂实践需求,今后的关注应当更多地以理论联系实际的态度,集中于对传统文化进行创造性转化、创新性发展。

提出"两创"的基本前提是,中华优秀传统文化为中华民族生生不息发展壮大提供了丰厚滋养,孕育了中华民族的宝贵精神品格,培育了中华民族的崇高的价值追求,培育了共同的情感和道德、共同的理想和精神。另一方面,中华文化与社会主义市场经济、民主政治、先进文化、社会治理等还存在需要协调适应、建立合理关系的地方。我们所说的"创造性转化",就是要按照时代特点和要求,对那些至今仍有借鉴价值的内涵和表现形式加以利用、扩充、改造和创造性的诠释,赋予其新的时代内涵,激活其生命力。我们所说的"创新性发展",就是要按照时代的新进步新进展,对中华优秀传统文化的内涵加以补充、拓展、完善,发展其现代表达形式,增强其影响力和感召力。

应该指出,需要把"对中华文化要实现创造性转化、创新性发展"放在习近平系列重要讲话的整体中来加深理解。习近平系列重要讲话中反复提到要继承和弘扬中华优秀文化。因此,继承、弘扬应当是转化、创新的前提,善于继承才能善于创新。在扬弃中继承,在继承中发展,在发展中创新。这些都是与林毓生或其他人的讲法有重要或根本不同的。就概念来说,由于"创造性转化"的命题本身没有表达出继承、弘扬的意思,"转化"中不仅没有包括继承和弘扬,而且突出的是改变、转变的意思,所以"创造性转化"的提法,是有其应用范围的。可见"两创"虽然是实践的重点,但毕竟还不能把党对传统文化的方针归结为"两创",仅仅提"两创"还不能使我们全面掌握习近平讲话的内容精神,按照习近平讲话的精神,要处理好继承和创造性发展的关系,必须把**"两有""两相""两创"的方针结合起来**。"两有"即对古代的文化要有区别地对待、有扬弃地继承;"两相"即中华优秀文化必须与当代文化相适应、与现代社会相协调;"两创"即对中华文化要实现创造性转化、创新性发展。"两有"是讲继承的区别原则,"两相"是讲继承的实践要求,"两创"是讲继承和创新的关系。继承是基础,转化是方向,创新是重点;只有这样,才能更加完整地理解、体现党的文化方针。

（本文发表于 2016 年 12 月 7 日《中华读书报》）

文化传承创新对于
中华文化发展的重要意义

胡锦涛同志在庆祝清华大学建校 100 周年大会上的讲话中提出："全面提高高等教育质量,必须大力推进文化传承创新。高等教育是优秀文化传承的重要载体和思想文化创新的重要源泉。要积极发挥文化育人作用,加强社会主义核心价值体系建设,掌握前人积累的文化成果,扬弃旧义,创立新知,并传播到社会、延续至后代。"

在我看来,胡总书记的这次报告最值得注意的一点,就是在四个"全面提高"中,对于大学和高等教育的使命作了新的确定,即在人才培养、科学研究、社会服务之外,增加并提出了"文化传承创新",这是具有划时代意义的。什么是文化传承创新?报告的表述是"掌握前人积累的文化成果,扬弃旧义,创立新知,传播到社会、延续至后代"。很明显,这里的文化传承创新不是泛指一切知识领域及其成果,而是主要指人文社会科学,换句话说,主要讲的不是科学技术,而是思想文化,是以价值体系为中心的思想文化的传承创新。要求我们把目前国家面临的重大思想文化问题强调为大学教育的基本功能。这个提法明显包含如何对中华优秀传统文化进行传承创新,显示出中国文化的文、史、哲、国学的研究与创新在我们当代的高等教育战略中获得了更重要的地位。

这个提法涉及对于大学教育的使命的理解,但它并不是一般地讨论大学功能,而是从当代中国建设和发展的实际出发,体现了中国特色社会主义教育观的新发展,具有纲领性、战略性的意义。

一

文化是人类认识和改造世界的一切行为和结果。这个世界包括自然和社会。文化包含有四个层次,即物质、制度、习俗、精神意识。我们平常所说的"传统文化",是指中国传统文化,也就是中华民族从上古到清代几千年的历史实践中的物质创造、制度创造、精神创造的总和。这是广义的文化概念。除了广义的文化概念以外,还有狭义的文化概念,就是专指精神文化的创造活动及其结果,精神文化包括信仰、道德、艺术、知识等。我们一般用的文化概念多是这种狭义的文化概念。这个意义上的中国文化或传统文化,包括中华民族的独特的语言文字、文化典籍、文学艺术、哲学宗教、道德伦理、科技工艺等。文化是人之所以为人而脱离动物界的标志,没有文化就没有文明人类,文化为我们提供了认识世界的世界观和道德、审美的意识方式与框架,文化为我们提供了生存的意义、生活的规则,文化在人类文明历史发展中起到了无可替代的作用,一个民族的文化规定了这个民族步入文明、发展文明的特殊路径。如何在历史唯物论的前提下,更加注重和深入认识文化的意义、地位,是我们面临的一个重大课题。

世界上每个民族都有其有特色的文化创造。从总体上看,中华民族几千年形成的传统文化在世界文化史上最鲜明和最突出的特色,就是它在文化传承上的连续性。对事物的认识总是从比较中鉴别的,文化传承的问题也是如此。我们知道,世界文明史上有四大文明古国,即巴比伦、埃及、印度、中国,它们的文明建立都在至少距今四五千年以前,它们所创造的灿烂的古代文明是人类文化的摇篮和基础。但是,在四大古国中,巴比伦在公元前 6 世纪被波斯所征服,公元前 4 世纪又被马其顿的亚历山大所征服。埃及的历史同样古老,但公元前 332 年亚历山大征服埃及,此后埃及的宗教崇拜、法老制度等传统文化全部消失,古代语言文字完全消亡了。古希腊和古罗马是欧洲文化的发源地,但希腊在公元前 146 年被罗马人征服,而罗马帝国灭亡后希腊又成为拜占庭的一部分,中世纪奥斯曼土耳其帝国灭拜占庭,统治希腊近 400 年。比较这些文化古国可知,只有中国几千年来始终维持了独立的民族生命,虽然中国历史上也有短暂分裂,或建立少数民族政权,但总体来看,我们的文化从夏商周以来传承连续,从未中断,在民族的融合中国家的政治统一是历史的主流。所以中华民族不仅几千年来文化传承连续不断,而且中华民族赖以生存的政治实体在不断扩大的同时保持了稳定统一,这些都远不是其他民族所能相比的。

应当肯定,中国传统文化的连续传承首先要归功于儒家的文化自觉和历史意识。2500 年前孔子整理了三代以来的文化,确立了中国最早的经典文本,建立了中国文化的经典意识,建立起了文化传承的使命感。孔子所开创的儒家学派努力传承六经,代代传经释经;后来的儒家又形成了一种道统的意识,使得后来儒家以传承发扬中国文化的经典和维护华夏文化的生命为神圣的使命。其次,汉字虽然历经演变,但很早就成为沟通华夏文明区内各种方言的统一交流工具,这种统一的文字保证了统一的文化。再次,中国自古以来有注重历史的传统,很早以来历史的记述不断,而且受到珍视,历史的记述起着承载民族历史记忆、建构民族文化认同的重要作用。最后,很重要的是,中国传统士大夫在政治实践、地方教化和文化活动中,始终自觉传播、提倡、强调典籍中的价值观念,强化这些价值观念,使得这些价值渗透在一切文化层次和文化形式之中,从而影响到全体人民大众的文化心理。

在抗战的时候,哲学家冯友兰曾说"并世列强,虽新而不古;希腊罗马,有古而无今",美国的历史只有 200 多年,而文明古国有的夭折,有的转移;"惟我国家,亘古亘今"。所以他总是引用《诗经》的"周虽旧邦,其命维新",说明中国是文明古国,但始终在与时俱进地发展,并在这种发展中保持了文化传承的连续性。中国文化依托黄河、长江为中心,在这么广大的土地上,拥有这么众多的人口,数千年传承不断,中华民族的政治实体,基本统一,祖先创下的这份宏大的基业,这是多么难得啊!所以,近代历史学家就中国历史文化的三大特征提出三个问题:第一,地域辽阔,人口繁盛,先民何以开拓至此?第二,民族同化,世界少有,何以融合至此?第三,历史长久,连绵不断,何以延续至此?历史学家说,从这三个特征来看,中华民族的历史发展,必然有一种伟大的力量寓于其中。这个力量是什么?就是我们的文化和我们的民族精神,它给了我们中华民族伟大生命力和凝聚力的内在的东西,其中最核心的就是中华文化中的一套价值观体系。我们今天的一个重要任务,就是去发掘它、维护它,承担起发展中华民族生命的重大责任。所以文化传承的作用和意义一定要站在一个比较高的角度才能深切了解。

毫无疑问,从我们今天来看,传统文化中有积极、先进的部分和消极、落后的部分。20 世纪,从革命的立场出发,我们对传统文化的消极的部分进行了反复的甚至是激烈的批判,但如何同时认识、肯定、发扬传统文化的优秀的部分,深切体认中华文化的伟大生命力的所在,这个问题始终没有解决。由于这个问题没有解决,我们传统文化中许多好的东西流失了,我们现在从政治到社会出现的许多问题,都与此有关。

<h2 style="text-align:center">二</h2>

传统文化有各种各样的具体表现,有各种各样的表现侧面,民族精神则是指中华民族绵延发展的深层动力和精神气质,也可以说民族精神是体,传统文化是用。民族精神是民族智慧、民族情感和民族共同心理和思想倾向的主导方面,与一个民族的共同价值目标、共同理想、思维方式紧密联结。中国屹立于世界东方 5000 多年,有古有今,她的发展壮大和延续必有其能以自立的精神基础。所以,我们不仅要了解中华文化创造了哪些文化成果和奇迹,更要自觉理解她的内在生命力和精神特性。

20 世纪 80 年代初以来,国学大师张岱年提出,《周易》的两句话可以作为中华民族精神的集中表达，这就是"自强不息"和"厚德载物"。《周易》里面解释乾卦说"天行健，君子以自强不息"，《周易》又把这一自强不息表达为"刚健"，刚健就是刚健有为、积极进取、奋发向上、永远前进。司马迁《报任安书》说："文王拘而演《周易》，仲尼厄而作《春秋》，屈原放逐，乃赋《离骚》，左丘失明，厥有《国语》……诗三百篇，大抵圣贤发愤之所为作也。"这些都体现了中华民族愈是遭受挫折愈是奋起进取的精神状态和坚韧意志。《周易》里面解释坤卦说"地势坤，君子以厚德载物"，"厚德载物"就是接人待物要有宽容宽和的态度，既肯定自己的主体性，也承认别人的主体性，既要保持自己的尊严，也要尊重别人的尊严，在对外关系上表现为爱好和平，反对侵略。所以厚德载物又集中表达为"以和为贵"的价值取向，崇尚和谐统一。以和为贵的和就是不同事物的统一与融合，从这里发出重视人际和谐的思想，孟子早就说"天时不如地利，地利不如人和"，和的要义是和谐，它既和"同"不一样，不是单纯的同一，而是不同东西的和谐相处；也和"争"成为对比，不崇尚斗争，注重平和的解决问题的方式。这种精神对中华一体、国家统一的民族心理的形成，对中华民族政治共同体的长期稳定发展，发挥了重要的作用。这种精神也体现在中国文化特有的"兼容并包"文化政策上，使得不同宗教传统在中国历史上不断走向互相融合，而不是诉诸宗教冲突和战争。

中华民族的民族精神也就是中国文化的基本精神，在中国几千年的历史发展中发挥了重要的功能，这就是为中华民族提供了强大的凝聚力和顽强的生命力以及巨大的同化力。今天我们虽然不见得能举出很多所谓提倡凝聚力的古代提法，但中国文化的历代教育和传承，的的确确实现了这些功能。所以从功能的角度来考察也是我们理解传统文化的重要角度。在中华文化的熏陶和教育之下，一般来说，以国家统一为乐，以江山分裂为忧，成了中华民族的成员的天经地义的当然价值，也成为民族文化的深层心理。而刚健有为的精神不仅在我们民族兴旺发达的时期起过巨大的积极作用，在我们民族危难之际，更成为激励人们的强大精神力量，在历史上无数志士仁人身上体现出来。如杜甫的诗"剑外忽传收蓟北，初闻泪满衣裳""出师未捷身先死，长使英雄泪满襟"，陆游的诗"王师北定中原日，家祭无忘告乃翁"，文天祥的诗"人生自古谁无死，留取丹心照汗青"，这些读来回肠荡气的诗句，具有强烈的感召力量，无不体现了自强不息的精神，也发挥了爱国主义的激励功能，培育了中华民族反抗压迫、维护民族文化生命的精神。

今天，传承、弘扬民族精神，就是要把那些在历史上促进中华民族发展壮大，体现和促进中华民族的生命力、凝聚力、创造力的优秀精神文化发扬起来，并加以新时代的发展，以加速实现中华文化的伟大复兴。

三

根据胡总书记的讲话,所谓"文化传承创新"其中的"传承"指的是"优秀文化传承"。而其中的"创新"指的是"思想文化创新"。我以为,优秀文化传承不限于中华文化,但文化传承创新的主体任务,应是中华文化的传承与创新;所谓"扬弃旧义,创立新知",就是指批判地继承中国传统文化中各种对于人生价值的阐发,在此基础上发展出合乎时代需要的社会主义核心价值体系,加强社会主义核心价值体系及其外围文化建设。这既是中华文化伟大复兴的必然使命,也是建设中国特色社会主义社会的现实需要。

传承不是单纯的继承,而是有分析的继承,即用扬弃的态度,根据现实需要,有分别,有取舍。"掌握前人积累的文化成果"主要讲的是文化传承;"扬弃旧义,创立新知"主要讲的是思想创新。这个关系显示出,旧义和新知的关系是辩证的关系,没有旧义作基础去创立新知,是无源之水,无本之木;对旧义不能加以批判继承,也就没有创新的发展,无法创立新知。这是人文思想文化发展的特性,与科学技术知识的发展有所不同。当然,文化传承自身也有其独立的意义,特别是对一个民族的文化生命而言,如语言、文字、文学等。在这个意义上,传承不仅仅是为了创立新知而有意义,对民族文化、生活方式、语言习俗的归属是民族得以成立的基本要件,文明、文化的传承对民族的凝聚力与归属感有其独立的重要意义。

我个人的研究领域是中国哲学史、思想史,对于中国哲学史的研究就是研究思想文化不断传承创新,不断扬弃旧义、发展新知的历史过程。中国文化一贯重视文化的传承。孔子说过"殷因于夏礼,所损益可知也。周因于殷礼,所损益可知也"。中华文明历夏、商、周三代,一脉相承。三代的文明精华保存在《诗经》和《尚书》等"六经"之中,王官失守之后,儒家学派承担起文化传承的使命,从汉代起,儒学以经学为平台,将华夏古文明不断传承下去;同时,儒家总结提炼了华夏古文明的价值概念,加以发展,建立了影响中国人至深的儒家价值理念。儒家思想文化的特色之一,就是具有强烈的文化传承的自觉,在不断传承"五经"的过程中,发展新的诠释,适应时代和文化的挑战。传承和创新也体现在儒家以外其他的大的思想体系的发展历史中,可以说一部中华文化史就是不断传承和创新的历史。唐宋以来道统传承的观念日益发展,其代表为韩愈,韩愈《原道》的道,其内容就是仁、义、道、德,也就是中国文化的基本价值概念。北宋的道学是儒家思想发展的新形态,它不仅在经典诠释方面开辟了新的维度,而且在思想文化上别开生面。宋代道学特别强调"传道"的意识,这里的"道"即是儒家学术的核心价值,这个核心价值体系,不仅是伦理的、人生的,也是政治的、社会的。可以说儒家特别注重核心价值体系的传承。在宋明道学的文化意识中,显示出对"学绝道丧"的特殊忧患,"学绝"就是学术断绝,"道丧"就是价值迷失,学绝道丧就是文化传承的中断。韩愈以传道的谱系来论证中国文化核心价值体系的传承,即所谓"尧以是传之舜,舜以是传之禹……孔子传之孟轲,轲之死,不得其传焉"。宋代还有一种关于传道谱系的表达,如孙复、石介所提出的,他们以伏羲、神农、黄帝为传承之首,这种传承便不是强调核心价值的传承,而是一般地指文化的传承。无论如何,文化传承是中国文化的一贯意识。

四

那么,文化传承创新有什么重要意义呢?中华文明是连续发展几千年的文明,但近代以来,在西方帝国主义的侵逼压迫之下,民族生命处于被压抑的状态。西方近代文化的输入,一方面促进了中国走向近代和现代化发展,并和本土文化不断结合,使得中国现代文化不断推陈出新。另一方面,不可否认的是,在西方文化的压力之下,中国文化的自然传承遭遇阻断,我们自己在认识上的失误也一度造成了对传统文化的破坏。改革开放以来的现代中国,经济迅猛发展,政治地位大大提升,综合国力大大提高,这使我们愈来愈意识到,今天我们身处的时代过程是中华民族伟大复兴的时代过程,也同时是中华文化伟大复兴的过程,这是全国上下业已形成的共识和自觉。中华文化的伟大复兴正是指向鸦片战争以来中华文化遭遇的不正常的断裂、压抑,指向中华文化生命的正常传承,求得文化生命的无碍畅通。没有当代中国的现代化的成功发展,就不可能提出文化传承的问题。

今天的中华民族是历史上的中华民族发展而来的,中华民族今天的成就是以几千年发展的中国文化为基础的,也是以中华民族在历史上养育起来的文化能力为基础的。而文化传承最核心的是价值观。中华文化在几千年的发展中,以儒家倡导的仁孝诚信、礼义廉耻、忠恕协和为中心,形成了一套相当完整的价值体系,这一套中华文化的价值体系,支配和影响了中国政治、法律、经济制度建设和政策施行,支撑了中国社会的伦理关系,主导了人们的行为和价值观念,促进了中华民族凝聚力的形成,支配和影响了中国历代与外部世界的关系。这一套体系是中华民族刚健不息、厚德载物精神的价值基础和根源,亦即中华民族民族精神的价值内涵。中华民族几千年来不息奋斗的发展和这一套中华文化的核心价值体系密切相关,这些价值也构成了中国人之为中国人的基本属性,中华民族之为中华民族、中华民族特有的生命力无不来自这些价值及其实践。鸦片战争以来近代中国志士仁人的奋斗都是这些价值的充分体现。

然而,近代以来,西方文化中心的观念,个人主义的宣扬,尤其是"文化革命"对传统文化的全面破坏,以及市场经济发展带来的功利追求的泛滥,造成了文化传承的巨大困难。改革开放以来的历史证明,对中华文化的自觉传承不仅是我们对于中华民族所应负担的文化使命,也同时是面对现代中国社会精神文明建设的实际需要,改革开放以来的中国社会的现代化转型、市场经济的蓬勃发展,使得社会的价值迷失十分严重。在这种情况下,以中华文化价值体系为核心的文化传承,不仅具有民族文化延续的意义,更具有满足当今社会价值重建的需要的意义。现代社会的政治、经济、法律制度已与古代社会根本有别,尤其是在社会主义市场经济条件下,社会的核心价值体系要求,既与古代社会有相同的一面,也有不同的一面。这就需要我们在进行思想文化传承的时候注意创新,以适合时代的变化和要求。社会秩序和伦理价值的建立不能割断历史,也离不开传统道德文化。在稳定人心方面,传统文化所提供的生活规范、德行价值以及文化归属感,起着其他文化要素所不能替代的作用。几千年以人为本的传统文化,在心灵稳定、精神向上、社会和谐方面发挥了重要而积极的作用。但是,在现代社会生活中,传统的价值有些可以直接应用,有些则必须加以改造,要因应时代问题和需要,重新对其加以整理、概括,使之成为新的时代的核心价值。

中国是一个具有几千年文化传统的国度,因此,中国的大学作为高等教育的单位,从整体上必须服务于民族文化的传承,对民族文化的复兴敢于担当。大学教育作为推进文化传承创新的基地,肩负着重要的文化使命。一方面,大学教育以青年学生为对象,必须始终贯彻文化育人的方针,换言之,文化传承要体现在大学的文化育人的实践上。简言之,大学必须以正确而丰富的价值观对学生加以引导,价值观的教化使得大学成为文化陶养和价值教化的重要场所。另一方面,大学的研究,必须把文化传承创新置于重要地位,由于优秀文化传承和思想文化创新不是指科学技术而是指思想文化,因此大学人文社会学科成为文化传承创新理论学术研究的主力军。大学文史哲学科研究的任务,正是"掌握前人的文化成果",传承文化。另一方面,文化传承的学术研究需要向现实贴近,不仅要学术地掌握古人思想理论的旧义,而且要在批判地继承基础上加以发展,以应用于当代社会文化的实践。反过来说,所谓扬弃、应用、转化都需要以创新的态度为其基础。

清华大学的学术传统,一贯地是主张古今融汇、中西贯通,古今融汇就是传承与创新的统一,这是清华的传统。清华的人文学已经走过了百年历程,其中,国学院的时代是清华文科创始的时期,清华国学研究院创造的辉煌与影响奠定了清华初期的学术声誉,也构成了清华人文学科 20 世纪三四十年代卓越发展的先导。1925—1929 年的清华人文学科可称为"国学院的时代",与此相对应,1930—1952 年的清华人文学科可称为"文学院的时代"。20世纪三四十年代,清华大学的文、史、哲等人文学科都达到了当时国内的一流水平,对中国近代的学术转型与人才培养做出了重要贡献。国学院时代清华文科研究属开创与奠基的时代,文学院时代的清华文科是对国学院时代的清华文科的发展和光大。相比于这两个时期,90年代以来是清华文科恢复、振兴的时代,新的清华国学研究院的成立,应该说,是清华文科振兴过程中的一个有象征意义的举措。今天,大力发展人文社会学科已经成为清华大学建设世界一流大学的重要组成部分,得到了广大校友和校内外各方面的极大重视和支持。

(2014年1月)

四、儒学与民族文化

- ◆ 发扬中华优秀传统 涵养培育民族精神
- ◆ 发扬中华文化重视私德培养的传统
- ◆ 重视和搞好中华民族的心灵建设
- ◆ 新人文主义应更加具有道德意识

发扬中华优秀传统　涵养培育民族精神

　　改革开放以来,我国的社会发展在许多方面取得了令世人瞩目的伟大成绩。同时,也不能否认,在这样一个社会巨变的过程中,人的道德观念和社会道德生活也发生了很大的变化,其中包括很积极的变化,但也出现了不少值得重视的问题。

　　目前,道德领域比较突出的问题,是社会公共生活"失序"、人的行为"失范"、人的道德意识混乱。如何正人心、移风俗,建立一个平安、有序、祥和的社会,是大家共同关心的问题。当前受到广泛关注的食品卫生安全领域,毒牛奶、地沟油等问题频出,集中透露出当下国人对生命的漠视、道德的缺失、良知的沦没,也映射出我们社会教育、基础教育中的品德教育的不足。而个别公务人员权钱交易、受贿谋私对国家经济生活、政治生活及社会风气的败坏影响尤为突出。

　　以上提到的这些问题当然不都是道德问题,也不可能仅仅用道德手段去解决。但不可否认,由这些问题暴露出来的我们所面临的道德困境是必须重视的。如果简单地加以概括,可以说,市场法则对道德领域的侵入、传统道德规范和道德权威的失落,造成了人们道德观念的迷失、道德情感的冷漠、道德勇气的沉沦;道德的滑坡体现于个人品格观念的淡漠、功利欲望的嚣张、职业道德的疲软、群体意识的淡薄、公民道德的缺失这样几个大的方面。而从个人的角度来看,最突出的是人的意识的商品化与人际关系的商品化,及其所造成的自私意识的合理化和缺乏"羞耻心"。中华民族的传统美德和中华文明的道德精神遭遇了严重病害,这是具有根本性的问题,政府必须加大对这个问题的重视。一个国家和它的人民,只有经济的快速发展,而没有较高的国民道德素质,没有对美好价值的追求,是不会受到世界的尊敬的。

　　造成这些现象的原因很多,除了"文化大革命"导致的变化与破坏、不规范商品经济的腐蚀以外,很重要的一个原因,就是我们长期以来对传统文化的无分析的破坏,使我们丢弃以至丧失了我们本有的深厚的传统道德资源。中国古代文化具有很强的德性培育的功能,中华文明向来以礼仪之邦著称于世,不仅是因为她有悠久的礼仪传统,而且因为这个文化中很强调道德的价值和道德感,强调理想、正义与良知。在中国文化中有完整的德性人格的理想和道德准则体系,有悠久的道德修养传统,有丰富的道德格言资源和其他道德文化资源。然而近代以来,我们全力批判传统道德,力求把我们自己与源远流长的道德文化传统切断,认为只有与传统彻底决裂才能尽快实现现代化。这种观念的影响至今仍有不少表现。

从理论界到知识界,很多人都知道梁启超早年在《新民说》中提倡公德,但都忽略了梁启超本人在《新民说》写作后期重新强调私德的意义,他提出:"今之学者日言公德,而公德之效弗睹者,亦曰国民之私德有大缺点云尔! 是故欲铸国民,必以培养个人之私德为第一义。"他所说的私德是个人的品德、修养,公德是指有益于国家、社会的德行(如爱国)。从《新民说》最后完成的总体来看,梁启超对公德和私德同样重视和肯定,新民说中的"私德说"与"公德说"共同体现了他的道德思想,而且补充了"公德说"的基础。用今天的例子来说,倡导自由、平等、公正、爱国属于社会价值,即公德的范畴;倡导敬业、诚信、友善属于个人道德价值,即私德。社会对两方面都需要,而就个人行为来说道德价值是基础,中华美德在这方面有丰厚的资源。

冯友兰曾指出,人类社会所以能存在,要有一些基本条件;这些基本条件就是基本道德,这些基本道德无所谓新旧,无所谓古今,是属于"不变的道德",比如"守信"。另有一些是与特定社会的制度有关的道德,随社会制度变化而变化,属于"可变的道德",比如"忠君"。这个分析,我们认为还是有道理的。仁爱、礼让、信义、和平、勤勉、正直、廉洁、"己所不欲,勿施于人",这些都是不变的道德,我们所肯定的传统道德就是指那些不变的道德。在这个意义上,所谓"传统道德"并不"传统",或不仅仅是"传统"的,因为它们普遍适用于现代社会、未来社会、一切人们所组织的社会。

道德的继承问题,在阶级斗争年代被搞乱了,但社会对继承中华传统美德的需要并不因此而消失,一个时期以来社会流行的国学热,反映了广大人民群众在建设精神家园方面对本土的传统资源的热切渴求。社会转型需要一种与革命时代不同的意识形态。在现代化市场经济发展的同时,社会道德秩序和个人安身立命的问题日益突出起来。社会道德秩序的建立离不开传统道德文化,这已经是新世纪以来执政党和人民的共识。市场经济的发展带来了人与人关系的新的变化,中华文化的宝库已经渐渐成了青年人待人、处世、律己的主要资源,与其他外来的文化、宗教相比,在稳定社会人心方面,传统文化提供的生活理想、德行价值及文化归属感,起着其他文化要素所不能替代的作用。几千年以人为本的传统文化,在个人道德和社会伦理的建设方面,为当代市场经济社会中的中国人提供了主要的精神资源,在心灵稳定、精神向上、社会和谐等方面发挥了重要的积极作用。国学是中国人长久的伦理资源。

以中华民族伟大复兴为中心的中国梦,内在地包含着中华文化的伟大复兴的使命和民族精神健康发展的愿景。政府应当从根本上树立"固本培元"和"中华民族心灵建设"的观念,大力支持国学的传播和普及。在现代社会中,中国传统文化可以与广泛的教育领域结合,使中国文化的道德价值通过教育途径,植根于广大民众与青少年的心灵。政府应以一种固定化的制度性形式,以确定和保证中华文化的价值、美德成为小学、中学德育的基本内容。校外的传统文化教育与经典传习活动近年也开始流行,应当得到各方面的支持。它可以使国民从小培养起对包括中华文化经典在内的传统文化的敬重之心,熟悉中国文化的价值资源,以不断把传统价值与现代生活进行结合。政府与社会应表彰实践中华文化价值的各类典型人物与事迹,鼓励各种文艺形式深刻地表现中国文化的价值,发扬中国文化的精神。这些都是富有积极意义的社会教化。文化浸润的力量往往超出人们的预想,从小熟悉传统文化,将使这一代青少年对中华优秀文化的向往越来越深,有利于新的一代人传承中华道德文化,涵养和重建民族精神。在这个意义上,对于国学或传统文化的教育,具有重要的中华文化传承的意义和培育民族精神的意义。

(2014 年 10 月)

发扬中华文化重视私德培养的传统

习近平同志最近指出：一个很重要的工作就是从思想道德抓起，从社会风气抓起，从每一个人抓起。要继承和弘扬我国人民在长期实践中培育和形成的传统美德，在去粗取精、去伪存真的基础上，坚持古为今用、推陈出新，努力实现中华传统美德的创造性转化、创新性发展，引导人们向往和追求讲道德、尊道德、守道德的生活。

一　讲道德要落实到个人基本道德

中华传统美德是中华民族在长期生活实践中形成发展的，是中华文化的精髓，具有跨越时空的永恒魅力。2014 年，国务院参事室、中央文史研究馆组织选编了《中华传统美德一百句》，加以简明解读，配图出版，用以配合培育和涵养社会主义核心价值观，促进个人品德的养成。此书由人民出版社出版发行，它既可供国家公职人员和社会各界人士使用，亦可作为青少年学习、践行中华传统美德的读物。本书选编的一个重要特点，就是发扬中华文化重视私德培养的传统。

这里首先需要把"道德"和"价值"作一区分，如富强、民主、文明、和谐属于价值，但不是个人道德；自由、平等、公正、法治是社会价值，也不是个人道德。爱国、敬业、诚信、友善才是个人的道德价值，其中爱国敬业属公德，诚信、友善属私德。公德即公民基本道德，指向公共生活；私德即个人基本道德，关注个人品质。私德、公德都是以个人为主体的道德要求，也是要落实到个人身上的道德。而富强、民主、法治则不是以个人为主体的道德要求。私德作为个人基本道德的要求，在古代文化中非常丰富，古代提倡的私德在现代社会仍然有意义；但现代社会对人的道德的要求增加了，特别是在公德方面，如爱国、守法，这是近代国家和社会的发展所提出的道德要求。

应该指出，今天我们所说的加强道德建设、形成道德规范、树立道德理想，讲道德、尊道德、守道德，都是就个人道德而言；今天我们提倡的基本道德规范、道德意愿、道德情感、道德境界无一不是以个人道德为主，要落脚在个人的基本道德上，最终指向应该成为什么样的人、怎样做人。当前我们所说的继承和弘扬传统美德以及中华美德的创造转化,按其内容来说,其实也都主要是个人道德与个人道德修养的内容。而所有这些对于个人道德的要求,重点应是个人基本道德即私德的建立与培养,明确这一点对道德建设有重要意义。

二　私德培养的重要性

为了进一步说明这个问题,有必要回顾近代大思想家梁启超的有关论述。个人基本道德近代称为私德,阐发有关私德与公德的区分和联系,最有影响的是梁启超。从理论界到知识界,很多人都知道梁启超早年在《新民说》中大力提倡公德的主张。古代儒家文献《大学》本有新民之说,梁启超所说的新民则是指近代意义上的国民道德的改造与更新。但这种改造与更新,对梁启超来说,并不是抛弃传统道德,他明确指出,新民之新字包含有二义,一个意义是说,锻炼激发本有的德性而使其日新之、自新之;另一个意义是说,学习采纳本来所没有的新道德而使其纳新、开新、更新之。二者缺一不可。他从一开始就明确申明,"新民说"并不是要人完全抛弃传统。

然而面对 20 世纪初中国近代变革和国家富强的迫切要求,梁启超在 1902 年刚开始写作《新民说》时,明显是以提倡公德为主导方向的。梁启超在该书第五节"论公德"论述了其关于私德与公德的理解和认识,认为私德是个人的品德、修养,而公德是指有益于国家、社会的德行,"我国民所最缺者,公德其一端也"。他认为《论语》《孟子》《大学》《中庸》《尚书》所标举的德行,如忠信笃敬、温良恭俭让,大体都是私德;所教人的修养方法,如知止慎独、存心养性,都是增进私德的方法。他认为这些中国古人的著作对于养成人的私德相当完备,而在公德培养方面,中国的传统文化却付诸阙如,这对近代国家的形成非常不利。他认为,中国文化中重私德、轻公德,这种情形必须改变,否则,中国在近代世界的衰落是无法挽救的。梁启超所理解和大力提倡的公德主要是爱国、利群,他的公德说从爱国的民族主义出发,把个人对群体的自觉义务看成公德的核心,这是和中国近代民族国家的救亡图存密切相关的。

梁启超 1902 年写了《新民说》的"论公德"一节后,即在《新民丛报》上将其发表,大力呼吁、提倡公德,在当时影响很大。但一年多之后,他的思想有所变化,重新重视私德的意义,故写了《新民说》的第十八节"论私德"。他指出,在倡扬公德时,有些人把公德和私德对立起来,不仅没有利国利群,反而由于蔑弃私德,引起社会的不满。有鉴于此,他又专节论述私德的意义,以补充"论公德"的不足。他说:"今之学者日言公德,而公德之效弗睹者,亦曰国民之私德有大缺点云尔!是故欲铸国民,必以培养个人之私德为第一义。欲从事于铸国民者,必以自培养其个人之私德为第一义。"这是主张培养国民道德应以培养私德为先务,从事国民道德教育的人,应首先重视培养自己的私德。梁启超对私德与公德作了重新思考,他认为,私德是公德的基础,社会上可能有些人私德醇美而公德还不完备,但绝没有私德败坏而公德却完美的人。他还提出,公德是私德的进一步推广,那些有私德而公德不备的人,主要是缺少在私德基础上的进一步推扩;而如果私德不立,则用以推扩的基础也无以成立。可见,私德的培养是第一位的,故说"养成私德,而德育之事,思过半焉矣"。

梁启超《新民说》中提倡公德说在近代以来最有影响,人们甚至把新民说的道德思想仅仅归结为公德说;而实际上,《新民说》中后来写的"论私德",对此前的公德说作了很大的补充和修正,更加深刻地思考了私德在整个道德结构中的基础意义和重要价值。为此他还编录了《德育鉴》,发掘儒学道德修养的文化资源。遗憾的是,这种重视培养私德的思想长期以来被忽视了。

梁启超不仅在理论上肯定了私德的重要性,而且在修养私德方面提出了"正本""慎独""谨小"三项德育修身的要领。他所说的"正本"就是从内心深处根除功利私欲的思想。他所说的"慎独",是阳明学的慎独,是以良知为本体的功夫。他特别针对小节无害论而提出"谨小",谨小就是重视小节。当时从事革命或维新的人士很多以不拘小节的英雄自命而流为功利之士,梁启超对此深为痛心。他认为,以不拘小节为名放松对政治人士的道德的要求,其结果不仅不能得到英雄,还可能适得其反;认为小节小过皆有因果作用,小过之积,如涓涓细水,可以汇成江河,犯成大过。他主张必须检点细行,不能以自恕之心对待小事之过。他甚至认为,纤毫的不正之心,最后可以发展为卖国害国的大节。梁启超的这些思想今天看来都是很有现实意义的。

三　传承中华美德

一个现代社会对于私德、公德两方面都需要,而就个人行为来说,个人品性的道德价值是基础。重视个人的品质道德,加强个人道德的修养,中华文化在这方面有丰厚的资源。

当代中国的基本道德价值是要落脚在个人身心实践的道德。中国古代特别是儒家的价值体系重视个人基本道德的养成,有着优良的传统。但毋庸讳言,在我们的现代社会生活中,几十年来形成了一种偏向,只重政治价值,轻视个人道德,轻视小节,不区分公德私德,不强调私德的培养和意义。

　　从这个角度来看,一方面,我们所强调的道德建设都是与个人道德紧紧相关,而另一方面,我们所说的价值体系里面关于个人道德的内容尚未能充分细化,还不能充分覆盖道德生活的需要,从而很难在道德建设上,在促进人们讲道德、守道德上发挥出完整作用。这些都说明,目前我们对道德建设的理解还是不完整的。这是一个必须认真思考并加以解决的问题。改革开放以来,我们的生活中还有这样一种观点,认为只讲公民道德就可以了,不注重提倡个人基本道德。其实古希腊哲学家亚里士多德早就指出过,公民的品德和善人的品德是不一致的,一个好公民不必具有善人所应有的品格。可见公民品德的要求较狭窄,善人品格的要求更为全面,善人品格就是我们所说的讲道德、守道德的个人基本道德。在这方面,中华美德传统提供了丰富的德目体系。

　　因此,关于当代社会需要的个人基本道德,即私德,需要结合中华传统美德来加以细化。按我个人的看法,当代生活需要的最基本的私德有:仁、义、诚、信、孝、和,即仁爱、道义、诚实、守信、孝悌、和睦。次一级的私德有:强、毅、勇、直、忠、廉,即自强、坚毅、勇敢、正直、忠实、廉耻。我们多年来只重视政治价值,不强调个人道德,只要一个人嘴上高喊爱党爱国爱马列,对个人道德就可以不加考究;或只强调公德,不关心私德。在青少年教育中也是如此,缺乏传统文化那种对个人道德养成的教育观念。这个流弊对党员领导干部的腐化、对中华民族道德素质的负面影响已经相当深远。这是我们道德建设中的一个具有根本性的问题。不改变这一点,道德建设是不可能见成效的。

　　因此,在道德建设上,社会主义核心价值的实践,其具体的操作,一定要以中华美德体系的传承和实践为条件、为落脚点,突出个人基本道德的培养。要使每个人成为传承中华美德的主体,说的就是个人美德的传承实践,强调传承中华美德要落实到个人的身心实践。换言之,社会主义核心价值的培育、践行,就是要以个人为主体,以践履个人基本道德作为它的根本条件,以培养私德作为它的根本落脚点。所以,引导人们向往和追求讲道德、尊道德、守道德的生活,一定要突出社会主义核心价值的培育跟中华传统美德的践行的关系,在培养个人基本道德上下功夫。

　　根据以上的分析,考虑到现实的文化状况,我们应该一方面强调"社会主义核心价值"的培育和践行,一方面要注重"中华美德体系"的传承和实践,把二者结合起来。把现有价值体系中个人层面的德目细化,重视从个人基本道德做起,大力弘扬中华传统美德,道德文明和社会风俗的改善才能有更合理的依据,"讲道德、尊道德、守道德"才能落到实处。

重视和搞好中华民族的心灵建设

改革开放以来,我国的社会发展在许多方面取得了令世人瞩目的伟大成绩。同时,在这样一个社会巨变的过程中,人的道德观念和社会道德生活也发生了很大的变化,其中包括很积极的变化,也出现了不少值得重视的问题。这些问题简单地加以概括,就是市场法则对道德领域的侵入造成了人们道德观念的迷失,导致人的意识的商品化与人际关系的商品化,以及自私意识的合理化。中华民族的传统美德和中华文明的道德精神遭遇了严重病害,这是具有根本性的问题,政府必须加大对这个问题的重视。**道德生态水平是衡量社会发展和生活质量的标尺,应该与GDP 一样,成为现代化建设的度量指标。**

在中国历史上,佛教、道教都是出世主义的宗教,而儒学不是有组织的宗教,因此与基督教国家由宗教负责社会教化不同,在我国历史上**政府必须承担社会人心的教化职责,这是中国的重要国情。中华文化是道德教化的重要资源,政府应当从根本上树立"中华民族心灵建设"的观念,大力支持国学的传播和普及。**在现代社会中,中国传统文化可以与广泛的教育领域结合,使中国文化的道德价值通过教育途径,植根于广大民众与青少年的心灵。政府应以一种固定化的制度性形式,以确定和保证中华文化的价值、美德成为学校德育的基本内容。社会的传统文化教育与经典传习活动近年也开始流行,应当得到各方面的支持。这些都是富有积极意义的社会教化,支持国学传播和传统文化的教育,不仅具有重要的中华文化传承的意义和培育民族精神的意义,同时也有改善社会道德风气的现实意义。

政府要在一切工作中贯彻价值引导。在我国,政府是引导经济活动的主要力量,因此**依法治国和以德治国的结合,不仅要体现在一般的教育教化上,还应贯彻到经济活动的惩恶扬善中。这样的发展、创新才是硬道理。**目前,我国经济活动中有一个突出问题,即经济活动与道德的严重背离。目前人民群众最关心的食品安全和环境污染问题,如毒奶粉、地沟油、污染环境的严重危害,比官员腐败造成的危害更大、更深、更远,政府必须坚决作为,对重大事件严惩不贷,在制度上明确把食品安全等纳入干部政绩考核。

经济活动与道德的严重背离,其原因,除了市场经济自身的商业化导向作用与人的私欲膨胀外,很大程度上是我们对经济学、经济活动,对市场经济的理解本身有偏差所致。现代经济学之父亚当·斯密既写了《国富论》，又写了《道德情操论》，认为人不仅是经济人，也是道德人，强调经济学与伦理学有本质的联系，认为人在遵从经济理性以从事经济活动的同时，还要考虑他人和社会的利益，完善个人的美德。这一思想的结论是，不能把市场交易的行为规则变成唯一的交往行为规则，把"自利最大化"当成人类行为的唯一法则。当代经济学如果缺失了伦理道德的视野，只强调自私自利的"理性经济人假设"，只突出以理性的计算达到最大利益，其影响就会把人简单化为商品化交往的经济人，瓦解社会的公序良俗和基本道德。这是造成我们今天社会经济领域诸多问题的一个重要根源。

诚、信是社会主义核心价值，"诚"作为道德概念不只是诚实守信，不是只强调遵守借贷契约关系，还包含好善恶恶、真诚待人、反对欺诈，提倡"**诚信经济**"才能更广泛地突出道德对经济的引导。所以**依法治国和以德治国的结合体现在政府施政，必须在强调法治经济的同时，大力提倡诚信经济、良心经济**；对于经济活动，在强调循法治、守契约的同时，强调讲道德、重诚善，双向规范经济行为，才能从根本上确立对社会主义市场经济的正确理解和指导。

新人文主义应更加具有道德意识

提出新的人文思潮是一个很好的想法，人文主义基本是从西方的文化经验成长起来的。新世纪以来提出新的人文主义，应当奠基在多元文化和文明基础上去理解，也就是说我们今天讲的人文主义不是仅指近代欧洲的人文主义，而是尽量吸收全球各个文明成果的人文观念。

要达到对新的人文主义的理解，我觉得有四点非常重要。

第一，新的人文主义思潮必须是道德的人文主义。就是说一定要用道德的标准、视角、意识观察批评当今世界的各种社会文化，包括族群之间的冲突，这是新的人文主义必须要有的特性。

第二，新的道德人文主义应该是建构性的，而不仅仅是批判性的。这种建构性应该以地球社群和地球生命本身作为一个终极标准，来形成我们的共识。也就是说，在这点上并不需要引进任何一个其他特殊宗教的终极信仰标准作为共识。从阿波罗登月以来，大家越来越清楚，这个蓝色的地球是大家共同生存的基础，地球社群是我们共在的一个社群。

第三，新的人文主义应该是和平的、友好的、宽容的，指引人类社群不断和谐共生的文化，而不应当像西方近代以来所发展的人文主义一样，带有排他性，带有一定的侵略性，不够宽容。所以新的人文主义主张的一定是一个和平的、友好的、宽容的人类发展局面。

第四，新的人文主义内部应包含着与新的自然主义的结合。我们同属一个地球，地球的生命是大家生命的基础，今天的人文主义不能脱离对地球的自然主义的态度，应达到人和自然的一种和谐。这是我对世界新人文主义的理解。

因为新的人文主义要改变以前单一的由西方近代文明所发展的人文主义，所以要尽量吸纳各种不同的文明。这里，我想简单说一下儒家人文主义的特点，也希望这些特点能够融入世界新的人文主义思潮中来。

儒家人文主义有这样几个特点，第一，崇德尚义，特别注重对道德标准和意识本身的强调。第二，明伦乐群。伦是人与人的关系，群是社群的关系。儒家不是强调个人性，而是比较强调社群和伦理关系，站在这一基础上处理个人自由与社群集体的利益。第三，忠恕一贯。在忠恕中，孔子特别强调恕道，"己所不欲，勿施于人",这是儒家人文主义中一个很重要的特色。第四,天人合一。这是中国古老的传统,儒家、道家都共同发扬了这个特点。儒家在宋代以后越来越强调天人合一,天人合一虽然有不同的面相,但是总体是主张人与人的和谐,人与自然的和谐,与整个宇宙根本的和谐。

"明伦乐群"强调社群的意关系,"忠恕一贯"解决对他人、他者的态度,"天人合一"解决人类和自然的关系,这些正好合于我刚才所讲的对世界新的人文主义思潮的理解。新的人文主义应该是充满道德意识的人文主义。这就是我对世界新的人文思潮、新的人文主义的理解。我希望这样一种理解能够慢慢成为世界文明对话和其他各种活动中大家慢慢达成共识的想法。

(本文系作者在 2012 年 5 月 2 日第二届尼山文明论坛上的发言)

五、儒学与现代价值

◆ 现代性的未来：道德批判与人的文化努力

◆ 启蒙反思三题

◆ 追寻"继续启蒙"和"反思启蒙"的平衡

◆ 从儒家的角度看普世价值问题

现代性的未来：
道德批判与人的文化努力

古代儒家的历史哲学，常用"理-势"的分析框架来观察历史。所谓势，就是一种现实的势力、趋势，所谓理，就是规律、原则、理想。势往往与现实性、必然性相关，理则往往联系于合理性而言。二者有分有合。离开历史的发展现实，空谈价值和正义，就会被历史边缘化。但如果认为"理势合一"是无条件的，那就意味着"凡是现实的都是合理的"，会使我们失去对历史和现代的批判与引导力量，抹杀人对历史的能动参与和改造。因此，就本来意义上说，"理-势"分析的出现，既是为了强调人对历史发展趋势的清醒认识，更是为了强调人以及人的道德理想对历史的批判改造的功能。从前人们常说"历史潮流，不可阻挡"，历史潮流就是势。势或历史潮流有其历史的必然性，但不一定是全然合理的，不是不可以引导的；但不顾历史大势，反势而行，逆历史潮流而动，则必然要失败。妥当的态度应当是"理势兼顾""以理导势"，这是儒学面对全球化的问题所采取的主张。

朱子在《四书集注》中，既谈到"理势之当然"，又谈到"理势之必然"。朱子不仅重视作为历史过程本身合理性的必然之"理"，也重视以当然之"理"推动人的历史实践去补充、导正势的偏重。朱子主张顺理、乘势，既要乘势而行，也要顺理而为。同时，他也指出，"天下之势终不免于偏有所重"，故应"因其自然之势而导之"。这里的"导之"所依据的自然是当然之理，所以，朱子的理势观，包含着用理和势二元因素来分析历史，而关注以理导势，引导实践。用这样的观点来说，全球化是"自然之势"，但人可以而且应当"因其自然之势而导之"，这样才能把理势之自然和理势之当然结合起来，才能促进历史向着人的理想的方向前进。

经济技术的全球化是当今的世界大势。而对于文化学者来说，重点是不仅关注全球化运动的"势"，也要分析其中的"理"，尤其注重全球化运动的文化面向，从而使我们不仅成为全球化运动的参与者，也时刻保持对全球化运动的清醒分析，在参与中发挥东方文化的力量，促进全球化运动向更理想的方向发展。

赵汀阳文视野广阔，有前瞻性，也有较深刻的对时代的分析。如果从儒学的角度来思考，我想提出两点意见。赵文一开始就强调"形势"的概念，认为只有通过形势这个概念才能看出现实所蕴含的可能未来及其意义。事实上,此文的出发点也是对时代、对世界的形势的基本分析,即认为当下的世界是现代将结束,是全球时代的开始。如果以传统儒家的"理势论"的角度来看,赵文的基本点始终放在"势"的分析之上,而忽略了"理"的维度。赵文虽然包含了对未来的展望与前瞻,但总的来说比较重视现实,而缺少理想的地位。敏于大势的判断,固然可以掌握时代的先机而与时俱进;但新势之来,不见得克服了旧的毛病,更不见得没有新的毛病。新势之自身仍然可能是一个不理想的人类生存状态。所以,如果人只是追随势的变化而变化,人的文化努力就没有了地位。因此,"势"是要加以注意的,但只注意"势"并不能自然迎来理想的未来。

由于赵文主于势而忽于理,所以特别强调"讨论的重点不是道德问题,而是游戏的形态问题";又说"现代游戏的恶循环不可能被道德批评所改变,只能指望新游戏颠覆旧游戏"。不管作者所做的具体分析有无道理,此文基本方法似表现出一种非道德化的倾向。其实,并不像赵文所说的,近100年来马克思思想与欧洲左派运动对资本主义现代性的批判未能阻挡现代性的高歌猛进;相反,对现代性的批判运动,无论是精神的还是物质的,都已经历史地成为塑造现代性的重要力量,深刻地影响了现代性的形成与变化。只要不把现代性抽象地理解为个人自由、市场经济、政治民主的简单相加,而具体地了解100年来现代性的历史生成,即可知,以道德批评为基础或起点的批判运动,精神可以变为物质,是现实世界塑造的重要力量。因此,任何对历史的展望分析,必须为人的文化努力和道德批判留出必要的空间。

其次,现代性本身并不能等同于"现代游戏"。"现代游戏"的说法遮掩了现代性中包含的普遍价值。自由、民主、平等、正义这些在现代性历史建构中得到普遍化的价值,其所以能普遍化,乃是由于它们是人类在近代以来所发展的社会理想,虽然从"三个世界"的角度来看,直至今天没有一个世界是真正实现了这些理想的。忽视价值是作者只留意"势"的立场的必然归趋。而作者之所以把现代性等同于"现代游戏",也是因为作者在很大程度上延续着对国际矛盾的关注,而并非集中于社会矛盾的关注。国际关系往往只是游戏关系,这也是赵文最后归结到推荐其天下体系的缘由。但国际关系并不是现代性的全部。

全球化究竟是现代性的终结,还是现代性的新阶段,这的确是值得重视的问题,作者自己也说"全球化是现代化的全球普遍化"。20世纪70年代以来,"新技术革命带来新世界"的警告已经有过几次,但这些新技术革命都未能突破现代性,以往的新技术革命也未能带来新的世界秩序和规则。即使从互联网时代放眼未来,新技术革命能否带来世界新秩序也是不确定的,即使有新的游戏及其规则的形成,它是否是人类所理想的规则,是完全不能确定的。从人类历史的经验来看,即使我们在最近的未来将迎来一种新游戏及规则,这个新的世界游戏规则仍必须以人的理想批判地改进它、约束它,而不可能把所有指望寄托在它的自然出场。

(2014 年 6 月,乐黛云先生要我对赵汀阳教授的一篇文章《现代性的终结与全球性的未来》作个回应,我就写了两页,以完成"任务"。这篇小文后收录于 2015 年出版的《跨文化对话》第 33 辑)

启蒙反思三题

如何看待启蒙运动对于传统的否定,现在大家的认识基本上趋向一致,就是不管是西方启蒙对基督宗教的全盘否定,还是中国近代启蒙对中国传统的全盘否定,这种思潮都慢慢地过去了。我们倡导启蒙反思,特别是对启蒙运动那种全盘反传统的观念加以反思,这一点应该是确定无疑的。当然,有些朋友,主要是西方哲学研究者对此似乎不太认同,但是就学界总体来讲,反传统的问题已不再突出。大家慢慢都接受了这样的看法,就是启蒙运动特别是中国近代启蒙运动的全盘反传统主张,是难以为继的,是站不住脚的。在这种时代思想背景下,我对启蒙反思有以下三点思考。

一 启蒙反思是保守主义运动的新阶段

杜维明先生明确指出,对于启蒙运动所包含的各种价值和哲学观念都要进行反思。基于这个立场反观1958年的新儒家宣言,应该说,宣言中并没有启蒙反思这个维度。宣言的直接意义,就是想要改变西方人过去研究中国文化的那种态度和立场。比如,西方人认为中国没有宗教,儒家不是宗教,宣言就强调儒家也可当作宗教来看,也具有深刻的宗教意识。我看宣言更多的是表明一种态度,就是对中国文化要有一种尊敬的态度,要把她看作活的东西,不是把她看作死了的东西,要内在地了解她的文化生命。宣言强调,中国传统文化的特色、中国传统哲学的特色、心性之学,这些是西方人不容易了解的。从今天启蒙反思的角度来看,启蒙反思所讨论的问题,在宣言中没有凸显;宣言的所有问题还是针对反中国传统文化以及西方人对中国文化的不理解。由此来看,宣言确实是有一定局限性的。这种局限性还在于,它主要以西方人作为对话的对象,没有全面地与中国近代的启蒙运动或中国近代的全盘反传统思想体系进行对话。所以它作为保守主义的宣言是不全面的。它没有全面地针对"五四"时代的启蒙精神对于整个中国传统的错误认识,更不像今天启蒙反思论域包含了这么丰富的课题。

去年纪念新儒家第二代大师牟宗三、唐君毅,有很多人围绕1958年宣言写文章。我想我们今天应该有进一步的思考,就是站在启蒙反思的角度,认识1958年宣言的一些局限,这样才有利于保守主义("保守主义"这个词不一定很好,也许"浪漫主义"好些,可以再斟酌,这个词只是表示与启蒙主义直接对立)运动的发展,使这个运动在启蒙反思的新旗帜下进一步深入。如果今天还向西方人说"活的""死的",意义不是很大了。我想,启蒙反思论域的展开,将能使 20 世纪以来的保守主义运动有新的进展。所以我觉得今天已经不需要太夸大 1958 年宣言的意义,换句话说,今天可以有一个新的文化宣言,一个启蒙反思的宣言,作为这个运动深入开展的一个新阶段的开头。1958 年宣言还有一种"花果飘零"的意识,今天也不需要这种意识了。当时一些新儒家的学者离开内地,到中国香港、中国台湾、外国,所以有那种很孤独的文化上的"花果飘零"意识,但这不是今天大家共有的意识。今天可以说是儒家文化全面复兴的时代,应该有新的文化宣言,这个文化宣言,我以为确实可以采取启蒙反思作为基本立场。联系 20 世纪中国历史来看,20 世纪既有一个启蒙主义运动,从"五四"一直到 80 年代,甚至到今天;同时也一直有一个启蒙反思的传统,我们不要叫它"反启蒙"。但启蒙反思传统或保守主义运动,从它前面的发展来说,主要是针对全盘反传统。而今天全盘反传统的错误已逐渐成为大家的共识,所以这个问题不必再作为一个主导方面,整天去跟反传统主义作辩论。我觉得主战场已经可以变了,我们可以从启蒙反思角度,将问题域放得更宽,这样我们的视野也就更大,讨论的也就不仅仅是中国的文化问题,也包括整个人类的文化、全球化运动。

二　启蒙价值不能完全否定

我记得前几年开过一个"启蒙的反思"学术座谈会,自由主义知识分子在会上提出,对于启蒙的价值不能完全否定,我觉得这是对的。启蒙的很多价值,诸如理性、人权、自由、法治、民主等等,不能全部归结为工具理性,甚至工具理性也不能统统否定,工具理性也有它的价值意义。今天我们反思启蒙价值,这些价值有些是不属于工具理性的,有些即使是工具理性,也不能说就不要。仅仅要价值理性,不要工具理性,这个也是不对的。新儒家的想法也是说,价值理性我们本来就有了,要从中开出工具理性来。所以我们在理论上要注意,不能完全否定工具理性。另外,启蒙价值中还有一些并不是工具理性,比如民主的问题,那次会上自由主义知识分子主要讲的也是民主问题,他们认为,启蒙反思在中国的语境中讨论,跟在西方是不一样的,我觉得这个提醒也是有意义的。因为在西方,启蒙价值基本上已经实现了,当然这些价值的实现有弊病,但总之是实现了。可是在中国,百年以来,启蒙价值很多并没有实现。或许有人会说,那本来就是不好的,没有实现也没关系。但确实有些启蒙价值应当实现,比如说民主,我们不能说民主是不好的价值,现在的争论在于民主的实现方式,如何立足于一个国家的历史文化传统和它面临的现实挑战,不能迷信抽象的民主实现方式。但民主的价值却是不能否定的。所以从改革开放以来也讲民主与法治、扩大社会主义民主。西方的民主已经存在着,现在提出反思,不会影响其民主体制,他们只是对现存的民主体制中的毛病进行反思。所以自由主义知识分子的想法不是没有道理的。启蒙反思不能把我们今天中国社会里面仍然需要结合中国的实际加以实现的启蒙价值都否定掉。比如人权问题,现在有一个新名词叫"维权",维权都是代表老百姓利益的,老百姓的利益受到官僚体制不正当行政的侵害,所以要维权,但是维权活动受到很大的阻碍。这从儒家立场是很容易得到解决的,儒家的民本主义就是关怀老百姓的利益。如果比照西方的观念来看,这就跟人权有关系。可见人权观念与儒家思想并不是相互排斥的,儒家就是赞成维权,儒家政治思想就是注重维护老百姓的权益。我们现在虽然经济上在进步,但并不意味着我们的社会建制已经达到当今地球人类的比较好的程度了。必须承认西方经过几百年的探索,包括社会主义运动在里面发生的重要作用,才取得民主体制的一些好办法,这些东西和它后面蕴含的价值,确实是我们在启蒙反思时应该注意的。记得有人说过:启蒙应该反思,但启蒙还要继续。这话的意思也不错。我们在中国讲启蒙反思,尤其要注意。这个问题与另一个问题也有关系,就是普世价值问题。我们说启蒙价值是不够的,有些方向走得不对,但是启蒙价值里面有没有一些普遍性价值? 这一点不能轻易否定。当然,抽象地讲普世价值,我也不同意。因为价值如何在具体的历史时空中落实,这是很大的问题。但就价值本身来讲,启蒙价值中是不是有一些普世的价值? 比如我刚才讲到的民主。假如启蒙价值中有一些我们今天应该承认的普世价值,那我们在启蒙反思的时候,就要把握好这个度,在理论上阐明它。

三　启蒙主义运动与保守主义运动平行发展和良性互动

今天我们讲启蒙反思,我觉得把它放在启蒙主义运动与保守主义运动平行发展和良性互动的关系当中来看,这个方法可能有一定的意义。今天我们讲启蒙反思,不一定是对启蒙运动的直线式的进步或取代。有些方面可能有认识上的进步,比如对于反传统的看法。但总体上讲,不是说启蒙运动已经过时了,现在要用新的东西来代替;而是也可以把启蒙与反思看作一个对立统一的二元系列的平衡。在这个意义上,启蒙反思不是对启蒙价值的全面否定,而是认为启蒙价值只代表了整个人类历史发展的一面,它缺了很重要的另一面,启蒙反思就是要把另一面彰显出来,挺立起来,跟启蒙价值进行合理的良性互动。启蒙主义讲理性、人权、自由、民主、个人主义等,这些都是价值,但是讲个人也要讲群体,讲权利也要讲责任,讲理性也要讲人情,讲自由也要讲社会约束,讲民主也要讲集中(当然"集中"是一个老词,我还没有想好与民主相对的词)。启蒙主义不讲家庭,我们还要强调家庭。这两个系列不是一个要代替一个,而是两个系列的平衡。近代以来没有这种平衡,另一个方面太弱了,虽然也不是一点都没有,但压倒性的都是启蒙价值。今天我们要合理地安排两个方面的关系,这就是说,反思不等于否定,启蒙的反思不等于简单的启蒙的否定,用中国人的话说,就是"一阴一阳之谓道"。

我的意思主要是说,启蒙反思确实是保守主义思想文化运动新开展的一个很好的旗号,可以有一个新的宣言。另一点就是说我们开展这个运动的时候,怎么来安排自己与启蒙价值的关系,如果有合理的安排,那么启蒙反思的开展就能得到更多人的赞同和理解。

(本文系作者 2010 年 4 月 3 日在北京大学高等人文研究院启蒙反思座谈会上的发言)

追寻"继续启蒙"和"反思启蒙"的平衡

20世纪中国的政治革命、思想革命、文化革命运动都与启蒙运动的遗产结下了不解之缘,而近30年来的中国改革,则是以告别革命、斗争为基调,致力经济发展,重建社会和谐。因此,今天的中国不仅要重新思考"什么是启蒙",也需要对启蒙进行反思,以建立起"继续启蒙"和"反思启蒙"的平衡。

特别值得指出的是,德国启蒙运动的发起针对的是宗教压制自由思想和自由批评。18世纪80年代的德国,门德尔松和康德先后回答了"什么是启蒙"的问题,康德的论文针对宗教和检查制度,强调理性的公共使用应当不受限制,力求把思想从神学和教会的监察下解放出来,要求的是"思想上的自由"。而20世纪中国的文化启蒙运动,以针对儒家的道德传统为特色,"五四"新文化运动在反对君主专制之外,强烈批判中国儒家的道德传统,突出的是"道德上的自由"。中国启蒙运动对道德权威的破坏,使人们不再珍惜传统,忽视了社会价值体系、道德风俗和社会凝聚力对共同体的作用,这使得在欧洲启蒙运动中被推崇为以自然理性为基础的儒家道德体系在中国近代启蒙中却被视为封建礼教,儒学由欧洲启蒙的助援变而为启蒙的对象。今天,要重建中国社会的伦理和道德体系,重新认识儒学的道德传统,需要对一元化的启蒙思维作出检讨。

启蒙反思,首要的是对启蒙运动那种全盘反传统的观念加以反思,这一点应该是确定无疑的。另一方面,百年以来的中国,启蒙价值很多并没有实现。就价值本身来讲,启蒙价值中含有我们今天应该承认的普世价值,在这个意义上,启蒙反思并不意味着对启蒙价值的全面否定。合理的看法应当是,启蒙价值只代表了整个人类历史发展的一面,它缺了很重要的另一面,而启蒙反思就是要把另一面彰显出来,挺立起来,与启蒙价值进行合理的良性互动。

启蒙主义讲理性、人权、自由、民主、个人主义等,这些都是重要价值,但是讲个人也要讲群体,讲权利也要讲责任,讲理性也要讲人情,讲自由也要讲社会约束,讲民主也要讲集中决策。这两个系列不是一个要代替一个,而是寻求两个系列的平衡。中国近代社会文化没有这种平衡,压倒性的都是启蒙价值。今天我们要合理地安排两个方面的关系,以适应这个社会发展的现实需要,用中国人的话说,就是"一阴一阳之谓道"。

　　今年国家博物馆北门的孔子塑像在矗立百日之后被撤移，典型地体现出启蒙思维的偏差所带来的反传统心态的影响，这种影响结合了老的"文革"思维和新的愤青心态，干扰了国家正常的文化秩序。这种心态认为，在现代的中国，革命价值仍然是第一位的，可以完全抛弃传统价值，全然不顾当代中国重建道德秩序的需要，把传统和现代断然对立。这一事件充分显示出，在一个革命斗争传统曾长久流行、正在转向和谐社会建设的现代国家，启蒙反思具有不可忽视的重要性。

　　（本文系作者 2011 年 9 月 9 日在国家博物馆举行的"中德启蒙对话论坛"的发言）

从儒家的角度看普世价值问题

　　这本书①两周以前我详细地看过一遍,但是我最近一个多星期在外面开会,印象有一点淡了。今天早上在纸上写了几点,可能没有什么条理,以下谈一谈我自己的看法。这本书的立意是很好的,这本书我看了以后有几个印象,第一个就是非常突出中国文化的主体性,虽然这本书它是突出儒家和儒家的价值这么一个主题,但是我觉得这本书其实不仅仅谈儒学儒家价值,整体来讲应该包含着中国文化主体性的突出。第二,当然在座这两位是编者,其实书中讨论的观点并不是大家都一样,书里面的讨论,不是只有一种声音,是多种声音复合起来的乐曲,有不同的倾向。但是总体来讲,虽然说其中观点多有不同,但是这本书里面也明显可以看到一种很强烈的文化自觉的意识,文化自觉最早是 90 年代提出的,这个自觉在本书中很突出。第三我想除了对中国文化主体性、文化自觉的一种凸显,我认为本书的讨论其实也是对当今这个时代主题的一种呼应和追求,不管是自觉的还是不自觉的。为什么这么说呢? 去年韩国学术协会邀请我讲演,他们提前给我一封信请我讲"天下"的问题,我就谢绝了,我说我不是专门研究天下问题的专家,你可以找一个专门讨论这个问题的学者。协会的会长是韩国一个有名的人类学家,以前在哈佛毕业的,他就回信,说他可能说得不是很清楚,他说他只是举个例子,他们真正想请我谈的是中华文明的哲学背景和基础,而这个关心不是历史性的关心,他们真正关心的是怎么从中华文明里面可以延伸出这个时代、这个世界所需要的一种现代西方文明的价值观和世界观之外的另一个替代性方案。这样我就接受了,接受了以后我去做了两个讲演,一个讲中国文明的宇宙观,另一个讲中华文明的价值观和世界观。因为这个问题是要讲中国文明的哲学背景,所以一定要从宇宙观讲起,但是这个宇宙观的讲法一定要指向中华文明的价值,而这个价值是要回应当前时代的要求。所以我说这本书里面很多同人关心和提出的问题,不管自觉或者不自觉,可以说包含了对时代主题的一种追求。因为虽然韩国的很多学者受美国影响很大,但是也反映了外部世界对中国文化复兴的一种关切,特别从人类学出发的学者他比较关心这个问题,因为人类学比较容易导向于相对主义,他会反抗这种绝对必然化

　　① 曾亦,郭晓东.《何谓普世? 谁之价值? ——当代儒家论普世价值》.上海:华东师范大学出版社,2014.

的文化普世化。最后,第四个特点我觉得锋芒非常锐利,我想一方面当然也可以说,像他们自己讲的,可能体现了某种青年学者的特点(其实也不是很青年了,胡子都一大把了,笑),体现了青年学者的一种状态吧,但是我认为也不能都这么说。因为我觉得这里面确实包含、反映了中国人对西方的一种感受,包含了对百年以来一直到今天(甚至不是 100 年、150 年)中国与外部西方世界这种复杂的不平等感,一种真实的感受。所以我觉得这个应该也是一个事实。这几点是我看这本书的一个感觉。

那么,就问题来讲,这个题目,十几年前讨论关于世界伦理的时候我在《读书》写的一篇文章也用过类似题目,即"谁之责任,何种伦理"。我以为,本书这个问题的讨论特别针对两个主要的现象,第一是现在流行把西方的,特别是西方近代以来的政治制度价值化身为全世界的普世价值,就是对西方来讲,这其实也是不公平的,今天世界的倾向就是把西方的制度价值化身为在最高程度上的普遍性价值,这是一个面对的情况。第二是那种一元的普遍性观念,这是西方自基督教文化流行以来根深蒂固的一种想法,就不能容纳一种多元的看法,这两点是我们主要面对的情况。

刚刚是开场白,现在回过头来讲我的几个看法。第一我想谈的,不是对这本书的批评,而是我自己的看法。今天我们谈文化问题应该关注十七届六中全会对民族文化的表述,并以此为基础,借这个东风,扩大我们对中国传统文化的认识和研究。2007 年我跟童世骏教授一起参加了"中国文化论坛"的年会,那一年的年会我担任主席,讨论"孔子与当代中国"。我的主题报告里面特别谈到,在谈中国当代文化的时候要关注执政党政治文化的"再中国化",因为我们明显看到 90 年代末期以来新世纪中共的政治文化里面,民族传统文化的内容作为口号越来越多地出现,这个变化我把它叫做"再中国化"。"再中国化"我的意思是说更自觉地利用中国传统文化的资源作为正能量,我觉得这个转变很重要。因为在中国来讲执政党的政治文化应该说对我们各个层面的社会文化具有非常大的作用和影响,所以在这个空间里面我们要推动文化活动,我们就必须关心关注它,而且确实我觉得十七届六中全会关于文化的报告是非常好的,可能有的时候我们学者自己都没有写得那么全面。我想我们今天在中国环境里面讨论这个文化问题必须跟中国特色的社会主义理论,包括中国特色社会主义理论的实践相结合。就是怎么样让它的理论到实践,越来越多地容纳我们刚刚所讲的中国文化的那种精神价值,我们学者自己也应该参与这个方面去推动政治文化的再中国化,充分肯定这个政治文化的变化并跟它一起推动我们的文化发展。这跟这本书没有直接关系,我讲的意思就是,今天我们在中国推动儒家文化的复兴,我觉得这个问题是我们不能忽视的关注点。

第二就是要更全面地总结 20 世纪儒家学者的文化观念和文化实践。刚才很多地方郭齐勇教授都提到了，我就不必重复了，再说一两点。这本书里面提到一些前辈的新儒家学者，比如说认为"五四"以后出现的以保守主义自居的新儒家对儒家价值的肯定不过是要从中引出西方价值。那么，我觉得可能情况不是这样，至少不完全是这样的。比如昨天我们刚从马一浮会议那边过来，马一浮他是一个保守主义者，他跟其他保守主义者不一样，他是普遍主义者，不是特殊主义者。他所理解的六艺之学，不是我们今天讲的，只是作为一种民族文化来看待的六艺文学，不是的。他认为这个六艺是真正世界性的东西，世界的文化都应该纳入这个体系里面来衡量，它是一个普世性的体系。所以他的观念里面这个六艺传统是可以把西方文化都并进来，并到更合理的框架里面作为一个普世的框架。所以那个保守的态度当然是有，但是它这个普遍主义态度不是仅仅对西方的肯定，反而是要把西方的学术纳入中国学术系统中来，你西方那个还不够普遍，我这个更普遍。另外我们知道梁漱溟的例子，这个很明显，"五四"以后最有代表性的当然就是梁漱溟的《东西文化及其哲学》。梁漱溟的想法是，在我们今天遇到的第一步的任务，是全盘承受西方文化，这是非常现实主义的。你不得不全盘承受它，可是接下来呢，未来是中国文化的复兴，再未来是印度文化的复兴。这种讲法它不是说今天我们对儒家的肯定仅仅是要引出西方价值，它对西方文化的理解恰恰是，认为西方只能走到今天这一步了，再往前走那必然是儒家价值的体现。所以儒家价值对于他来讲更有前瞻性，更有世界性，只不过在当下的空间里面，这个任务还不能提出。所以我觉得像这些提法反映出我们必须要更全面地总结上一辈，特别是 20 世纪儒家学者的文化观和实践。

第三我想对百年来的文化讨论还要有同情的理解，关于 20 世纪的文化，包括 20 世纪新儒家文化这个问题，这本书里面我看它比较偏重"东-西"的紧张，论东方文化西方文化，是偏重在"东-西"上，完全忽略了"古-今"的面向。我觉得 20 世纪的文化讨论应该是"东西-古今"的辩论，比如我刚刚讲的你说新儒家只是要引出西方价值，但是你忽略了其中很重要的古-今的维度。最重要的就是冯友兰先生在 1930 年讲的，所谓东西的问题不过就是古-今的问题，古-今的问题就是走向现代化的问题。所以对上一代学者来讲，他们不是单纯讨论价值，不仅仅是关注文化上的对比。如果你讲民族文化的立场，这些学者为什么要接受西方文化？最重要的就是要促进民族国家的近代化和现代化，离开这点，你讲他好像只是抽象地做一个文化的转变，就不能反映他真正的历史动机，也和你们自己所具有的那个强调民族国家的立场不能相合。所以那一辈学者尤其是第一代思想家更关心民族国家的发展现代化，接受科学民主也是为了现代化，不现代化怎么救国救亡？吸收西方近代文化搞现代化就是救国救亡最根本的手段。所以我想讨论这个问题的时候不仅仅有东-西的问题,一定要看到古-今的意义,古-今的问题就是认为中华民族的国家作为民族国家的现代化是最重要的,可以说 20 世纪中国的整个主题就在这里,他们深深了解这个主题,所以要把早期"五四"时代的东西文明问题转换为古-今的问题。当然,古-今不是唯一的理路,不能把东方文化完全看成是传统文化,把西方近代文化看成现代的普世价值,就价值来说,东西方两种文化都含有普世价值,不能把二者概括为古-今的问题。

所以我想上一辈的学者他们对西方文化要全盘承受,甚至可能有一些更多的肯定(代表性的当然就是科学民主)。这个肯定,一方面包括对中华民族现代化的焦虑,另一方面确实也包含了他们对世界意义上的现代性的价值的一种肯定,比如说自由也好,民主也好,人权也好,他们是把它看成具有世界意义的普遍性价值来肯定的。在这个方面我想要更全面地总结现代儒家。另外我想因为中国的社会形态是不断变化的,儒家的概念和儒家的内涵以及它的主张是与时俱进的,所以从传统到现代社会生活的新的儒家,对民主自由的肯定这是儒家的与时俱进的应有之意。当然这种对民主自由的肯定我们说也不是儒家在最高层次上面的肯定,这个我们也要看清楚。而且,与时俱进中不仅涉及对自由民主的肯定,也包括对社会主义的肯定,像梁漱溟,他一生中应该说对社会主义是肯定的,梁漱溟为什么说现在全盘承受西方文化,下一步是一个儒家问题? 他说未来世界是要儒家文化,他讲的那个未来世界的儒家文化,就是儒家社会主义,是跟社会主义密切联系在一起的。包括熊十力在中华人民共和国成立以后对社会主义的肯定,是因为社会主义的价值跟儒家的价值有内在的亲和性的东西在里面,所以这个与时俱进也不是违背传统的价值,而是延续,它根于本有而继续根据时代的变化来发展。

第四,书中有个提法就是说儒家能否从自身提出一种不同于自由民主的新普世价值,是在缘起部分讲到的,这个问题大概是书里面最重要的一个问题。这个问题听起来有一点怪,儒家自身当然能够提出一种不同于自由民主的价值,因为它在2000 多年的发展中本来就形成了一套价值体系,这个价值体系就是不同于自由民主的。但是本书这个提法似乎不是指过去,是说新的普世价值,就是要针对我们今天这个时代提出一种从内容到表达形式的新的普世价值。这个问题我觉得比较发人深思。我们一般讲社会主义核心价值的设定、表达,要考虑传统文化的基础(当然他们提出这个问题跟社会核心价值这个体系也不能说没有关系),这里还是把儒家的价值作为过去式。所以谈到儒家价值一般是指儒家从前所发展起来的一套不同于现代,包括不同于民主自由的那些价值,而不太重视今天的儒家怎么表达新的普世价值。后来我想新的价值观其实从抗战以来也还不少,什么新五德、新六德,都是从儒家思想里面总结出来的,当代学者至少我知道牟钟鉴、吴光等都有好多新几德的这种想法,什么仁义、中和、公诚等,反正好几项都是有的。所以新的普世价值这个提法以前没有怎么见到,但是现在仔细一想确实有这个东西。但我想提出的例子,是比较有世界意义的,这就是新加坡所谓亚洲价值那个提法。你说有没有一个从儒家自身提出的不同于自由民主的新普世价值,我认为是有的,现在在世界上最有影响的就是新加坡提出的"亚洲价值"。亚洲价值它说是五大价值,第一个社会国家比个人重要,第二国之本在家,第三国家要尊重个人,第四和谐比冲突更有利于维持秩序,第五宗教间应该互补和和平共处。我想如果我看你这个新普世价值的题目,就很自然会想到新加坡这个例子。这五项原则包含的,不仅是传统的东亚的价值,也有百年来吸收西方文明成果所产生的新价值,如国家要尊重个人。其实亚洲价值并不是说它的价值体系里面所有要素只有亚洲性。亚洲的价值跟现在西方价值的不同,并不是这个体系里面所有价值要素都不一样,不是的。所谓亚洲价值不是追求元素上的那个文明差异,而是价值的结构和序列、重心它有不同;元素有不同,但是也有同的,但是总体来讲价值序列的重心不同。因此新加坡的这套亚洲价值观它是一套价值观体系,总体来讲就是一套非个人主义优先的价值观,是新加坡版本的亚洲现代性的价值观,我认为也是新加坡版的现代儒家文明的价值观,它的核心就是不是个人的自由权利优先,而是族群和社会的利益优先,不是关联各方的冲突优先,而是关联各方的和谐优先,这种比较接近社群主义优先的价值态度,我们说它不能够用来压制人权,它需要靠扩大民主和尊重个人的价值来实现对人权的保护,但是它与西方价值确实不同,就是它的总体的价值态度是要求个人具有对他人、对社群的这种义务,这种责任性。当然,这个亚洲价值我觉得它也有不足的地方,不足的地方就是它的层次在中间的层次,它还是着眼于社会价值的层面,在比较高的层次上的价值没有怎么表现出来。这是我对这个问题,第四个问题关于新普世价值的看法。

第五个问题不细说了,关于自由民主的问题,自由民主书里面表述就是说它总是跟西方国家的利益诉求结合在一起,这是我们从它的外交政策来看的,但是看整个世界史可以看出,对自由民主的呼吁和价值的形成,是在西方近代长期的社会冲突中,特别是解决内部冲突的过程中提出的,提出这个不是为了外部骗人的,是要解决内部的问题,在内部斗争中不断显现出来的。

最后就是讲一下我自己对普世价值的看法,因为童世骏教授喜欢讲英文,我在韩国的时候就用了四个比较押韵的英文词讲儒家的价值,这就是:humanity,civility,community 和 responsibility。中华民族的价值观如果看它的重点,其一从中华民族价值来讲它比较关注仁爱。其二关注礼性,这个礼性不是我们平常讲的理性,是仁义礼智信这个礼性,当然我这个提法里面有受我在韩国讲演影响的一种因素,就是我突出这种礼性精神,部分是因为韩国是一个比较重视礼仪的国家,我讲的时候当然要跟在地的文化有所沟通,所以我讲的礼性就是对礼教文化的本性、精神、价值的肯定。其三关注社群利益,社群意识很重要,我认为中国古代文化里面虽然不是用笼统社群的概念,但是家国社稷这些充满中国文化意味的表达都可以归纳为关注群体、社群的整体的利益。其四强调关于责任,虽然责、任两个词在古代都有,但是跟今天讲的这个责任不是完全一样,不过中国文化、儒家文化所有的德行里面都充满着责任意识,比如说孝是对父母的责任意识,信是对朋友的责任意识等。

我最后总结要讲的,就是刚刚讲的,我采取的基本立场不是要素论的,是结构论的;不是一元论的,是多元论的。什么意思呢? 我的意思是这样,因为我在 2005 年写了一篇文章讲全球化时代的价值问题,我提出的概念叫作“多元的普遍性”,我看到你们书里面有一种声音是完全反对多元主义的,就是儒家自己要独尊,反对多元,而我是比较主张多元的。我是针对一元化的普遍主义,所以我提出多元的普遍性。多元的普遍性跟人类学关于全球化的提法有关系,美国社会学家罗伯森他讲全球化的时候,就提出所谓普遍主义的特殊化和特殊主义的普遍化。他认为全球化是双重的进程,普遍主义特殊化它指的就是西方首先发展出来的政治经济、管理体系,和它的基本价值引入其他地方;特殊主义的普遍化是指世界其他各民族对本土价值的认同,越来越具有那种全球的影响,并且融入到全球化过程里面来,这样它的地方性的知识就可以在这个过程中获得全球化的普遍意义,所以他把它叫作地方全球化。我觉得这个说法是有意义的,但是这个说法对于东方文明价值的肯定性是不足的。我们认为西方的文明比较早地把它自己实现为了一种普遍的东西,而东方文明在实现自己普遍性的方面,现在还没有做到最充分的程度,而不管东方还是西方它内在的精神价值并不决定于它外在实现的程度,换句话说东西方文明的精神文明跟它的价值其实都内在地具有普遍性,我们也不能说今天只有我们中国具有普遍性的意义,说西方的价值没有任何普遍性意义,不能这样讲。我认为从内在普遍性来讲应该承认东西方都有它内在的普遍性,这个内在的普遍性能不能实现出来是另外一个问题,因为它需要外在的历史的条件,实现出来的这是实现的普遍性。费孝通先生曾讲:“各美其美,美人之美,美美与共,天下大同。”这是对“多元普遍性”文化观的生动、形象的写照。

如果从精神层面、从价值层面、从东西方各个文明都有它内在的普遍性这个方面来讲,我们说都是普遍主义的,东西方文明的主流价值都是普世价值。但是它们之间有差别,它们在历史上的实现程度也不同,所以多元的普遍性一定要正视这种内在的结构差异跟它实现历史的差距。因此正义、自由、权利、理性当然是普遍主义的,但是仁爱、礼教、责任、社群、内心安宁也是普遍主义的价值,所以我刚刚讲梁漱溟先生的例子揭示的应该就是这个道理。基于这样一个立场,我以前写的文章就把这个叫作"承认的文化",查尔斯·泰勒是专门讲"承认的政治",从多元主义来讲,我就说我们必须有"承认的文化"这样的立场,这个立场当然就是世界性的多元主义的立场,这是我自己在这个方面的一个看法。这是从多元主义的角度来讲。我刚刚讲的要素论和结构论差别在什么地方?就是在这本书里面有一个提法,要从儒家体系里面提出跟西方不同的价值,我的意思就是不一定只是要求在要素上全然不同的一个体系。我觉得这里面有些要素可以是不同的,现在的儒家价值里面可以包容民主自由这些东西,只不过自由民主的价值在儒家价值体系里面的位阶不一定是最高的,这个跟精神追求有关。再一个也跟我们今天的中国实际,跟中国的历史实际有关。这就是我想到的内容,跟大家做个交流。

(本文系作者在"海上儒林座谈会"上的发言,发表于 2013 年 5 月 22 日《中华读书报》)

六、儒学与当代社会

- ◆ 佛山女孩被轧事件的道德反思
- ◆ 儒家的身体意识与当代器官捐献
  伦理
- ◆ "和"的观念与儒家思想
- ◆ 经济问题的儒家视角

佛山女孩被轧事件的道德反思

长久以来,我们以为现代社会只需要关注公民道德、职业道德,而传统文化中重视的个人基本道德完全被社会学家所忽略。佛山女孩被轧的事例有力地证明,只重视合法性行为、法律观念、公民社会公德、职业道德等现代文化教育,是绝不够的;所谓公民道德的建设,终究不能取消或代替基本的道德要求。现代社会人仍然必须有基本的良心、德性、同情心。梁启超早就指出,《礼记》中说"有可得与民变革者","有不可得与民变革者",他认为伦理是可得与民变之者,而道德是不可得与民变之者。因为在他看来,道德的根本是良知。

良知是人人本有的,但为什么良知会被遮蔽、蒙蔽,发显不出来呢?古人认为或是天生的气质,或是社会环境的风习所影响,以及私意、人欲阻碍下的放失。因此,在现代社会,培养、养护人的良心,仍然是一项重要的教育工程。这是一个综合性工程,包含许多方面,除了各级学校德育的加强外,还要增加对各行业的道德意识的强调,特别是司法、法律界,如果司法判决者缺乏道德意识和最基本的道德观念,就会使社会的良善行为得不到保护,导致道德行为不敢出场的后果,造成社会行为的混乱。法律必须维护主流价值,维护道德行为,这是司法、法律承担的道德责任。长期以来司法法律界把法律和道德割裂开来,道德意识严重缺失,法律判决不体现对道德的维护,这样的局面必须改变。

汪洋同志说得好:"物质贫乏不是社会主义,精神空虚也不是社会主义,道德堕落更不是社会主义。"文化建设最重要的是道德价值观的树立。那种"只靠自己,不管他人,不沾麻烦"的观念,虽然在一般生活中可不受谴责,但由此养成习惯,在重要场合就要出问题,在这种情况下,"不"字当头,就是不道德的,有悖于社会通行道德。不少学者用陌生人社会来说明类似行为,有人说是熟人的孩子就会救,认为传统道德文化是熟人文化。但是,这不是我们的大文化传统,这只是某些乡民文化的习俗。古代儒家孟子早就指出,人的良知本来是普遍的,不是为熟人的:"今人乍见孺子将入于井,皆有怵惕恻隐之心。非所以内交于孺子之父母也,非所以要誉于乡党朋友也,非恶其声而然也。由是观之,无恻隐之心,非人也。"儒家的要求并不是对熟人和亲戚才发恻隐之心,良心是普遍的。儒家主张道德意识要主导一切,贯穿一切。但现实中的现成良知淹没在各种理由之中,这些理由归根到底还是

"私意"。

　　同时应该看到,外来务工经商人员社区,社会建设薄弱在商业的生存法则下生活,沉埋在"只管自己不管他人"的习俗中,人的良知的确往往会被习惯所沉埋、蔽塞。佛山事件典型地揭示了20多年来全国处处都有的这种打工社区的精神状况。政府和社区的责任就是在加强组织自治管理中"点醒良知",要调动各种精神、信仰的力量,使精神文明的建设深入这些地区,发生作用。广东是沿海开放早的地区,经济发达,但社会秩序与精神文明建设一直是软的,广州市火车站的秩序多年治理不力,抢包现象经常出现,就是一个最明显的例子。加强和开放"信仰建设",是开放前沿地区在经济发达的阶段应该提到议事日程上来的问题。

（2012 年 1 月）

儒家的身体意识与当代器官捐献伦理

一

在中国文化中,就典籍文献的意义而言,保留个人躯体的完整性对儒家是一个重要的价值。在这个问题上,一般人所熟知的,是战国前期成书的《孝经》中载述的孔子名言:

> 身体发肤,受之父母,不敢毁伤,孝之始也。

虽然严格地说,这里所讲的只是不能毁伤身体和发肤,还没有正面强调身体完整性;但是,发肤即毛发和皮肤是身体最细小、最表面的部分,如果人的毛发都不能损坏,这对身体保护的要求已经是非常严苛的了。在这个意义上,应该说,这个命题已经指向了完整的身体。

重要的是,在这里,身体的完整保护是与中国古代最重要的道德"孝"联结在一起的,保护全部身体不使毁伤,是孝行的开始;而孝是道德的根本,是一切道德的基础。《孝经》的这句话,在中国历史上可谓妇孺皆知,虽然人们并不一定严格遵守它的诫命。在历史上,《孝经》此语也曾一定程度上影响人们的价值观念,如《世说新语》德行篇记载,东汉范宣八岁在后园误伤手指,大声啼哭,问其何以哭,他的回答就引用了《孝经》的这句话。佛教文化传入中国后,中国本土文化的人士也常常用《孝经》此语抨击佛教的"剃发",如东晋桓玄曾质问慧远"不敢毁伤,何以剪削"。总之,《孝经》的这句话在历史上是有其影响的。

我们把身体完整性的问题稍放一放,先就"发肤"的问题多做一点讨论。上面所引用的《孝经》名言属于儒家论孝的看法。同样为人熟知的,是战国中期《孟子》一书中载录的杨朱和墨子的思想。孟子曰:"杨子取为我,拔一毛而利天下,不为也。墨子兼爱,摩顶放踵利天下,为之。子莫执中。执中为近之。执中无权,犹执一也。"

这里所说的拔一毛的"毛"与《孝经》中所说的"发"很接近,皆为人之毛发,是身体最轻微的部分。《孝经》的那句话,如果推到极致,会得出这样的结论:要做到孝,一根毛发也不能毁伤。毁伤包括拔除。然而按照孟子这里的思想,如果有利于天下的公益,人拔掉自己的一根或更多根毫毛是应该的,这体现了儒家为公共利益而牺牲个人的私利的道德立场。孟子的这一立场在几千年的儒学史上都被肯定。就这一点来说,"身体发肤不敢毁伤"的诫命对于儒家伦理来说显然不是绝对的。在利天下的要求面前,不仅是"发",就是生命也是可以牺牲的,这也是孟子"舍生取义"的伦理学思想,更是历代儒者的生命实践。《礼记·祭义》也说:"身也者,父母之遗体也。行父母之遗体,敢不敬乎?"同时又说:"战阵无勇,非孝也。"一般来说,身体发肤不可随意无谓地毁伤,这是孝。但在战场上,必须不怕伤亡,勇敢向前,这才是孝。由此才可见儒家的整体立场。

孟子的立场是我们从这段批评杨子的话以及《孟子》全书其他思想可以推知的。而这段著名的话更使后人知道了当时还有两种对身体"毛发"的态度,这就是杨朱的"拔一毛而利天下,不为也"和墨子的"摩顶放踵利天下,为之"。照孟子的叙述,杨朱主张,即使拔掉我的一根汗毛可对天下有利,我也不会同意,原因是身体、生命的保全是第一位的,即所谓全生葆真,对身体的任何一点点伤害也是身体主体所不能同意的,身体和生命的保全本身就是绝对的价值。与杨朱的这种养生的利己主义主张相反,墨子坚持利他主义,所谓摩顶就是把头上的头发都磨光了,为了有利于天下,不怕劳苦和身体发肤的磨损。这是道家和墨家两种对于身体毛发的态度,与《孝经》的话同样为人所熟知。孟子认为这是两种极端的态度,儒者孟子认为应当"执中",采取中道。可见,中国文明中的传统是复杂的,而不是单一的,在身体的问题上不同学派有不同的主张。

杨朱的立场违背人之常理,但道家的立场并不是不可以理解的,《列子》书中有对这一立场的阐发:

> 杨朱曰:"伯成子高不以一毫利物,舍国而隐耕。大禹不以一身自利,一体偏枯。古之人损一毫利天下,不与也,悉天下奉一身,不取也。人人不损一毫,人人不利天下,天下治矣。"禽子问杨朱曰:"去子体之一毛以济一世,汝为之乎?"杨子弗应。禽子出,语孟孙阳。孟孙阳曰:"子不达夫子之心,吾请言之。有侵若肌肤获万金者,若为之乎?"曰:"为之。"孟孙阳曰:"有断若一节得一国,子为之乎?"禽子默然有间。孟孙阳曰:"一毛微于肌肤,肌肤微于一节,省矣。然则积一毛以成肌肤,积肌肤以成一节。一毛固一体万分之一物,奈何轻之乎?"禽子曰:"吾不能所以答子。然则以子之言问老聃、关尹,则子言当矣。以吾言问大禹、墨翟,则吾言当矣。"孟孙阳因顾与其徒说他事。(《列子·杨朱》)

照这里记述的杨朱所说,所谓"损一毫利天下,不与也",不是说不同意拔掉一根毫毛以利于天下百姓,而是说即使把整个国家送给我来换取我的一根毫毛也是不能同意的,把个人身体的保全看得比任何其他个人利益都重要。这里明确谈到毫毛和肌肤,与《孝经》谈到"发肤"一样;虽然杨朱和《孝经》都主张身体的完整保护,但二者的理由是完全不同的。

二

回到躯体的完整性问题。比《孝经》的那句话更有哲学代表性的一段话,来自儒家经典的礼书。《大戴礼记》和《小戴礼记》都记载了由曾子门人转述的孔子的这段话。这是一则故事所记载的:

> 乐正子春,下堂而伤其足,伤瘳,数月不出,犹有忧色。门弟子问曰:"夫子伤足,瘳矣,数月不出,犹有忧色,何也?"乐正子春曰:"善!如尔之问也。吾闻之曾子,曾子闻诸夫子曰:'天之所生,地之所养,人为大矣。父母全而生之,子全而归之,可谓孝矣;不亏其体,可谓全矣。故君子顷步之不敢忘也。'今予忘夫孝之道矣,予是以有忧色。故君子一举足不敢忘父母,一出言不敢忘父母。一举足不敢忘父母,故道而不径,舟而不游,不敢以先父母之遗体行殆也。一出言不敢忘父母,是故恶言不出于口,忿言不及于己,然后不辱其身,不忧其亲,则可谓孝矣。草木以时伐焉,禽兽以时杀焉。夫子曰:'伐一木,杀一兽,不以其时,非孝也。'"(《大戴礼记·曾子大孝》)

这是《大戴礼记》的记述,而《小戴礼记》的记述与之略有差别:

> 乐正子春下堂而伤其足,数月不出,犹有忧色。门弟子曰:"夫子之足瘳矣,数月不出,犹有忧色,何也?"乐正子春曰:"善如尔之问也!善如尔之问也!吾闻诸曾子,曾子闻诸夫子曰:'天之所生,地之所养,无人为大。父母全而生之,子全而归之,可谓孝矣。不亏其体,不辱其身,可谓全矣。故君子顷步而弗敢忘孝也。'今予忘孝之道,予是以有忧色也。壹举足而不敢忘父母,壹出言而不敢忘父母。壹举足而不敢忘父母,是故道而不径,舟而不游,不敢以先父母之遗体行殆。壹出言而不敢忘父母,是故恶言不出于口,忿言不反于身。不辱其身,不羞其亲,可谓孝矣。"(《礼记·祭义》)

这两书记述的孔子语大体相同,只是在《小戴礼记》中多了"不辱其身"一句,显得更为完整。不过,在这两篇文献中,乐正子春在引用孔子话以后自己所讲的话里都提到"不辱其身",所以也可以说《小戴礼记》的文献在思想上并没有增加什么。至于"不忧其亲"和"不羞其亲",文字有异,两者应以后者为优。战国后期的《吕氏春秋》中也记载了同一故事：

> 乐正子春下堂而伤足，瘳而数月不出，犹有忧色。门人问之曰："夫子下
> 堂而伤足，瘳而数月不出，犹有忧色，敢问其故？"乐正子春曰："善乎而问之。
> 吾闻之曾子，曾子闻之仲尼：父母全而生之，子全而归之，不亏其身，不损其
> 形，可谓孝矣。君子无行咫步而忘之。余忘孝道，是以忧。"故曰：身者非其私
> 有也，严亲之遗躬也。（《吕氏春秋·孝行览》）

这个记载的结论是前两部礼书所没有的，但合于《礼记·祭义》"曾子曰：'身
也者，父母之遗体也，行父母之遗体，敢不敬乎'"，以及"父母既殁，慎行其身，不遗父
母恶名"。

按照这些文献，孔子曾经说过"父母全而生之，子全而归之，可谓孝矣；不亏其
体，不损其形，可谓全矣"。这最清楚地提出了身体完整性的问题。孔子认为，父母
完整地生下你的身体，你必须在死去的时候把完整的身体归返给父母，这才叫作
孝。所谓全而归之的全，就是你的身体没有任何毁伤和缺损。一个君子必须时时
刻刻记住这一点，对身体的无谓损伤必须保持警惕。请注意，在我的理解中，所谓
不损不亏，都应当是就无谓的亏损身体而言。

那么，当父母已经往生，人如何把自己的躯体全而归之？看来，归之于何处这
并不是孔子主要关心的问题，既然他已经说明"天之所生，地之所养，人为大矣"，则
所谓归返，也就是归返于天地，归返父母也就是归返天地，归返天地也就是归返父
母，何况"天之所生，地之所养"，表示天地本来就在更广大的宇宙意义上扮演着另
一重父母的角色。孔子真正关心的问题是身体的"全而归之"，即人必须终生保全
身体的完整性，这是孝的要求。为什么"孝"要求身体完整性的归返呢？按照乐正
子春的解释，"身者非其私有也，严亲之遗躬也"，即身体不是个人所私有，而是父母
遗留下来的"身体"，身体是属于父母的，人要像对待父母的身体一样去保全自己的
身体，孝子当然要特别注意。

于是，在两部《礼记》的追述下，"全生全归"成为儒家经典中的一项要求，保全
身体的完整性直至死亡，对儒家士大夫来说是在日常生活中履行孝的一个基本义
务。这是在一种高度重视"孝"的道德的文化里面衍生出来的价值要求。由于父母
被置于最重要的地位，因此如何对待父母遗留给我们的身体成为一个道德问题。
由于儒家的传统是中国文明的主流传统，儒家对于身体的态度自然有很重要的
影响。

不过，中国精英传统不是单一的，儒家以外还有道家等，除了杨朱外，道家如列
子讲"生相怜，死相捐"，不强调对死者的感情和留恋，当然也就不会有儒家那种孝

亲的意识。而且,如同任何一种文化中都有大传统和小传统之分,中国的民俗传统也有其自己的作用。在中国历史上,一般民众不一定会按照《礼记》或《孝经》的诫命去行动,也不会在身体受伤时用《孝经》来反省自己。尤其是,佛教传入后,在身体问题上带来了许多对传统身体观的冲击,并很大程度上影响了相关风俗。如火葬,在中国古代,如宋儒所说:"古人之法,必犯大恶则焚其尸。今风俗之弊,遂以为礼,虽孝子慈孙,亦不以为异……可不哀哉!"(《二程遗书》卷二下)表明宋代民间火葬已经是常见的了,实行火葬的家庭并不认为这与孝的道德有冲突。这其中既有土地的限制因素所起的作用,也有佛教对风俗改变的影响。佛教与儒家的"敬身"不同,主张"舍身"。佛教主张四大皆空,身体不受重视,在佛教徒中伤害身体以体现宗教忠诚的事例也很常见。佛教对身体的意识对古代社会和儒家礼俗是一大冲击。宋明时代往往有大儒之家因从父母命而用佛教葬仪,可见风俗力量之强。

三

在 20 世纪的中国,理论上说,《孝经》《礼记》作为经典文献,在价值上仍有影响,但其中有关身体的说法对现代社会的人的行为已经不再构成约束力量。1949年后政府提倡火葬,并未引起普遍的反对,显示出《孝经》《礼记》的身体观在当代现实中已不再成为一种有约束力的价值。但是,这不等于说传统观念和价值在当代身体问题上没有产生影响。

器官移植是近代医学的产物,由此引发的伦理争论也是现代社会才有的问题。古代社会根本不能想象器官移植,故器官的移植也就不可能进入古人的思考视域。若从身体完整性和全生全归的立场来说,把器官移植给他人,是一个人亏损其体的不孝行为,更使自己不能全归于天地,在宇宙的循环中造成缺失。

但是,古人所说的不亏其体,不损其身,全生全归,就对身体的毁伤而言只是消极的,故儒家表示反对;因此,我们可以说,《孝经》的思想是反对对身体的无谓损伤,但不是主张身体的绝对保全。现代社会的器官捐献是以帮助他人医治病患、延长生命为目的,其对身体的亏损是有其积极意义的,而不是无谓的。这虽然是古代社会没有遇到的境况,但根据儒家的仁义原则,今天的儒家就不会反对器官捐献。

在器官捐献移植的案例中,有一些属于亲属之间的捐献行为,如子女把器官捐赠给父母以满足移植的需要,这种情形在古代虽然没有发生过,但却是一种完全符合古代孝行要求的行为,会受到社会鼓励。更多的情况是父母把器官捐给子女,或兄弟姐妹之间相互捐献,以救治亲属。这些情形也不引起任何传统伦理的异议,由于重视亲情的价值是捐赠行为的原因,同样会受到社会鼓励。

又如父母将死去的幼小儿女的器官（比如角膜）捐赠给社会他人，在传统伦理上亦不发生问题，传统伦理允许父母此种权力。对待身体的伦理原则只是关注子女如何处置自己的身体，而不关注父母如何处置死去子女的身体。由于中国古代社会父亲在家中无可置疑地享有权力和权威，因此在这个问题上，这类案例与传统也不相冲突。

然而，如果父母没有捐赠的遗言，子女可否将父母的遗体器官捐赠社会？从生命的先后来说，子女捐献父母遗体的机会自然大大多于父母捐献子女遗体的机会。在传统观念上，这是有很大不同的。若没有父母的遗言，子女自主决定捐献父母遗体器官，必定会遭受批评，目为不孝。事实上，很少有子女会自作主张地如此行为。

儒家文化的影响主要体现为，家庭的亲情往往使家属拒绝捐献死者的遗体器官，认为完整保留亲属遗体是对亲属的尊重，也是生者对死者感情的体现。特别重视对亲属的感情，这是儒家传统对现代人处理身体和器官问题上的最大影响。另外，从中国多处地方的习俗上说，保留全尸被认为是重要的，下层民众都认同这一点。

还有一种情形与家庭感情因素有关，即使死者有遗言捐献器官，在病人刚刚死后，家属处于悲痛之中，医务人员很难立即摘取器官以保证及时有效移植。这种家庭感情和尊重他人家庭感情都是合乎常情的，但会影响器官捐献的实际效果。

就器官来源而言，在中国曾有相当部分的器官来自死刑犯人①，在传统的价值观中，死刑犯皆罪大恶极，其身体没有权利，不受保护和尊重，人们多相信可以随意处置其身体以及器官。所以，死刑犯的器官移植于病者，在传统伦理上并不直接发生问题。就死者遗体而言，在死刑犯之外，现代社会因交通事故死亡的人数大增，但此类遗体器官的摘取必须取得家属之同意。若不经家属同意，在社会上必遭到严厉批评，而家属的主张一般都会得到社会的支持。中国社会是重视家庭的社会，死者家属的意愿决不可以被忽视。

虽然目前尚无调查的具体数据，但在直观上，阻碍器官捐献的主要障碍，除了可能来自某种养生意识（如杨朱式的养生自利）之外，可能更多来自民间习俗和民间信仰。如有些人相信遗体的损亏是对死者的不敬，还会带来或引起对生者的不吉利，这可以成为家人拒绝捐献亲属遗体器官的重要理由。

如果不就器官捐献或血液捐献这类具体行为而言，而就一般利他行为而言，中国主流传统道德是大力支持助人为乐的，因为这符合儒家的仁爱互助原则，也合乎良心及情感原则。从这一点说，以亲情、利他、互助的需要为目的的器官捐献，以救助别人的生命健康，儒家道德是必然支持的。但是为了谋利目的利用人体器官，无

---

① 从 2015 年 1 月 1 日起，中国全面停止使用死囚器官作为移植供体来源。——编者注

论是移植或怀孕,都注定被认为是不道德的。器官组织的商品化及其所导致的犯罪已经成为当代社会引人注目的事实。一些人为了金钱的目的,罔顾人的生命自主性,用欺骗或暴力不正当地摘取活人器官以牟利,这样的团体犯罪已经不是非常罕见的了。一般来说这类欺骗的对象指向穷人,而且形成了人体器官交易市场,这种残忍行为作为一种局部的谋杀已经遭到刑事的追究。2012 年,中国公安部在十几个省集中行动,打击组织出卖人体器官犯罪,打掉组织出卖人体器官的黑团伙28 个。这些"黑中介"通过互联网募集器官提供者,集中封闭管理,然后寻找需要的患者,最后联系医院摘取移植,从中牟取暴利。应当指出,个别医护人员是器官贩卖利润的分成者,同样负有重大的责任。这类行为严重侵害了器官提供者的健康权益,加重了有器官移植需求病人的经济负担,破坏了正常的医疗管理秩序,当然受到传统和现代伦理的严厉斥责。

相对来说,在中国,胎儿供体和无偿献血没有引起伦理问题。至于截肢等因保全生命而截断部分肢体,或摘除病患器官,如摘除体内肿瘤,这些对身体施加的行为都为社会大众所接受,没有任何障碍。古代的全归说,包含了远离肉刑的要求,因为商周的肉刑多是毁伤身体发肤的,如髡刑,要剪去头发;墨刑,在脸上刺字;劓刑是把人的鼻子割去;刖刑,砍掉单脚或双脚;刵刑,是割去耳朵。因此身体发肤的毁伤往往与受刑被辱相联系。所以,所谓全归,在宇宙论和道德论外,也是一种守法意识的体现。而截肢等都不是因犯罪受刑引起对肢体的损亏,故在医治的需要面前都是可以讨论的,没有遇到传统伦理的障碍。

如我们一开始所说,道家的全性葆真的立场可能是不赞成活人捐献器官的,儒家则会在帮助他人的积极意义上肯定器官捐献。近代以来,开刀切除部分脏器,如胃、肾、肺、肠等,早已为社会公众所习惯,连梁启超这样的近代著名儒家思想家,也坚持接受一侧肾切除手术,虽然他的手术失败,但他仍然为西医进行辩护。由此可见,儒家传统接受这一类现代医学对身体的切割早已没有身体伦理上的问题了。现代儒学的身体观念已经有了很大改变,但这不并是对孔孟伦理的出离,而是孔孟伦理在新的时代的分殊和发展。

现代医学提出的相关生命伦理问题属于应用伦理学范围的问题,而应用伦理学问题的解决,一般来说不能诉诸固有原理,需要直接面对问题提出解决方法,这个过程并不需要理论的证明或逻辑的分析,而是要更多诉诸经验的权衡。但是按照儒家立场来看,它必须以儒家最根本的仁的立场和道德感情为依据,得出合宜的决断。

（本文发表于 2013 年 1 期《文史知识》）

"和"的观念与儒家思想

　　面对 21 世纪纷争的世界,儒家传统中的"和"的观念的价值,日益受到普遍重视。"和"是儒家传统的一个重要价值,按其内容,可分为五个不同的层次:第一个层次是天与人,也就是人与自然的和谐;第二个层次是国与国,也就是国家间的和平;第三个层次是人与人,也就是社会关系的和睦;第四个层次是个人的精神、心理,也就是境界的平和;第五个层次是文化或文明,也就是不同文化之间的协和。这几种关系是有史以来的人类基本关系,现代人面临的生存环境和生存质量的主要挑战也仍然来自这几种关系中显露的危机。

　　"和"虽然是儒家文化的基本取向,但从儒家的价值结构来看,"和"还不是儒学的究极原理。在这个意义上说,"和"是用,而不是"体"。"和"的后面还有一个基础,这就是"仁"。"仁"是一个具有普遍性的道德基础,而"仁"倾向于内在地产生出"和"的性向。在儒家的价值体系中,"和"是在"仁"的基础上发出的要求,故可说是"以仁为体,以和为用"。"和"的关系没有"仁"作为基础,就可能模糊了其中的道德关系与普遍正义。"仁"而不能发用为"和"的体现,"仁"的价值就不能实现和落实。

经济问题的儒家视角

老余鼓励我们学哲学出身的人提出一些批评意见。我本来没有想提什么特别的批评，但是让他这么一鼓励呢，我就强作一点批评吧。我讲两个方面，第一个方面，因为我是研究中国古代哲学、儒家传统的，所以讲一下在儒家批评的立场上怎么看经济问题，它的原则是什么；第二方面是对讨论经济问题的视野做一点补充。

刚才童世骏讲到 conservative，liberal，socialist 这三个概念，可以说，这三个概念其实分别对应在文化、政治、经济的领域。我在想，从儒家角度来讲的话，有三个相关原则很重要，就是国家原则、精英原则和人民原则，国家原则是对应政治领域，精英原则是对应文化领域，人民原则是对应经济领域。这是我从一个新的儒家立场上来看这个问题的诠释。在这个意义上，我觉得老余在经济领域的立场是比较偏向于国家主义，所以他始终强调的是"国家强大了"。国家强大很重要，这没问题。我刚才讲儒家的这三个原则并不是绝对的，不是说在政治方面唯国家原则，也不是说在文化方面唯精英原则，也不是说在经济方面唯人民原则，只是相对来讲比较重视和强调的地方在哪里。

从一个研究儒家的学者立场来讲，对经济问题的看法、视角，如果从价值的角度来看，我觉得人民原则很重要。刚才这位同学在问，改革开放是成功了还是失败了，如果从国家能力的角度来讲，当然是成功的，国家可以说是改革开放最大的受益者；但是如果从人民的视角来看，像苏力刚才讲人民的生活也好了，这也是事实，而对照所谓中国奇迹，人民的收入和享受的社会福利有没有奇迹般地增长？人民有没有充分地分享到改革开放的成果？所以我想，如果从这个角度来讲，问题就比较复杂了。当然我说话没有温铁军那么"圆转"，我想"国富民穷"这个词在我们今天不是没有意义。我第一次看到"国富民穷"这个词还是在 70 年代初期，一份不必提及名字的文件在评价当时中国社会的状况时使用了这个词。从 1970 年、1971年的状况来看，其实当时谈不上国富民穷，而是民穷，国也穷。但到了今天，我觉得确实是有"国富民穷"的问题。当然这个"民"是指总体上，因为确实有好些人很有钱，但是大多数的人口，包括城市人口和农村人口，确实还没有充分享受到我们经济高速增长的实惠。

民本主义是儒家考虑问题，包括经济问题的非常重要的一个原则。因为早期的儒家没有国家原则,到了近代儒家,我相信对儒家来讲国家原则是有的,但是人民原则在经济领域是非常重要的,我相信它在儒家是排第一位的。那么从这个角度来讲,我们这次论坛虽然讨论了很多很新鲜的、我听得也很过瘾的问题,但是就我最关心的,如何从人民角度看经济问题,我觉得我们没有很好地进行阐述。人民原则不仅仅是一个分配上的问题。当然,人民要富足也有技术创新等等各方面的问题,但是我想重要的是,从前主要讲国富论,下一阶段的方向应该是民富论,就是说,我们需要有一个民富论的经济观作为指导思想。从人民原则来说,有些问题是很容易解答的,比如昨天甘阳讲的,有很多人不同意,若从人民原则来讲,什么是经济发展的目标? 就是以前的一句老话,"满足人民群众日益增长的物质文化生活需要",既然是日益增长的,所以你不可能钉死在一个地方。当然生态学家很担心增长,那是另外一个问题。民本主义构成了儒家道德批评的基本尺度之一。中国在美国的外汇,不应当是管经济或搞经济的几个人说了算的,不经过人民,不考虑人民,就把这些财富当"学费",在儒家的批评立场来说,这本身就是道德的问题。

另一方面是从经济发展来看外交问题的反思。苏力刚才讲的一点我觉得很有道理,就是说,如果我们是一个独立的发展体,跟其他地方比较隔绝,那么每一个经济体都可以独立生存。过去总是讲"1976 年 10 月我们的经济已经到了崩溃的边缘",我是不相信这个讲法的,包括苏联,也没有到经济崩溃的边缘。但为什么有这种发展的焦虑? 因为有邻居,有比较。所以我把苏力刚才讲的概括为"邻居原理",如果没有邻居的比较,如果没有在国际世界中的面对优势的压力,更不用说战争的你死我活,一个孤立的社会体系是可以自己独立发展的;但是在一个比较的环境之中,在残酷的压力下,当然就不一样了。所以,国际生存环境和外交决策是影响经济活动方向的重大的方面。

所以,如果一定要让我们作批评的话,我就是这两方面的想法,一个是怎么从人民原则来看经济发展的目标和经济问题,再一个就是怎么把一个经济体的发展放在世界格局之中、国家与国家间的关系之中来看,比如说,到底我们的外交能为经济发展起多大作用? 怎么考虑这个问题? 我们曾经付出的很多代价,是因为我们跟某些国家有特别的紧张关系,比如我们跟苏联的紧张关系,影响了我们 20 年的经济政策、经济布局等这一类问题,我觉得都是可以进一步讨论的。

（本文系作者 2010 年 7 月在北京举行的第六届中国文化论坛上最后圆桌讨论时的发言,此次会议的报告和讨论已收入生活·读书·新知三联书店 2011 年出版的余永定主编的《中国的可持续发展:挑战与未来》,读者可以参看）

七、儒学与中国研究

- 中国哲学话语的近代转变
- 论学术创新与"接着讲"
- 中国世纪与中国价值
- 关于"中国路径"的历史文化研究
- 确立中国文化的自主性更需有世界眼光
- 民族文化与马克思主义中国化

中国哲学话语的近代转变

虽然在胡适以前,中国已经出版过以"中国哲学史"为名的著作,但在学术史上,大家都认为 1919 年出版的胡适的《中国哲学大纲》是中国哲学学科成立的标志,也是中国哲学研究话语近代转变的标志。

关于这一点,当时的人们是怎么看的呢? 可以蔡元培为例。蔡元培在为胡适此书所写的序中,提出了胡著的四点特色:一、证明的方法,就是用汉学方法审查史料、时代、真伪;二、扼要的手段,就是截断众流,孔老以前都不讲;三、平等的眼光,就是不以儒家为正统,诸子各家皆平等看待;四、系统的研究,就是排比时代的叙述,以见出历史的发展。在蔡元培所提的这四点里,前三点所讲的方法,其实是胡适的前辈章太炎也完全能够接受的。就平等的眼光而言,清代的诸子学已经着力提高诸子的地位,章太炎也是继承了清儒的态度。而第四点,其实是就撰著的形式而言。所以蔡元培说,编成系统不能不依傍西人的哲学史。可以说,蔡元培的四点归结起来,即汉学的功夫加西学的形式。

冯友兰在《三松堂自序》里认为,除了蔡元培所说之外,时人认为胡适书最特别的是,旧书引原文大字顶格,而胡适的著作自己的话正文顶格,引古人的话小字低一格。这是与传统书写大不同的。当然,冯友兰也提到这是一部白话文写的著作,但并没有在这点上大做文章。总之,胡适、冯友兰谈到这部书,都没有提及话语转变这类的问题。

有意思的是,胡适晚年自传,大谈其文学的白话写作,大谈《说儒》、神会和尚,竟然没有提这部《中国哲学史大纲》! 1957 年《中国哲学大纲》在我国台湾以《中国古代哲学史》之名出版时,胡适在一处竟称"这真是一个年轻人的谬妄议论"。他所自许的地方乃是"抓住每一哲人的名学方法",认为这是哲学史的中心问题。如果从话语体系来看中国哲学叙述的近代转变,应当包含两个要素,一个是以西方哲学引进的概念来作分析的基本框架,一个是以现代白话的学术语文为表述形式。胡适的《中国哲学史大纲》正是如此。然而,蔡元培的序里,对这两点完全没有提及,冯友兰虽然提到胡适以白话写作,却并未致意于此。

这似乎显示出,话语的这种变化其实其来有渐,而非始自胡适。自清末以来,当时人使用来自翻译的西方哲学概念,已经渐渐习以为常,白话的学术写作也在清末民初的报章杂志出现,至少在《青年杂志》(后改《新青年》)已经流行。所以胡适的书出版,大家并没有在话语体系上特别惊异其变化。至于白话,也不算全新的东西,更远地说,唐宋的语录已经是白话,不论禅宗大师或理学家,用当时的白话记录讲学语录,成为近世思想文化的特色。而冯友兰于30年代初完成出版的《中国哲学史》,他的叙述语言并不是白话,而是浅显的文言,即所谓半文半白者是矣,而大家都承认冯书是现代中国哲学史学科的奠基之作。可见对于近代化的中国哲学史叙述,彻底的白话还不是最重要的。采用西方哲学的概念作为基本哲学概念,应是更为根本的一项。

应该指出,话语体系与研究范式并不是一回事。与话语体系更多体现为形式的特征不同,研究范式则关联着内容。冯友兰对此颇有自觉,他指出胡适的《中国哲学史大纲》和他自己的《中国哲学史》,在研究方法上的不同是汉学和宋学的不同。就话语形式说,胡著是白话,冯著是浅显文言,但二书所用的基本概念都是新的哲学概念。冯友兰说:"蔡元培说胡适是汉学专家,这是真的,他的书既有汉学的长处,又有汉学的短处。长处是对文字的考证训诂比较详细;短处是,对于文章所表示的义理的了解,体会比较肤浅。宋学正是相反,它不注重文字的考证训诂,而注重文字所表示的义理的了解体会。"又说:"胡适的《中国哲学史大纲》对于资料的真伪,文字的考证占了很大的篇幅,而对于哲学家们的哲学思想,则讲得不够透,不够细。金岳霖说西洋哲学和名学非其所长,大概也是就这一点说的。我的《中国哲学史》在对于各家的哲学思想的了解和体会这一方面讲得比较多。"汉宋之辩、义理与考据之辩,是中国学术史固有的基本范式,胡适、冯友兰的分别可以看作中国固有研究范式的新体现。至于从某种主义出发的研究范式,是大家已经比较熟悉的了。改革开放以来,中国哲学研究的范式从教条主义束缚下摆脱出来,带来了学术的多元的蓬勃的发展,就不在这里细说了。

近年来有不少青年学者批评近代以来中国哲学话语体系的西方化,其中提出了许多有意义的问题,应该肯定。不过这些问题并不是全新的问题,某种意义上是近代以来的老问题。劳思光的《新编中国哲学史》中就提出"以中观外"还是"以外观中"问题,今天的学人提出"以洋释中"或"以中释中"的问题,与劳思光提到的问题是一致的。然而,在我看来,关注当代中国哲学话语体系和研究范式的所谓西方化,不能脱离20世纪整个中国哲学界的开放、进步、发展。这里所说的整个中国哲学界即广义的中国哲学界,不限于传统中国哲学。百年来的中国学术话语的转变,是一个自然历史过程,是不可逆转的。百年来已形成了一套新的中文学术语系,其中吸收了大量来自西方学术的概念语词，大大丰富了中文学术语言的能力，成为当代中国人思考、论述的基本工具。在此种情况下，就哲学来说，应当承认，百年来引进、吸收西方哲学的历程，促进了我国哲学学科的发展，民族的理论思维能力得到很大的提高，任何无视这一变化和进步的主张，要求摆脱近代以来自然形成的近代中国哲学的话语形式，摒弃译自西方哲学的概念，必定要脱离当代中国哲学界的现实。包括哲学在内的不同文化的交流、融合，是马克思所说"历史"走向"世界历史"的题中应有之义，这是大势所趋。

　　不同文化间的交流、融合是一种趋势，而某一文化内的传承、发展是另一种趋势。二者的共进是现代文化的重要特征，在全球化时代依然是如此。因此，在全球化的时代，针对百年来哲学交流中的不平衡，应当提起哲学界重视的，乃是现代中国哲学的发展必须汲取、继承传统中国文化与中国哲学的资源。这不仅是对研究中国哲学的学者的要求，也是对当代整个中国哲学界的要求，要使这一点成为当代中国哲学界共同的自觉要求。

　　因此，问题在于，从 19 世纪末到 20 世纪末，中国哲学的话语系统已经发生根本变化。今天，中国人如何承继、发展民族的哲学和民族的思想？中国人如何叙述民族思想的历史？我想，虽然中国哲学话语系统百年来发生了变化，但我们阅读理解古代文献的能力没有消亡。古人做学问主张要能"心知其意"，而"述其大意"，以至"发明其意"。今天我们在"知其意"方面仍然是可以做到的，只是从"知其意"到"述其意"，再到"发明其意"，这一过程确实受到新哲学话语的制约。但是新哲学话语与其说阻碍了我们对古典哲学的继承，不如说是对我们的考验，考验我们中国哲学的研究者在古今语言的对应、联结、把握上的功力；考验我们如何把中国哲学自身的问题意识和思考方式转化为现代中文学术语言的能力；考验我们把中国哲学思维用语言呈现出来，与西方、与世界交流的能力。从这个角度说，那种拒绝西方哲学概念，准备完全回到固有传统哲学话语的主张，虽然可以成为个别学者的选择，却很难有文化的普遍现实性。更要注意的是，不要使"拒绝西方概念"成为中国哲学研究者逃避这种考验的借口。真正的问题是，我们的学者往往浅尝辄止，既不能"心知其意"，也不在严谨的表达上下功夫，所以我总是强调"内在的理解"与"客观的呈现"。

　　文化的古今并行是常见的现象，在文化实践上可举出旧体诗的例子。当代中国人作旧体诗的仍然大有人在，但中国文学研究的话语已经转变。然而，在近代以来的中国文化和中国学术的发展里，确实也有个别的例外，这就是宗教。近代以来的传统中国宗教，如佛教思想与佛教哲学的研究，虽然也受到话语转变的影响，但是宗教生活的相对独立性和宗教对经典话语的执着崇拜,使得宗教活动与宗教研究中保留着大量的传统叙述话语和基本名相,特别是关联修行的名相,受到西方哲学和宗教的影响比较小。中国哲学及其学术研究有没有可能依照本土宗教的这种方式来发展,还值得研究。

（本文发表于 2010 年 1 期《文史哲》）

论学术创新与"接着讲"

众所周知,"接着讲"的观念是冯友兰先生在《新理学》绪论的开篇所提出来的:"我们现在所讲之系统,大体上是承接宋明道学中之理学一派。我们说'大体上',因为在许多点,我们亦有与宋明以来底理学,大不相同之处。**我们说'承接',因为我们是'接着'宋明以来底理学讲底,而不是'照着'宋明以来底理学讲底。因此我们自号我们的系统为新理学。**"照冯先生这里所说,"接着"既表示承接,亦即与之有延续的一致性,更表示有不同、有发展。一致处是都重视理的世界,新理学也沿用了理学的名词范畴。不同和发展处是新理学对旧有的概念都做了新的理解和定义,新理学用西方哲学的新实在论代换了对理的哲学思维,用近代逻辑分析的方法分析概念,用逻辑论证的方法组织体系。冯先生称此为接着讲,而非照着讲。以此推之,照着讲就是依照宋明理学概念的本来意义和话语体系去从事和表达哲学思考。

在《新理学》完成的同时,冯先生也把"接着讲"的意义扩大了,扩大为哲学与哲学史的关系。如上所说,冯先生所谓接着讲本来是就"新理学"哲学与宋明道学中理学派的系统比较而言,而理学是历史上的哲学,故属之哲学史。在他看来,不仅他与宋明理学有接着讲的关系,一切哲学都与过去的哲学是接着讲的关系。他提出:**"哲学总是接着哲学史讲底。我们于《新理学》中说,哲学已经有了两千多年的历史,哲学及各派哲学的大体轮廓,及其中底主要道理,均已'布在方策'。此后哲学家之所见,可更完备周密,但不易完全出前人的轮廓。因此以后恐怕不能有全新底哲学,但每一时代皆有较新底哲学。因为没有全新底哲学,所以我们讲哲学,不能离开哲学史。"**又说:"'接着'哲学史讲哲学,并不是'照着'哲学史讲哲学。照着哲学史讲哲学,所讲只是哲学史,而不是哲学。即令有一个哲学家,完全不赞同以前底哲学,即令他所讲底哲学,完全与以前底哲学不同,他亦不能离开哲学史而讲哲学。他的哲学对于以前底哲学必有批评,必有反对。就他的哲学的发展说,这些批评反对即是他的哲学的开端。就哲学史的继续说,这些批评反对即是他的哲学'接着'哲学史的地方。"冯先生这里讲的哲学史主要是指历史上的诸哲学体系,强调哲学的制作总是要以以往的哲学思考成果为基础为参照的。

冯先生晚年把这一点说得更明白了:"在我的《中国哲学史》完成以后,我的兴趣就由研究哲学史转移到哲学创作。哲学方面的创作总是凭借于过去的思想资料，研究哲学史和哲学创作是不能截然分开的。不过还是有不同。**哲学史的重点是要说明以前的人对于某一哲学问题是怎样说的；哲学创作是要说明自己对于某一哲学问题是怎么想的。自己怎么想，总要以前人怎么说为思想资料，但也总要有所不同。这个不同，就是我在《新理学》中所说的'照着讲'和'接着讲'的不同。"**

可见，冯友兰先生所说的"接着讲"，主要是强调在接续中的创新。用今天的话讲就是传承创新。就接续来说，任何哲学创作都必须是依据以往的哲学为基础的，没有任何思想资料的前提、不吸收古今哲学的概念和问题意识、凭空的"创新"是没有的。另一方面，哲学力求创新，接续不是单纯的接续，而要创新，创新地接续、接续地创新。所以他在《中国哲学史新编》第七册中说："中国需要现代化，哲学也需要现代化。现代化的中国哲学，并不是凭空创造一个新的中国哲学，那是不可能的。新的现代化的中国哲学，只能是用近代逻辑学的成就，分析中国传统哲学中的概念，使那些似乎是含混不清的概念明确起来，这就是'接着讲'与'照着讲'的分别。"

应当指出，**冯先生用"照着讲"和"接着讲"来分别哲学史和哲学，本来是对哲学研究与哲学史研究（对于同一对象）的工作方式加以区别**，在一定意义上略如古人所谓"我注六经"和"六经注我"的区别。但若不善解，也容易引起一种不当的看法，以为哲学史研究没有创新可言，只有哲学理论才有创新。哲学史研究是要研究并说明前人对于某一哲学问题是怎样说、怎么想的，但这不可能是照镜子式的研究，因为人的主观前见不可避免，人的理解能力不同，古今的语言表达不同，人的哲学修养不同，而哲学史家之理解的呈现，是有其客观标准可以衡量的。何况哲学史的研究不仅针对过去的哲学家个人，还要说明不同哲学体系、不同时代哲学之间的"古今之变"与复杂关系，哲学史研究也要基于文献的考察和深度解读等，这些都需要细密的分析力、高度的理解力和全面的观察力。如果从积极的"诠释"角度看，哲学史研究更不是"照着"那么简单的了。所以哲学史研究的领域充满了能动的创新的可能和需求，充满了创新的智力竞争。**可见，哲学史的研究同样要"接着讲"**，只是说它不是接着哲学史上某一哲学体系讲，而是接着前人对同一对象的研究成果继续深入，这就必须全面了解前人的研究成果，在接着前人研究的基础上加以创新。在这一点上，可以说哲学史的创新与哲学的创新同样困难，如果不是更困难的话。有位前辈说过，照着讲都讲不好，自己讲怎么能讲好呢？

因此，"接着讲"作为人文研究的方法，不应只是适用于哲学，也不应限于哲学史，而应是一切人文研究皆应采取的态度和方法，即**一切人文学术研究都要"接着讲"**。一切学术研究领域都有创新，这里并没有学科的差别。"接着讲"是说一切创新必有其所本,有其基础,必须接续前辈学者和同时代学者的已有成果,同时力图据本开新,发人之所未发,比前人有所创造、有所前进。这样,学术发展和学术创新才能走上良性增长的大道。

从学术领域推广到一切文化领域,"接着讲"可以是文化的传承创新或批判继承,"接着讲"可以是在传承中力求创造性转化和创新性发展。我的理解就是这样。

(本文系作者 2015 年 12 月 20 日在第三届"思勉原创奖"颁奖典礼上的演讲)

中国世纪与中国价值

对于21世纪中国向世界输出价值、思想的问题,我平常并没有很多思考。刚才主持人说"21世纪,中国世纪?"这个题目是一个问句,但是我接到的通知,其中所描写的背景和陈述并不是一个设问,而是说"中国世纪的前奏在世界已经唱响",好像已经开始了。

第一点,我是不太敢说"中国世纪"这样的话,我的基本的立场就是中国人把自己的事情能办好就已经很不简单了,这就是对世界做出很大的贡献了。因为中国人口占世界人口的比例非常高,中国历史又那么长,中国把自己的事情做好了,对现代世界、对整个人类文明的发展,本身就有很大的意义。因此,我觉得如果不是问句的话,就像我所接到的背景介绍所说的那样,我不觉得说我们现在需要把中国世纪作为我们追求的一个目标。没有必要把中国世纪作为我们现在的目标。现在大家有一些焦虑,一个是说我们要追求中国世纪,另外就特别急切地想了解,说中国世纪也好,或者说中国崛起也好,我们的文化贡献、软实力是什么。这些都很明显地表达出一种政治焦虑和文化焦虑,而在我看来这些焦虑是不必要的。

其实,在经济总量上日本比我们早当老二好几十年。我看日本人就没有这种焦虑:因为我是老二,一定要在文化上、软实力上做出什么样的贡献,给世界什么样的影响。随着国力的增强,日本的文化自然在世界会有一些影响。这也是很常见的。当然,有些所谓日本的文化信息其实大多是原来中华文化的部分,被冠以日本名义,比如说豆腐,比如说筷子。总体来讲,日本也有一些文化输出,但是没有我们那种焦虑。所以我的立场是,把中国的事情办好是最重要的,中国世纪不一定要作为我们的一个目标。

当然,一个国家,像中国这样一个大国发展到今天,要求有世界性的影响,这是正常的。作为这样一个要有世界性影响的国家,除了国家综合实力以外,也需要有一套价值的话语来表达、捍卫自己的立场,这也是必要的。但不一定要那么强势地表达,好像说我们现在就要追求中国世纪,为了中国世纪就要有一套话语权,一切都是为了中国世纪的目标服务,要推行一套世界上大家都能接受、行之有效的话语。我倒不觉得那样的做法合适,反而觉得那种提法过强。作为中国这样一个国家追求世界性的影响,有一套价值话语来捍卫来表达自己的立场,这个立场也是自身利益的一种表现,这是正常的。但是,我认为,把这个问题还原到中国这样一个大国应该追求一定的世界性的影响,需要有一套这样的话语来捍卫自己、表达自己,这样的定位也许更恰当。这是第一点。

第二点,我看通知的背景讲英国和美国的问题,说它们有了综合国力,宣传它们的一些东西,向世界输出一套价值观。我觉得不要变为一个误解,好像一个国家输出什么,要在世界上取得什么样的影响,仅仅是根据它的综合国力就可以决定。我觉得不是这样,不是一个国家自己的综合国力就能决定这种影响。通知所描述的从英国到美国输出的这一套价值,给人的印象是综合国力强就可以随意地输出什么东西,而且取得世界性的影响,让人家来接受。

其实,就以英国到美国为例,也不那么简单,比如说"美国世纪",要讲"20世纪是美国世纪",这个话说起来也不对。20世纪前半期的主角还是欧洲,后半期40年都是两个阵营对立,只有最后十年可以说美国主导。从这个例子来讲,英美这些价值话语的表达,不是仅仅因为自己国家强大了自己讲的别人就能接受,而是在整体上属于近代西方文明的发生、传播、扩大。所以今天西方的这套话语,不是个别国家独立主体脱离了文明整体的关联而独立输出能做到的。说起来,法国人在价值方面的宣传和作用应该比英国更大,美国是欧洲的延长,是英国和法国的延长,这些价值的影响是近代西方文明不断地传播的结果,是一个整体。所以,不是说一个国家综合国力强想输出什么就能变成世界上的主宰话语,我觉得,我们了解英国的东西、美国的东西在今天的影响,是和整体的近代西方文明的背景分不开的。

就中国来讲,如果我们今天要讲中国价值,我觉得"中国思想"是不能脱离中国文明和中国文化的。如果脱离中国文明和中国文化,另讲一套所谓的中国价值和中国思想,我觉得是很难能够具有跟英美所匹配的那种价值的普世性的,也很难有那种文化的力量。所以真正要变成文化的软实力,必须要依托原来文明的整体。虽然中国文化是在前现代期间长久发展的文化,近代有许多曲折,但并不表示这个文明的话语权已经消失了,也不表示它的文明的价值今天没有意义了。并不是说就不能通过这个文明的振兴来重新焕发和重新召唤古老时代流行的价值。我们今天要宣传的中国价值不能脱离中国文化和中国文明,而恰恰是要在中国文化伟大复兴的基点上来讲。而按这个基点来讲,我们今天还没有完全做好准备。它要求我们执政党和全社会,我们自己要在实践上具有这种文化的自觉,即今天整个中国的发展是要作为中国文明的新发展,中国当代文化的发展要作为中国文化的发展新阶段,中国当代文化就是中华民族新的生命的发展,民族文化的立场要更强。在这种情况下才可以不是价值上的两张皮。我们现在多是两张皮,对外讲中国文化,但是我们自己在内部还没有真正完全把这方面转过来,真正自觉地做中华文明的继承者。90 年代后期慢慢提出了一些口号,如中华民族的伟大复兴和中华文化的伟大复兴,当然复兴包含发展,而执政党和整个社会要真正地转到这个立场上,我们今天才能理直气壮地讲中国价值、中国文化。如果中国文化只是偶尔要用的一个招牌,就不可能在世界上真正推出这样的价值,让别人认可和信服。

第三点,关于"中国价值和中国思想"。我们今天要讲中国价值和中国思想,我是做历史文化研究的,在历史文化研究的意义上讲,我可以讲出什么是中国价值,什么是中国思想。但我看通知的背景叙述好像还不是指历史文化,而是说我们今天要推出来能够让世界所接受,而且还能行之有效的那种"中国价值、中国思想",和历史文化意义上的中国价值、中国思想不一定一样,似乎更注重当代中国,这我也就不太敢说了。现在要推出一套在世界上能行之有效,大家都能接受,能配合未来的"中国世纪"那样一套中国价值、中国思想,这样的价值是什么? 我不太敢说。

最重要的是,当这样讲的时候,是要把我们近 30 年的整个发展经验和未来规划都放在一起。近 30 年来我们的成就是巨大的,这是不可否认的。我昨天早上看到消息说,傅高义最近要写邓小平传,他认为邓小平非常了不起,能在这么短的时间里把国家带到这么高的水平,这是非常了不起的。当然成就很大,问题也很多,现在就是问题越来越尖锐,这也是事实。但总体而言,我们 30 年走的这条路是一条不断摸索的中国道路。你现在要说中国价值、中国思想,好像要把这 30 年变成一个一以贯之的固定东西推展给世界。其实中国本来没有这样一个一贯的东西,是摸着石头过河,不断变化而且现在还在变化,还在摸索。如果从刚才所说的文明意义上来说,推向世界的应该是一个比较稳定成熟的精神文明、物质文明、科学技术文明以及政治文明,有比较成熟的文明总体发育。而现在,这些文明的成熟还是我们追求的一个目标。

未来二三十年,我们继续走什么样的路,很难预测,有什么样的变化,也很难界定。邓小平刚开始提的口号是以经济建设为中心、发展是硬道理,今天讲和谐社会、和谐世界,已经很不一样,这里的提法、认识都不是一样的,所以我觉得现在要推出"中国世纪"的价值和思想是不容易的。

第四点,中国发展的特色,其模式意义怎么看? 这个还是值得研究的。就东亚的现代文化来讲,应该说中国到现在的发展,比较抽象地来讲,是跟东亚的模式比较接近的。威权政治和市场经济的结合,这是东亚发展的路子,东亚现代化发展的前期基本上都是这样的,日本、韩国、中国台湾大体都是这样。从这个意义上来讲,似乎很难讲我们的模式的特色贡献是什么。但如果超出这个来讲,如果用马克斯·韦伯的理性化的发展的说法看,近代文明的发展就是价值理性与工具理性的冲突与结合,这个分析框架是韦伯式的。资本主义 300 多年的发展证明纯粹的资本主义是过不了价值理性的关的，一定得发展出社会主义运动，所以今天欧洲、北美不断地有社会主义政策，吸收社会主义的经验。跟纯粹的资本主义过不了价值关一样，传统的社会主义过不了工具理性关。如果说古典的资本主义碰到的问题是"公正"的问题，传统的社会主义碰到的是"发展"的问题，就是怎么样能发展。现在，资本主义这么多年就是不断地吸取社会主义因素，当然这个过程不是自然的，从早期的社会主义运动到后来的福利发展，不是完全自然的，是和阶级斗争有关系，慢慢地不断吸收社会主义因素，才能走到今天，像欧洲就很明显。从这个角度来看，中国的道路和经验总体上来讲，是在社会主义内部怎么样逐渐发展市场经济的因素，来适应世界发展的潮流。这两个非得结合，纯粹的资本主义不行，一定要跟社会主义结合变成一个形态。传统的社会主义也不行，一定要结合市场经济。资本主义结合社会主义的路子走了几百年，欧洲已经很成功了。社会主义跟资本主义结合，中国的路子走了 30 年，还在走，我们还不能说中国已经走完了这一条路，即从社会主义内部来生长市场关系，来发展工具理性，发展跟它相配合的文明要求，包括政治、法律、法制。走这样一条从与资本主义不同的基础出发，走从社会主义内部结合资本主义因素，达到二者结合的这种发展道路，我觉得还没完成。如果在世界历史上来看，初始的路径和条件与中国相似、需要选择这种道路的国家很少，因此作为一个示范意义的经验还是有限的。只对像越南、朝鲜、古巴这样一些地方有示范的意义。这是从整体来讲。

　　最后一点，近代西方文明有两个方面，我们在早期的接触中，中国近代早期发展中，从鸦片战争开始，我们接触的是这个文明的外部形象，它怎么跟外部世界打交道的那些原理。那就是从社会进化论来的，实际上就是生存竞争、弱肉强食。西方近代资本主义在对外的方面，就是帝国主义、殖民主义、丛林法则。所以日本的沟口雄三说近代西方文明和中国文明是对立的，西方进到东亚世界就是弱肉强食，而在中国人看来，弱肉强食是禽兽的世界原理，不是人的世界原理，人的世界原理应该是道德世界的原理，所以中国人很难接受。日本人为什么很快接受？是因为日本传统比较能接受弱肉强食的理念，而中国是发达的道德文明，觉得不能接受，觉得这不是人道的世界原理。这是从西方文明的外部原理来讲，所以，帝国主义就激起了中国人的反抗，一方面要学西方，一方面要反抗。但是西方有两张脸，另外一张脸是对内的民主，这不是弱肉强食的，而是民主、人权、自由。西方国家国内的这套东西说起来是"普遍价值"，但是始终不能变成处理国际问题的基本价值。因此，由于我们早期有 100 多年跟外面的原理斗争，我们容易从否定的角度看它的整体，对它内部的那张脸的意义相对来讲就忽略了。其实那个内部的东西跟中国文明也有相同的地方，中国文明中也有民主、自由的要求，表达的方式不同。而且民主、自由不能脱离人民,现代西方的政党虽有操纵老百姓的一面,但是归根到底是要面对人民的利益和选择,这和中国自己文明里面讲的那种对老百姓的态度是一致的。

今天,中国应当强调什么价值?我觉得中国古代对国际关系的想象是合理的,就是用王道来代替霸道,这跟近代以来的西方原理是相对立的,王道原理应该是合理的。从内在方面来讲,虽然西方的宪政、民主、自由都有意义,但是整个社会价值观,中国需要强调的是一个与西方不同的价值结构。这并不是说今天要强调什么特殊的价值,各种价值东西方都有,也都有意义;不能说民主、自由、法制的价值在中国没有意义,也不能说责任、仁爱、群体在西方没有意义。关键是这些价值的优先性是怎么安排的。这是中国可以讲的。我们不能说中国不需要民主,当然需要民主,但是在社会价值结构里面民主排在哪个位置?这是跟历史的、文明的母体和传统有关系的,跟发展的现实有关的。在中国不是不讲个人权利,只是个人权利在架构中的层级跟现代西方是不一样的。东西方的价值都是有普世性的,但还有一个价值结构的问题,结构的不同本身有很重要的意义。我就先讲这么多。

(本文系作者 2011 年 9 月 24 日参加清华大学中国与世界经济研究中心"中国价值"讨论会的发言)

关于"中国路径"的历史文化研究

关于设立"中国路径"栏目的起因，我们了解很少，听了你们的介绍，觉得还是很有必要的。这里提出的问题的确很大，包含面很广，我想这个栏目至少首先应该总结一个多世纪以来讨论的经验，看看前人对这个问题做过什么讨论，有哪些成果，有哪些经验，这是我们进入新的讨论的一个前提。有成果可以继承，有经验可以总结。比如，侯先生的讲法是从马克思《政治经济学批判》来的，马克思的观点是说希腊人是正常的，其他民族是营养不良的，或者早熟的。这样就给我们提供了一个比较的视野，但这个比较的视野就和我们今天讲的平等的文化多元主义不一样，还是倾向于把西方看成是正常的，把别的民族文化都看成不正常的。当然，马克思没有很严厉地批评这个观点，这也不是马克思的错，因为当时整个流行的观点都是这样的，中国人自己也这么看。比如梁漱溟。梁漱溟也认为中国文明早熟，梁先生不见得受马克思影响，但是梁先生和马克思的观点有近似的地方。当然，梁漱溟对中国、印度和欧洲的文明，还是比较能平等看待。但是，毕竟是在那个时代，梁先生说中国和印度文化早熟，早熟这个观念，多少还是和马克思的差不多，没有成为真正的彻底的文化多元主义。今天，我们讲文化多元主义，应该是各民族一律平等，不能说谁是正常，谁是不正常，你是正常的成人，我是小侏儒，不能这么说；或者说你是病态的，发育不良的。在今天文化多元主义的立场上，破除欧洲中心主义，不能这么谈。我们过去一个多世纪在这个问题的讨论上，在指导思想上，受到一些时代的限制，因为当时确实是欧洲文明一枝独秀，连梁漱溟这样的人都说，我们现在第一件事，是全盘承受西方的文化，然后再讲下一步。然而，今天这个时代，却给了我们更好的条件，让我们可以更彻底地贯彻平等的多元主义文化观。

第二，侯先生讲，"古典的古代"是进入文明社会的常态，但是他承认，从"前文明社会"到进入文明的社会，应该有多种形态，不是只有"古典的古代"一个方式。当时他的认识主要是讲还有"亚细亚形态"。

这个"亚细亚形态"跟古典的古代不一样，它可以往前也可以往后，但是它是前文明时代进入文明时代的另外一个路径。侯先生把这个看成中国发展的特殊路径，但是侯先生的讲法主要是从制度，特别是土地制度到底是私有还是国有这个方面来讲的。

因为侯先生比较看重经济基础、生产方式的决定性作用,所以他从土地所有制来论文明路径。在今天,我们显然不能仅仅从早期的土地制度来判断。如果做历史研究的话,一定要更广,制度不仅是土地制度,不仅是国家官僚制度。从传统来讲,一个封建制度,一个礼乐体系,是西周的主要制度文化特色。西周的封建制度,与之相配的礼乐制度,到底怎么把握它? 这两项都一直存续到春秋时代,影响到战国。我想,如果我们现在研究中国路径的话,就不光是仅仅研究土地制度,还要包括它的文化、思想、宗教、伦理,从综合角度来看文明发展的情况。

第三个我想说的是,我们现在讲中国路径的问题,“中国路径”这个词是侯先生先讲的。但是我刚才提到,梁漱溟先生对此早已有所觉察,即他的三条道路、三个路向的说法。《东西文化及其哲学》中,讲人类文明有欧洲的路子、印度的路子、中国的路子。这点大家都已经很熟悉了,我要强调什么呢? 梁先生的特点是放在“路向”上。“道路”是指实际走过的全过程,“路向”则是指道路的方向在哪,方向就和价值有关系。就是说,路径的讨论和价值还脱离不了关系。道路、路径、路向,这都脱离不了价值。以梁漱溟的经验来看,在讨论几大文明的路子的时候,不仅要看它是怎么走过来的,还要看它的方向。这就是所谓的“迹”和“所以迹”的问题。顺着这条路走过来,这是“迹”,但是如果做更深入的思考,就存在“所以迹”,梁先生最感兴趣的是: 为什么你往这走? 中国文化是走的三种路向中的第二路向,第二路向就是注重调和适中,要人际关系和谐。我想这样的讨论,对我们还是有意义。

第四,虽然梁先生所讨论的路向的价值是不可回避的,但是和中国当代政治经济的“中国道路”和“中国经验”的讨论,还是应该有所区别。如果说,现在的研究更多地关注近 60 年的中国道路和中国经验,我们的关注应该在古代,这个古代一直到晚清。这样的话,论述的主题与中国经验的讨论有所区别。另一方面,历史研究还是要实事求是。不管早期的中国文化的发展或者路径路向和今天的发展有没有关系,它本身应该成为一个独立的实施研究的领域。可能有些研究的动因是和今天的中国道路讨论挂钩的,但是具体做研究的时候,我是反对牵强地结合的。我觉得还是要实事求是,客观地研究中国文明的道路和贡献。

第五,在本栏目研究中所涉及的特殊性与普遍性的问题,要很好地处理,既不能变成一个特殊论,也不能变成一个中心论。以前张光直讲过,他认为文明的早期发展,欧洲是特殊的,他觉得中国的、东方的是比较普遍的,反而西方是比较特殊的。这里并没有什么正常不正常的,就是发展不一样。我们今天要开放各种讨论,不要把这个变成“中国特殊论”,好像中国什么都特殊,什么都和别的国家不一样。这就忽略了中国文明对人类文明的普遍性贡献。也不能说什么都是中国最好,中国就是普遍的,其他都是特殊的或者不良的。在描述中国的特殊方面的时候,不能忽略中国文明和中国价值对人类文明的普遍性贡献。这一定要通过研究来给予肯定。比如从西周到孔子,到春秋战国时代,它在价值上提出的东西,和西方明显不一样,这不是特殊的,同样是普遍的。这就是对世界文明的普遍性贡献。我想,把这个栏目办好,就要处理好这些问题吧。我就先说这些。

（本文系《光明日报》"文明发展的中国路径"栏目开栏访谈,节录发表于 2011 年 3 月 21 日《光明日报》）

确立中国文化的自主性更需有世界眼光

从精神气质把握中华文明发展的内在线索

《文汇报》：您用了"精神气质"一词来概括中华文明三代的贯通。"精神气质"（ethos）一词更源初的意义应该是来自古希腊，有点类似于黑格尔所说的"世界精神"。是什么促使您想到用"精神气质"一词来讨论中华文明的？

陈来：Ethos 这个词，自近代以来成为一个比较重要的观念，它其实并不是来自哲学，从谢林到黑格尔等，都是强调文化精神或者民族精神的，他们不用这个词。人类学则一直比较重视。早期，鲁思·本尼迪克特（Ruth Benedict）还是用"文化模式"，ethos 用得不是特别多；而到了晚近，克利福德·格尔茨（Clifford Geertz）用"文化的解释"，越来越强调 ethos。人类学比较强调 ethos 这个词，并且把这个词和世界观分开。Ethos 比较强调道德审美，就是我们所讲的文化取向、价值态度。世界观则是近代哲学所强调的，偏重认知性的——是一元的还是二元的？是辩证的还是其他的？我研究古代文明时很注重借用人类学的方法，特别是宗教人类学和社会学的方法。那时候还是前哲学的时代，哲学并未出现，因此不能用哲学的方法。当然，我指的文化人类学的方法和考古学领域是不一样的，不是侧重于物质形态和考古学文化，而是更注重从精神世界观方面来把握整个文明发展的内在线索。因此，我试图从精神气质角度来看中华文明发展中的文化精神。我认为，对中国古代文明的研究，不仅要有各个地域性的考古学文化的研究，也不仅限于从青铜器、文字、城邑等实体角度来看文明的发展，我们更加注重寻找文明内在的 ethos，研究文化精神、文化传统等，与考古学家、历史学家、思想史学家等的研究视角是有所不同的。其实，ethos 在研究现代化的问题中也常用，比如马克斯·韦伯。

《文汇报》：中华文明存续了五千年，但是，对于中华文明的"精神气质"或者说"中华文明的根底"，却是言人人殊。对此您怎么看？

陈来：夏商周三代以来的传统如何把握，我觉得这还是研究中国文明的学者应该注重的问题，现在这方面的研究还是比较少。我总结了中华文明几个方面的精神气质，比如重孝、亲人、贵民、崇德等，这些都是从商周的资料来概括的，夏的相关资料都还只是推测，当然，也可以通过《尚书》的内容来追溯。虽然古典资料的运用要谨慎,但是我们至少可以从中看到周代的人是如何追溯文明的——不管这个文明在历史上是如何被发现的,但是在周代人的意识中的确是有一种传统的自觉。这种自觉就是,怎样从精神气质的角度切入对文明的认识。这是比较内在的一个研究理路。仅就"精神气质"而言,这个提法现在还不多用,因此从这点上来讲还算不上言人人殊。当然,如果这方面讨论趋于热烈,那么肯定有多种不同角度。但大体上,也不会绕过上述的重孝、亲人、贵民、崇德等方面。因为研究资料有限,古代的资料最重要的就是《尚书》,研究古代文明不像研究近代这般有丰富资料可用。"孝悌和亲"的伦理文化、"文质彬彬"的礼乐文化、"远神近人"的人本信仰等,这些传统都是从三代以来就有的,当然,到后来也都会有发展。比如远神近人,这一点在西周时期已经很明显了,当时的人们认为,天道很远,人很近,所以神和天的世界不用否定也不用太关心,要把精神关注放在人世和人文上。而在商代的时候,鬼神祭祀还是很繁荣的。此后就慢慢变化了,用《礼记》的追溯来讲就是近人,对神已经敬而远之了。

多样化的国学教育并非坏事

《文汇报》:您似乎特别赞赏您的老师冯友兰先生在有关传统与现代关系问题上提出的"照着讲"和"接着讲"的说法。

陈来:冯先生的"照着讲"和"接着讲",仅仅是就哲学史和哲学的分别而言。哲学史不能自己讲一套,一定要照着古人所讲的来描述、概括、介绍和解释,所以,按照冯先生的通俗表达,哲学史是要"照着讲"。但是,哲学不需要亦步亦趋跟着哲学史讲,一定要有创造性,要对时代有新理解和新发展。冯先生又说,这种发展不是凭空的,一定要与传统有积极的关系。如今任何哲学思维、哲学体系的建立,都不可能是原创的。原创表示空无一本。在老子生活的文明初期可以原创,在今天则不可能。因此,冯先生"接着讲"的意思,一是不可能有空无一本的原创,一定要接续着传统的讨论来延伸;二是不能重复,要根据新的时代、新的文化发展有新的思考。

《文汇报》:现在我们面临的一个问题是,对于我们要"照着讲"的那个传统的中国性,大家各执一词,莫衷一是。比如,像国学经典如何教这类问题,也有很多争议。我们应该如何"照着讲"呢?

陈来:如何理解中国、学习传统?经典怎么教?这类问题,其实也就是哪些文本最能体现中国性的问题。看待这些问题还是要广和狭相结合。比如"四书",就价值观来讲,"四书"就是中国性的代表,古人当然也这样认为。但这样容易让一般人误以为了解中国文化只要看"四书"就行,而实际上中国文化的典籍非常多,

"四书"只是入门的基础。宋代人很小心,告诉你看这本书的时候,怕你一辈子就看这本,还会告诉你应该在更大的范围里掌握这个文化。现在的传统文化教育,一方面可以告知哪些典籍代表中国文化哪些部分,另一方面也要防止以偏概全。至于传统文化怎么教,古代也不是只有一种教法,现代自然更不必拘泥。如今用哪些经典来代表中国文化,这个的确是亦简单亦复杂的问题。比如,钱穆举了七本国学书,认为它们代表中国最基本的思想文化。这些书包括孔孟老庄、《六祖坛经》、朱子《近思录》和王阳明《传习录》。其中,"四书"里面只取一半,没有选《大学》《中庸》,而是加进了老庄。中国文化中儒道互补。今天我们所谓的主流价值观当然是以孔孟为代表,但是从文化精神的各个其他方面来讲,道家思想是重要的方面,所以钱穆加入了老庄。然后,他又把中国佛教经典列入,不是用印度传来的佛教经典,而是用中国化了的佛教经典《坛经》。这也是很重要的,至少1000多年来的中国文明中,佛教已经成为内在发展的一部分,儒教、道教文化都受其影响。此外,钱穆还选了宋明理学的两部重要经典。1000多年以来,别说中国,即使在整个东亚文明里,朱子和王阳明都是重要人物。总体而言,钱穆推荐的几本书是很有道理的。而我们今天大学的通识教育重点又不同了,"四书"算是比较流行的,但是教授《传习录》《近思录》就比较少。

《文汇报》:眼下不少高校设立了"国学研究院",清华大学国学研究院是比较突出的代表。几年下来,以国学研究院的方式培养学生的模式取得成功了吗?如今,各个高校以自己的方式教授国学,会不会扩大大家对国学认识的分歧?

陈来:老的清华国学院主要是培养学生,现在的清华国学研究院不提供学位教育,而是从博士后开始招人,确切地讲是个研究基地。其他院校的有些国学院是做学位教育的,比如中国人民大学。现在全国的国学院的教学确实没有统一,这并不是坏事。国学现在并未被国家承认为一级学科,因此也不存在一种格式化的去统一它的努力。如果变成一级学科,规范性很强,那么在现在还不成熟的状态下,统一教学可能反而并不适合不同的学校。我们的国学教育有五六十年时间没有作为统一的科目,这和台湾不一样。台湾的国文系就是中文系,中国哲学的研究在台湾并不是放在哲学系,而是放在中文系,在国学的框架里,而哲学系的重点在西洋哲学。他们有一个延续的传统和一套相对统一的做法。而大陆没有这个传统,大家都是根据自己的情况来安排,负责国学科目的老师可能是文史哲各系的,每个人的进路不同,授课意愿可能也只是个别地满足一些教学需要。因此,现在的多样化反而符合我们实际的需要。的确需要经过比较长时间的实践,才能判断国学教育能否有一种整体性的方向。

《文汇报》:一套通用的通识教育或者国学教育的教材,在不久的将来有可能出现吗？

　　陈来：我觉得有这个可能。现在其实有这个条件，问题在于有没有人去做。在学位教育的体系内，大家还是比较注重针对本科和硕士教育的教材建设的。我认为要发展出一套好的国学类通识教材并不难，这不需要高深的学术研究，关键是事在人为。此外，这类教材未必需要国家统一组织，可以由一些有积极性、有文化眼光的出版社来牵头，并和一些国学机构合作。好的通识教材出来以后，受众会越来越多。通识教育现在在我国怎么开展，这个问题还涉及现有教育体制改革，比如能不能适当减少政治课程的必修学分，怎么设计通识课程和其他课程的衔接。这些才是更复杂的问题，而教材还是相对容易的环节。

学术以外的立场促使了知识分子的分化

　　《文汇报》：在古今问题之外，中西问题也一直是萦绕不去的重要话题。就人文社会科学而言，如何处理好全球化与本土化的关系，始终是个挑战。经历了 20 世纪 80 年代以来的大规模引进西方学术之后，现在我们到了确立中国人文社会科学自主性的最佳时候了吗？

　　陈来：20 世纪 80 年代以来我们大规模引进西方学术，而现在的引进规模应该说更大。中国人文社会科学自主性的确立，是不存在问题的，对我们做国学研究的人而言尤其如此。清华国学研究院的口号是"中国主体，世界眼光"。当年老的清华国学院为什么辉煌？就是因为它不固守清人的传统，有世界眼光。当时我们研究水平很低，把世界汉学看作境界来试图接近。当时世界汉学已开始用一些近代的方法研究古典的中国文化，取得了相当大的成果，引起了胡适、陈垣等很多人的重视。今天的中国学术也应该向老的清华国学院学习。现在是全球化时代，大家必须立足更大的视野做研究，才能有好的成果。现在西方人的研究都是从全球的人文科学、自然科学的角度，构成新的看问题的角度和视野，如果我们没有这样的视野，如果我们研究中国问题的人只关注中国的东西，很难达到很高的境界。所以，确立文化自主性和引进西方文化不矛盾。我们今天强调中国文化自主性，并不是要结束西方文化的引进，而是要进一步从全世界引进学术文化。要注意的是，不能被引进的东西埋没自身的问题意识和自身研究的主体性，不能完全跟着西方走。西方对中国的研究有时为了解决自己文化的问题，有时候需要通过中国文化研究来自我反省和思考，并不完全是一种实证性的研究，有时甚至有偏差，这种偏差也是为了满足自己体系纠错的需要，所以不能盲目跟风。过去有一个概念叫"预流"，意思是世界出现了这个潮流，我们也能够参与进去。而今，我们应该慢慢把这个关系倒过来,希望自己变成学术的主流,让世界预我们的流。有一种说法是,中国研究和日本研究在西方不一样,西方研究日本还是要跟着日本人的日本研究走,而对中国的研究不见得是跟着中国人的中国研究走。我们应该让世界上的中国研究也跟着中国走,这才能使人文社科的自主性逐步确立起来。

《文汇报》:中国人文社会科学的自主性,同诸多成熟的科学共同体的形成密切相关。现在,课题多了,学术经费多了,但是,成熟的科学共同体是否也相应增加了呢?

陈来:课题和经费多了,对学术并不一定有促进。我自己几乎不申请课题,都是自己做研究。但是我这样也不能作为通例,因为现在年轻学者碰到很多实际问题。比如,我自己做的研究,找出版社出版成果,出版社或许很高兴地出版了,但是年轻人相对还没有那么顺利,出版社可能还会反过来向他要钱,这个钱就要从科研经费中来。另外,还有个我最不喜欢的现状:很多学校评副教授、教授,评价体系中第一位要看的不是你的著作,而是看你是否得到各种基金支持。这种因果倒置相当于鼓励大家把申请课题放在学术研究的前面。有些课题当然也是和学术研究有关的,但是课题有时候是有导向性的,学者很可能申请一些自己其实并不愿意做的课题。这样的话,做下来成果不会太好。另外,整个教育体制动不动评比,依据之一就是课题数量,这不是一种注重内涵发展的评比,最终的后果就是数量膨胀而内涵空洞化。

《文汇报》:与经济成就相比,中国的人文社会科学在全球的话语权总是相对滞后,甚至与印度学者的全球学术声望相比都逊色不少。中国缺乏像阿玛蒂亚·森、斯皮瓦克、杜赞奇这样有全球影响力的学者。根据您本人的分析,其间的可能原因何在?

陈来:从个体上来讲,印度学者能熟练运用英文,这肯定是个重要条件。另外,阿马蒂亚·森、杜赞奇等学者是印度裔,他们都是在西方的教育和学术体制中发展的,严格来说并不算是印度学者,他们还是西方的知识分子,是完全从西方的学术教育、知识生产系统里面出来的,所以,他们和其他西方学者是一样的。当然,西方学者若细分,可以分出一些族裔的团体,比如犹太裔,是典型的科学共同体中的亚团体。印度学者是不是已经达到犹太裔知识分子那种团体性显著的程度?现在还不明显,但或许是个趋势。斯皮瓦克是注重殖民研究的学者,这里有一个合理的解释,因为印度是经历过殖民地时代的,他们对后殖民的看法比殖民国家的研究更深刻。因此,有些领域正好适合印度人研究。个别知识分子的知名度与他所属的族裔的话语权问题并不能直接对应。另一个例子就是福山,他是个美国知识分子,不能把他看作日本学术界的话语权的代表。当然,其实我们无须过于看重这些空洞的民族主义的表达,致力于在学术领域做出第一流成绩才是更重要的。

《文汇报》:西方学界有些明显的学派,比如加州学派等。而在国内,知识分子之间彼此的批评、指责过多,对科学共同体的形成、凝聚的伤害比较大。这种现状,有何值得反思之处?

陈来:现在往往是学术以外的立场促使了知识分子之间的分化,如果说有派别,并不是学术思想上的派别,而是学术以外的分歧,比如政治观点的差异。学术以外的因素造成派别的出现,在这些派别之间存在一些复杂的纠葛,并不是很健康,相互之间的反对和攻击不少。这些年来,经过良性的学术互动出现的学派的确很少,知识分子的个体身份更明显。思想上的、政治上的派别比较多,学术上的派别很少,文史学界可以称为"派"的几乎没有。这与一些客观现状也有关,比如学者只关注项目申请,忽视了真正的学术研究,这不利于学派形成。对照国外的情况看,西方的学术交流较多,而在中国,学术会议不少,但真正的学术交流不多,地方上的学者更是很少有参与学术交流的机会。另外,西方人求新的意识比较强,新一代人出来,总是有推翻老一代的企图,明显地存在试图与前辈区别开来的愿望,这也促进了新学派的形成。

（本文为 2012 年 3 月 9 日,在复旦大学参加"价值与意义:中华文明的再认识"学术论坛,做题为《三代的文明演进与精神气质》的讲演之后,接受《文汇报》记者专访实录,刊登于 2012 年 3 月 21 日《文汇报》副刊《文汇学人》）

民族文化与马克思主义中国化

关于中西马对话的问题,我其实平常思考不太多。前年在北京师范大学也开过一次会,总结这30年来的哲学发展,也讲到了中西马的问题。我当时讲的意思是,中西马交流要有一个切入点,找到共同话题最好。我当时说,我们从80年代中期到90年代中期失去过一次中西马交流的机会,这个机会就是80年代到90年代本来应该大家对马克斯·韦伯的理论做共同的反思。因为韦伯理论跟现代化有关系,而80年代是整个改革启动的时期,大家关注的基本概念就是现代化、怎么理解现代化、怎么理解现代化和传统,是时代的焦点问题。特别是韦伯又专门处理了关于中国传统的问题,写了《儒教与道教》《中国宗教》;同时韦伯的讨论在某种意义上构成他对马克思的一种异议,如果说不是直接的挑战的话,因为在西方社会科学界看来,韦伯理论跟马克思的历史唯物论不同,因为它是讲资本主义精神;另外韦伯代表西方理性主义思想的一个新的发展阶段,针对东方思想,特别针对中国。所以我觉得这是中西马交流的一个很好的切入点。但是,应该说那个时候这个问题没有引起大家共同的注意,其实在80年代末我曾跟我们系里边研究马克思主义哲学的老师提过,我说你们应该注意韦伯。我自己在80年代末90年代对韦伯和中国的关系做了回应,发了好几篇文章全面对韦伯关于中国儒教问题的讨论做了回应。我们已经失去一个机会,所以我们今天还是要有一个切入点。

今天我就想借另外一个切入点,这个切入点也许没有韦伯理论来得那么普遍,我找的切入点是以赛亚·伯林。刚才孙老师讲了,讲了很多哲学问题,但强调中国新的问题。我想我今天也主要朝中国问题的方面多讲讲,我不一定进入具体的讨论,更不涉及对中国哲学本身的讨论。我从以赛亚·伯林的民族主义讨论来入手,我觉得这是深化有关中西马和中国特色社会主义理论、关于马克思主义中国化讨论的一种值得重视的看法。以下我讲三点:

第一个问题是民族主义和社会主义。以赛亚·伯林在回顾19世纪以来的思想和历史发展之后,曾经指出这一点,他说有一个运动,在19世纪大部分时间里面支配了欧洲,可是19世纪的伟大思想家们都认为这个运动必然走向衰落。所以在19世纪伟大思想家中,包括马克思,谁也没有预见他说的这个运动在后来的20世纪会起到更大的支配作用,就是当今世界最强大运动之一——民族主义运动。他指出民族主义是今天世界最强大的力量。他的看法是这样：不管在何时何地，当民族主义和其他意识形态所支持的运动发生矛盾的时候，民族主义无一例外都胜出，这是他通过 19 世纪到 20 世纪发展做出的观察。伯林的书非常多，而关于民族和民族主义的思考是其重点。我们知道伯林是写过《卡尔·马克思》的重要的思想史家，他对马克思和 19 世纪欧洲社会主义运动有深入了解。他对马克思理论和民族主义的关系做了这样的分析，他说在马克思主义者和其他激进社会主义者看来，民族感情本身是虚假意识的一种形式，是一种意识形态；民族、地方、种族与全世界工人团结跟全世界工人阶级团结相比是无足轻重。我想这个概括也许不一定全面，但是这是他对马克思理论的概括。他也引了马克思《共产党宣言》里的一句话："人对人的剥削一消灭，民族对民族的剥削就会随之消灭，民族内部的阶级对立一消失，民族之间的敌对关系就会随之消失。"所以在马克思看来民族和民族主义是私有制和资本主义的产物，所以随着资本主义的消除和公有制的建立，民族主义会很快消亡，代之以工人阶级的国际主义的团结。照伯林的理解，马克思主义就认为民族性、地方性是一种欠发达状态非理性的抗争，将很快会被历史淘汰。伯林认为马克思不管出于自觉还是非自觉，和 19 世纪其他的思想家一样，低估了作为一种独立力量的民族主义。尽管马克思有很多深刻而独到的观点，可是他没有正确说明民族主义的来源和性质且低估了它的作用。伯林还说了另外一句话，这正像低估作为社会中一个独立因素的宗教力量一样。大家想想，民族力量、宗教力量，在今天全球化时代仍然是不能忽略的，不仅不能忽略，还很突出。他说这是马克思伟大体系的主要的弱点。那么与马克思相对照，伯林很重视赫斯，他认为赫斯是共产主义者中唯一的例外。赫斯也是犹太人，他在 1862 年写了一本书《罗马与耶路撒冷》，在这里面他断言说犹太人肩负着把共产主义和民族精神结合在一起的历史使命。这种不把共产主义和民族主义对立起来，而把两者加以结合的例子，那是伯林最感兴趣的。他在对赫斯的研究中特别指出，马克思主义认为民族主义不是历史中一个真正的基本要素，可是赫斯不同意这一点；共产主义者赫斯一直相信和理解民族主义原则，他谴责世界主义是对人类丰富多彩的真实历史差别的抹杀，是违反自然的。他看不出任何民族有理由认为自己一定优于其他民族。他明确反对黑格尔在历史性民族和那些不幸的衰败民族之间所做的区分。他认为国际主义不是消灭民族的运动，而是团结各民族的运动。所以赫斯既没有放弃社会主义，也没有放弃犹太复国主义，因为在赫斯看来它们之间没有什么不相融之处。赫斯不相信社会主义中心价值必然与一些最神圣的传统价值——对家乡的爱、对个人和集体的历史民族的记忆和深厚的感情这些东西发生冲突。所以伯林用赫斯的例子，意在说明社会主义和民族主义可以结合，而马克思生前对民族主义的忽视今天应该被改变。这是我讲的第一个问题,中国的马克思主义者不应该和中华民族文化对立,而应该结合。

第二个问题是民族主义和自由主义。我们是中西马交流,前面我代表中国哲学从突出民族主义的立场上提出对马克思主义的回应、建议。接下来是从突出民族主义的立场上对西方哲学,特别是西方自由主义提出一种回应或者建议。伯林的民族主义就他自己所注重和赞同的角度来讲,主要是一种文化的民族主义。今天不能全面讲伯林的文化民族主义,所以只把要点讲一下。约翰·格雷对伯林思想的诠释里面特别突出自由主义和民族主义的关系在伯林论民族主义思想中的重要性,认为自由主义和民族主义关系是伯林讨论这个问题的重点。其实我认为在伯林关于民族主义的论述中很少把民族主义和自由主义关联在一起加以讨论,他自己也从来没有说过他自己持有的立场是自由民族主义。所以从这点来说,虽然我们说用"自由和归属的平衡"这个概括去了解伯林毕生思想的主题是有意义的,但是与其说平衡自由主义和民族主义内在的关系,倒不如说是一个像伯林这样对自己犹太人身份敏感的自由主义者,如何处理两者的关系更恰当。我始终认为这两种关系不一样,因此我并不认为把伯林的民族主义论述表达为自由民族主义是恰当的。他的主旨是强调文化民族主义的重要,只是在犹太人建国问题上赞成通过政治自决的自由民族主义来体现、来保护文化归属。所以伯林的观点是任何政治体制都必须与文化民族主义结合或者妥协。他并没有说只有欧洲的现代民主体制才是最能够保护、最能体现这种文化民族主义的最佳政治环境,更没有说过自由主义理念是结合文化民族主义的最佳伙伴。反而我们说他意识到自由主义的中立性理念并不能够支持文化民族主义,这才是他的看法。不仅如此,我想提出一种伯林式问题,民族主义、自由主义、社会主义三者是当今世界最有影响的意识形态,如果从伯林的价值多元论角度来看,这三者可能是不可通约的,从而是不可结合的,伯林意识到这点了吗? 如果社会主义可以和民族主义结合,自由主义也可以和民族主义结合,这和伯林自己所持的价值多元论有没有冲突之处? 能不能认为伯林可以接受丹尼尔·贝尔式的多元结构的模式,就是政治的自由主义、文化的民族主义、经济的社会主义是可以结合的? 当然丹尼尔·贝尔他自己认为这三者对他来讲是既连贯又统一的。换句话说有没有可能用贝尔模式来解释伯林思想中自由主义和民族主义的共存,而不需要自由民族主义的概念?

伯林的学生和他的诠释者中,有人开始自觉和不自觉地特别强调伯林式的民族主义跟自由主义的关联。的确,如果去除了伯林自由主义者身份,伯林的民族主义论述并没有多少新的东西,他对民族主义的论述之所以被重视,确实是因为他同时具有的自由主义思想家的身份。一个自由主义思想家何以关注民族主义并且肯定民族主义,这是他被特别关注的内在原因。我并不否定用自由民族主义诠释伯林是有它的理由,至少从理论和实践上来看,阐明自由社会和民族主义之间的必要关联,比起说明其他任何当代社会和民族主义的必要关联都更加需要理论和政治的勇气。因为,一般理解的现代自由社会似乎和民族主义没有必要关系,而且往往是反对民族主义的。也正是由于这一点,他的后继者才致力于发明关于自由民族主义的概念,重视民族文化身份对自由社会建制中的个人的意义,要求把民族文化身份作为自由社会建制内在的一部分。在对伯林进行发展的自由民族主义论述里头,民族情感被理解为与自由社会的政治团结有关,认为共同文化的认同对维持自由政治秩序有积极意义,共同的民族文化成了自由公民社会赖以成立和稳定的条件。从价值上说民族情感和信仰自由以及个人尊严,不是互不相融的。所以伯林不同意战后自由主义的主流观念,他认为参与共同文化形式是社会繁荣发展的关键因素。他从来不赞成人的尊严主要依赖于拥有个体权利和自由的看法,认为人的尊严不是仅仅通过个人自由权利实现,还包括你对共同民族文化形式的认同。因此伯林认为促成人类繁荣的关键东西不是政治自由,而是什么呢?是人们在共同文化传统中的成员地位。伯林主张民族身份对各种社会建制中的个人都有意义,民族情感对各种社会政治团结都非常重要,共同文化的认同对一切社会政治秩序的维持都是必要的,共同的民族文化是各种社会赖以成立和稳定的基本条件。如果说伯林这些思想有任何针对性的话,这是针对当代社会主义和自由主义,要求三大思潮中的另外两支承认民族文化身份的重要性。所以当伯林说民族文化和民族情感对一切社会都有意义的时候,这个一切中包含自由主义的社会,这个正是一般自由主义立场所忽视的。这是我讲的第二点。

第三个问题我想落实到主题,民族性立场和马克思主义中国化,即怎么样用前面所说的比较注重民族性立场,或者突出民族主体性立场来参与马克思主义中国化的讨论,这是第三个我想讲的。我想讲三层意思,第一是儒学与马克思主义或者马克思主义中国化的问题,对我来讲,这个问题不是抽象的理论对比,按照我理解,这个问题的本质应当是今天中国共产党,也就是以马克思主义为思想理论基础的现代中国的执政党,在面对和承担如何把中国建设成富强、民主、文明的现代化国家过程中,如何看待、对待儒家文化的问题。所以简单说来儒学和马克思主义或者马克思主义中国化问题,在直接的意义上,就是中国共产党和中国政府今天如何看待儒学文化和中国文化的问题。因此马克思主义和儒学的问题不能够拘泥在"马克思主义中国化"这八个字上面表面理解,不应当一般地去关注马克思主义和儒学所谓理论结合点、契合点,不应该把主要注意力放在马克思主义和儒学的学术对话上,更不需要纠缠在马克思主义经典文本和儒学经典文本的具体比较之上。在这个问题上,我们要拨云见日,直指根本,直接指向中国当代社会协调发展的文化需要、中国特色社会主义的实践需要,而不能仅仅从马克思主义的角度去看,也不能仅仅从儒家的角度去看这个问题。今天是内部讨论,可以提一点自己的看法。在我看来马克思主义中国化这个提法本身带有历史的特点,这个提法有没有历史的局限性,我觉得值得思考或者发展。在 20 世纪二三十年代的共产国际和中国共产党之间,在普遍和特殊之间,应该说中国主体地位不能突出。因此在产生马克思主义中国化口号的时代,应该说中国主体的问题是没有办法提出来的。但是今天"中国特色社会主义"是正题,建设中国特色的社会主义这是更能够突出当代中国和中国文化、社会主义建设的中国主体性的一个观念。所以照我理解,与革命时期的阶段不同,在新时期的阶段上,"马克思主义中国化"是"中国特色社会主义"应有之义的其中一义,但不是全部,不能够用马克思主义中国化全部代替中国特色社会主义。"中国特色社会主义"里面中国主体性更为突出,所以主体性是不能易位的,立足点和基础应该是建设中国特色社会主义的实际。所以新时期党的路线要转型,理论路线也要转型,应该把我们各种理论的提法口号都转到建设中国特色社会主义这一条大路上来,这是第一个意思。

第二是马克思主义中国化的目标问题。在革命时期毛主席讲过用马克思主义之"矢"去射中国这个"的","的"就是目标,因此谈到这个问题的时候,我们不能忘记中国实际和中国问题在我们中国社会具有目标的意义。所以必须清醒地认识到党的任务和使命在中华人民共和国成立以来,在"文化大革命"结束以后的新时期,在改革开放的新时代,经历了重大的变化和根本的转向,这就是从以革命和阶级斗争为中心,转变为以建设和经济发展为中心。90 年代以来,党更加明确了对中华民族生存和发展所承担的当代责任,这就是提出推进中华民族的伟大复兴和中华文化的伟大复兴,显示出党的工作重点的进一步民族化、中国化,即明确地从普世的社会革命、世界革命转向中华民族的国家建设。中国特色社会主义建设不能脱离民族国家的框架,不能脱离民族文化的基础,中华民族的团结凝聚、中华民族的振兴复兴、中华文化的传承发扬、中华国家的强大发展,成为党的根本任务。新世纪以来党的路线进一步体现了与时俱进的发展,面对和谐社会的建构和国家长治久安提出了一系列传承发展中国文化的提法。马克思主义中国化必须反映中国社会的要求、适合中国作为民族国家发展进步的需要。我们今天到底应该如何对待儒家文化和它的价值,必须在思想上真正从以社会革命为中心转变到以国家长治久安、以社会和谐为中心,在明确认识到目前的形势和我们任务的前提下,才有可能解决。

第三是马克思主义与儒学或者马克思主义中国化,重要的是怎么样理解马克思主义。马克思主义是发展的,中国化的马克思主义是与时俱进的。我们讲儒学和马克思主义的关系,这个马克思主义应当以当代的中国的马克思主义为主体,以邓小平理论、"三个代表"重要思想、科学发展观为主体,反对僵化主义和教条主义。正确对待儒学问题,是属于民族文化的问题,而中国化马克思主义在不断发展的同时,不断在开辟解决这个问题的道路。十七届六中全会以来的方针为我们解决这个问题指出了很明确的方向,那就是,中华民族文化的意识和自觉是中国化马克思主义理论与实践的根本要求。按照十七届六中全会的报告和党的一系列文件报告,文化是民族的生命血脉,在我国5000多年文明历史发展的进程中,各族人民紧密团结、自强不息,共同创造出源远流长、博大精深的文化,为中华民族发展壮大提供了强大的精神力量,我们要做中华优秀传统文化的忠实传承者和弘扬者;文化是人民的精神家园,优秀传统文化凝聚着中华民族自强不息的精神追求和历久弥新的精神财富,是发展社会主义新文化的深厚基础,是建设中华民族共有精神家园的重要支撑。中国特色社会主义要扎根于中国文化,使之具有深厚的历史根基。要全面认识中国传统文化,取其精华,去其糟粕,古为今用,推陈出新,坚持保护利用,普及弘扬并重,加强对优秀传统文化思想价值的挖掘阐发,维护民族文化的基本元素,使优秀传统文化成为新时代鼓舞人民前进的精神力量。在增强国家文化软实力,提升中华文化国际影响力的过程中要以民族文化为主体,吸收外来有益文化,推动中华文化走向世界。我想十七届六中全会的文件应该是当代中国马克思主义关于文化问题的重要文献,也是我们处理儒学和马克思主义问题的基础和指针。这第三点可以说承接了前面在理论上对伯林民族主义的讨论,也对十七届六中全会报告做了一个注脚。我就简单说到这里,不对的地方请大家指教。

（本文系作者2013年1月参加北京大学中西马高端论坛的讲话）

八、儒学与宗教

◆ 宗教会通：社会伦理与入世关怀

◆ 儒家与基督教的核心价值及当代
意义

宗教会通：社会伦理与入世关怀

一

本次会议的主题是宗教会通，按照我自己的理解，这里所谈的会通，首要和主要的，应当是指中国宗教的会通。宗教会通涵盖了几种意义，如：可指在传统中国长期发展流衍至当代的本土宗教（儒释道等）的会通；又可指在中国文化的地区里面，各种有较大影响的宗教的会通，这就不限于儒释道等本土宗教，而可以包括基督教等。而我以为，本次会议主要关注的，应当是在前者。至于会通，就时间性而言，则当然不只是指儒释道会通的历史，也更指儒释道等的当代会通。至于"会通"本身的意义，是指理论或实践的一致、相通，是对于此种一致感的寻求和肯定，是对对立、紧张的化解。

近20年来，"宗教对话"较为流行，得到大家的肯定，宗教对话是一种方式，目的是求得宗教间的沟通和理解，妥适地理解对方的信仰与实践。宗教对话是适用于当今世界宗教严重对立的境况的沟通方式，是发展宗教的相互理解的最基本亦即最初级的方式，也是使宗教间严重冲突、对立走向缓和的基础步骤，值得肯定。

但在中国文化的历史和当代，宗教之间本来没有严重对立和冲突，历代绝大多数王朝、政府同时支持儒释道，虽然支持的轻重有所不同。而千百年来三教会通的努力不断，成为不可否认的历史事实。三教会通的努力并不是指企求三教化而为一，而是指致力于使三教自觉到各家之间的相通之处，而化解不必要的对立和相互批评。因此，"宗教会通"与宗教对话不同，是适合于中国宗教关系历史的处理相互关系的一个方式，是比宗教对话更为进步的宗教理解方式。

那么，宗教会通，是各个宗教在所有方面都加会通，还是只在且只可能在某些方面加以会通呢？显然，在核心信仰等方面，可以互有妥当的理解，但并不能指望可以互相会通。那么我们应当先追求在核心信仰方面互相妥当的理解，还是先促使各家谋求核心信仰之外的方面的会通？历史证明，真正在教义的细节上一家对另一家能达到理解，是很不容易的事情，追求这样的理解是永远开放的过程；但在社会实践的领域，相对而言，比较容易达成某些一致。

二

从 20 世纪以来的中国社会与文化的发展来看，与历史的努力和成效相比，宗教会通在两大领域取得了重大突破和进步，这就是各个宗教的社会伦理和入世关怀，已经渐趋一致，传统的宗教对立的基础已经渐渐消失，也使得宗教会通的局面获得了前所未有的改观。在此我们以佛教作为例子来说明。

在传统中国时代，宗教对立的根本点，是集中在出世与入世的问题，以及由此延伸出来的理论论述。其中儒家对佛家的批评最为有代表性。由于古代佛教僧团的实践以出世修行为特色，遭遇到儒家士大夫的强烈批评。虽然个别僧人参与社会活动，或有些僧寺参与个别社会性活动，但总体上说，儒家的这种批评，佛家是很难拒绝的。古代中国的其他宗教也遇到同样的难题，只是未如佛教之突出。

但是，近代以来，人生佛教、人间佛教、人间净土，构成了佛教人间化的运动，中国宗教"人间化"的运动就是"入世化"，中国佛教的现代转化是以中国佛教的"入世化"转向为其特征。而以台湾佛教为代表的当代海峡两岸暨港澳的佛教实践，一改不关心、不参与的社会态度，积极投身社会事务和人心的转化，开创了中国宗教新的历史，大大地化解了出世与入世的紧张，也根本地化解了传统对佛教的批评。当代佛教给人们的印象，不再是离开此世的社会性，离开此世的众人，孤自到山林中去修行，相反，以台湾为代表，在社会福利、文化教育以及伦理教化等方面，佛教已经成为重要社会力量，佛教的入世积极性和成就，得到了社会各界的充分肯定。

古代佛教并不是不知有大乘菩萨道，不舍众生，不住涅槃，而是在个体修行方面标的过高。于是成就佛果往往被要求进行长期的孤立的出世修行，认为唯有在修行达到某种境地后才能行菩萨道。这种对于修行和行菩萨道关系的理解，妨碍了佛教发展其入世的关怀，也加强了外界对佛家出世性格的批判。

现代佛教并非放弃修行，而是重新理解出世法，重新理解修行与救世的关系，从而修行不离救世，救世不离修行，知行合一，即知即行，转化此世便是出世，离了转化此世更无出世。通过入世的实践来实现转依。在中国宗教中，佛家的出世与入世的对立最为突出，既然佛教在当代都已化解其中的紧张，其他本土宗教更没有不能跨越的障碍了，其区别只是在救世意识的程度而已。

当代佛教的实践，显示出其理想并不是要所有的人都做出家的信徒，而是着重把佛教的价值理想推广至社会，求其实现。当然，佛教等中国宗教的入世，相比于儒家来说，仍有其限制，如宗教不介入政治、政党，僧人也不会任职于政府，但宗教在超越国家的领域所发挥的功能又远远超过儒家，如当今世界性的议题，和平、环保、妇女、儿童、灾害诸方面,宗教介入之多、成果之大,都是入世的体现。更广泛地看,这和世界宗教的所谓世俗化是一致的,即宗教日益关心此岸的人类事务,而不再专门以服务和向往于彼岸的神和天堂为宗旨。于是,我们看到的是,在中国人的社会,现代化过程伴随的不是宗教在社会生活和个人心灵中的不断衰退,反而是宗教在社会生活和人的心灵的不断扩展。现代化既提供了人对宗教新的精神需求,也提供了宗教入世服务的物质力量与手段。

三

再来谈社会伦理。我此处不一般地用宗教伦理,而用社会伦理,是因为宗教伦理含义较广,而社会伦理含义较为确定。当代中国宗教的入世化,其原因,与中国人社会百年来的现代化变迁有关,因为现代化同时是一种巨大的世俗化力量,作为一种现世的力量,一切宗教都必须面对它做出新的自我定位。现代佛教以现代化的财富增长作为物质资源,而对世道人心进行入世的积极转化,在这一过程之中,在社会伦理方面,与儒家等也构成了良好的会通。

由于 2000 多年以来,儒家对社会人伦强烈关注,发展出了一整套适合中国社会文化、适合中国人的中国式伦理和伦理概念,因此无论是历史上的佛道教还是近代以来的其他本土宗教,在面对中国社会提出其伦理主张时,都无法脱离儒家在中国文化中已经发展出来的这些伦理概念和资源,或者说都是涵盖在儒家的这些概念资源之中的。

而另一方面,由于儒家不是一个有组织的宗教,今天中国人社会的儒家,一般只是各类学校的知识分子,缺少实践的力量。于是,中国人的传统伦理,反而是由当今其他本土宗教在大力推行其实践,至少在台港两地,其他本土宗教已经成了推行中国人传统伦理即儒家伦理的主要力量。这也是当代宗教会通的重要的特色。

现代化生活的新开展也导致了新的伦理困境的出现,要求发展出新的伦理生活规则,在传统的家庭伦理、师生伦理、一般人际关系伦理外,对生命、性别、自然的伦理态度都需要新的发展,在这些方面各种宗教都有用武之地。虽然新的伦理学研究越来越重视这些新的发展,但就社会生活实践而言,一般人际关系的社会伦理仍然是最基本、最主体的伦理需求。

其实,在社会伦理方面,儒家重仁义(忠孝),佛教重慈悲,中国宗教在这方面的会通是从很早就开始了的。如众所周知的,有颜之推之"内典初门,设五种禁,外典仁义礼智信,皆与之符。仁者,不杀之禁也;义者,不盗之禁也;礼者,不邪之禁也;智者,不酒之禁也;信者,不妄之禁也"。

北宋时期,宋真宗(998—1022 年在位)著《崇释论》,谓:"释氏戒律之书兴(当作'与')周孔荀孟,迹异而道同。大指劝人之善,禁人之恶。不杀则仁矣,不盗则廉矣,不惑则信矣,不妄则正矣,不醉则庄矣。"

智圆(976—1022 年)自号"中庸子",晚年著《闲居篇》,曾说:"吾修身以儒,治心以释"。他以仁慈为"同出异名"(《出生图纪并序》),说"折摄与礼刑一贯,五戒与五常同归"(《驳嗣禹说》)、"仲尼之礼乐犹佛之戒律禅慧"(《法济院结界记》),"三教者本同而末异,其训民治世,岂不共表里哉?"(《谢吴寺丞撰闲居篇序书》)

云门禅僧契嵩(1007—1072 年),对士人学古文而慕韩愈排佛尊孔之举,深不以为然。他主张:"儒佛者,圣人之教也。其所出虽不同,而同归乎治"(《寂子解》),他赞五经并致力儒佛经义会通,说:"人乘者,五戒之谓也……以儒校之,则与其所谓五常仁义者,异号而一体耳。夫仁义者先王一世之治迹也,以迹议之,而未始不异也;以理推之,而未始不同也。迹出于理,而理祖乎迹。迹,末也,理,本也。君子求本而措末可也。"(《原教》)

临济高僧大慧宗杲(1089—1163 年)说:"三教圣人所说之法,无非劝善诫恶、正人心术。心术不正则奸邪,唯利是趋;心术正则忠义,唯理是从。理者理义之理,非义理之理也。如尊丈节使,见义便为,逞非常之勇,乃此理也……菩提心则忠义心也,名异而体同。但此心与义相遇,则世出世间,一网打就,无少无剩矣!"(《示成机宜季恭》)

李纲(1083—1140 年)亦主儒佛归一论。他说:"所以处世间者,所以出世间者,儒释之术一也,夫何疑哉?神通妙用在运水搬柴中,坐脱立亡在着衣吃饭中,无上妙道在平常心中。"

宋孝宗(1127—1194 年)著《原道论》,论三教异同,以为"释氏穷性命、外形骸,于世事了不相关,又何与礼乐仁义者哉?然犹立戒曰不杀、不淫、不盗、不妄语、不饮酒。夫不杀,仁也。不淫,礼也。不盗,义也。不妄语,信也。不饮酒,智也。此与仲尼又何远乎?从容中道,圣人也。圣人之所为孰非礼乐?孰非仁义?又恶得而名焉?譬如天地运行,阴阳若循环之无端,岂有春夏秋冬之别哉?此世人强名之耳,亦犹仁义礼乐之别,圣人所以设教治世,不得不然也……夫佛老绝念,无为修身而矣。孔子教以治天下者,特所施不同耳,譬犹耒耜而耕,机杼而织,后世纷纷而惑,固失其理。或曰:当如何去其惑哉?曰:以佛修心,以道养生,以儒治世斯可也。其唯圣人为能同之,不可不论也"(《圣教录》)。

元代学士刘谧著《三教平心论》(约撰于 1321—1323 年),对三教纷争作总反省,对排佛者批评,对"独优佛教,而劣儒道"者亦表示反对,他本《原道论》(或称《原道辩》)"以佛治心,以道治身,以儒治世",提出心、身、世,不容有一之不治,三教无非欲人归善,这种说法宋元以来颇为流行,换言之,治世的伦理,各家都觉得可以会通于儒。

南宋圭堂居士(1200？—1250 年)著《大明录》,他说:"大哉！居士之道也,噫！不舍道法而现凡夫事,此则大乘中正之师,而千万世可以通行而无弊者也。是故居士之道,以三纲五常为大本,以六经语孟为渊源,以士农工贾为实务,以孝悌忠信、名分上下、长幼内外为安居;谓道由心悟,玄由密证,人事无所畏也。故可以显,可以隐,可以朝市,可以山林。处世间法、出世间法,皆得以圆而妙之,而用不胶。佛者见之谓之佛,道者见之谓之道,儒者见之谓之儒,而不知居士则未尝有焉,此其所以为居士之妙也。"(《大明录·篇终杂记》)

如果在社会伦理和入世关怀两大方面,中国人社会的各种宗教的会通已经不成问题,那么,各种宗教和谐发展就有了基础,本土宗教与其他外来宗教的会通也有经验可循,其发展的可能也就更大了。

(2008 年 12 月 22 日)

儒家与基督教的核心价值及当代意义

关于孔子与耶稣的核心价值,我的体会是这样的:从他们本身的教义来看,代表孔子的就是《论语》,代表耶稣的就是福音书。我们今天看他们的核心价值之间的比较,应该有一个文明对话的背景、文明对话的意识。

从这个背景看,孔子有四个观念作为他的核心价值非常重要,即仁、和、忠、恕。"仁",大家都知道,就是"仁者爱人"。"和",一般来说是和谐、和睦,但我想突出的是,"和"不是外在的东西,跟一般讲的和谐不完全一样,它是人的一种价值取向,也是一种内在的与人为善的态度。"恕"就是那两句话,"己所不欲,勿施于人",是恕道,另一句是表达忠的"己欲立而立人,己欲达而达人",这是忠道,忠恕简单讲就是推己待人,尽己为人。

耶稣的思想,如果从福音书的角度来看,有三个观念作为它的核心价值很突出,一是爱上帝,能够全身心地爱上帝;再来就是爱人如己,这个人是他人;三是你要别人怎样待你,你就要怎样待别人。

儒耶的这两组核心价值相比较,有很强的共通的地方。如都强调"爱人",都重视"己所不欲,勿施于人"。《圣经》中的上帝和耶稣也都提倡仁慈,与孔子相通。那二者有什么不同的地方?

首先在核心价值的实践方式上有不同。在耶稣那里或者在《圣经》里,对这些价值的强调往往是通过律法和诫令的形式,可以说带有神的他律的保证形式。而孔子不是把人的价值放在神的信仰方面,他对这些价值的实现更多是强调人的德性与品质,因此孔子不强调外在的惩罚、外在的监督。对于孔子,与神的他律相比,更强调人的自律,注重人心的一种反省,这是强调落实和实践方式的不同。

从比较的意义上来看,孔子和耶稣的核心价值的特点还有两点值得注意:一个是,他们始终坚持对弱势群体的关爱和关怀(如果说20年前的中国这个问题没有这么突出的话,现在这个问题越来越现实和突出),在比较的意义上讲,耶稣在这方面的教导更强烈——对穷人的关心和关爱。另一个是,我们在文明对话中强调文化间的关系,东西方传统有很多东西能够帮助我们今天促进不同文化间的相互尊重和相互理解；在这方面，从比较的意义上来看，我觉得孔子的教导，如我刚才讲的仁、和、忠、恕，更能促进文化间的相互包容。

（本文系作者在 2010 年首届尼山世界文明论坛"孔子与耶稣"对话分场的发言）

国学

九、国学热

♦ 新世纪国学热的发展

♦ 国学热与国学研究

新世纪国学热的发展

我想从文化现象和文化事件入手,但不是依照逻辑的顺序,而是按照历史的序列加以叙述,来提出我自己对新世纪以来国学热的观察,以此与大家进行交流。

在最近十年的国学热中,第一个我想讲的事件是关于"《儒藏》的编纂"。2002年开始,北京大学、中国人民大学、四川大学都提出儒藏工程的计划。2003年教育部正式发布《儒藏》重大课题攻关项目,由北大牵头,《儒藏》项目后来也得到国家社科基金重大项目立项支持。这项工程后来在几个大学的发展各有不同的方向,如北大是以中国的儒家经典与文献为主,中国人民大学则以东亚、海外为主,汇编日本、韩国、越南历史上的儒学文献,四川大学则结合自己的宋代古籍整理计划进行。儒藏的编纂工程引起了社会广泛的注意。此后便有《子藏》《子海》的规划,如山东和上海这类项目的立项,也引起了文化界的关注。总之中国文化经典或者国学经典正慢慢成为学界的热点。总体来讲,从2002年开始,这个"经典汇编"现象可以作为我们判定近十年国学热的第一个起点。国学为什么现在很热? 这必定由很多因素促成,其中一定跟中国崛起、经济发展、国民文化自信的增强有关,和社会对文化的需求、认识有关系。而经典汇编是国学研究的基础建设。所以我想说,国学经典汇编热,是这一波国学热的一个具有起点意义的文化事件。

第二个事件就是"《甲申文化宣言》"。2004年9月的《甲申文化宣言》,它是由许嘉璐、季羡林、任继愈、杨振宁、王蒙等倡导并发起。其中季先生、任先生代表了学术界的一种态度,杨先生和王蒙则代表了更广的中国文化界的知识分子对于中国文化的态度,这个宣言也从一定程度上反映了政府对中国文化的态度。事实上,这个事件也遭遇到了一些批评。这些批评主要来自把它和1935年的《中国本位的文化建设宣言》抽象地联系起来,更多的是来自自由主义观点立场的批评。但是我想这些批评对于这一事件的出现虽然表达了批评者自己的意见,但是都没有真正了解到这个宣言发起的意义和立场。这个立场和意义实际上就是,在新的时代,也就是在全球化时代,在一个多样文明共建的时代,中国文化怎么确立自己的文化态度,从而怎样正面回应从90年代以来关于文明对话的一个基本立场。像我刚才讲的,这个宣言其实反映了政府、专业学者、学术界、知识界、文化界的一种面对全球化挑战的对于中国文化的"共识"。这一事件其实也是面对全球化和文明对话挑战所表达的关于中华传统文化及其普世价值的一种共识。这与 1935 年的情况不同，跟自由主义立场上所提出来的问题方向是不相干的。任何一个国家、一个民族都有权利保护自己的民族文化。这个宣言的宗旨延续发展到去年的尼山论坛。尼山论坛是面对全球文明对话的一个国家级论坛，是由文化界主导，而政府也参与表达的。这个论坛突出"文明对话"，在我看来，就是希望能够在全民的文化共识基础上，表达对于全球化带来的文化同质化的态度，我们对此应该有积极的肯定，这是关于"文明对话"的第二点，在一定程度上体现了国学的文化自觉。

第三点讲"国学普及"，在 2006 年以前，在社会层面，国学的教育和普及有很大的发展。如北京大学不同的院系都开办了国学班，哲学系、历史系、光华管理学院、很多的院系以及与外单位合作的一些国学讲习班，在北大校园风风火火地开办起来。学生来自各个方面，有来自媒体、企业界的，也有来自各种专业技术行业的，结果是有的同志在北大连续不断地参加国学班学习，参加一次不够，参加第二次、第三次，变成了在五六年里面不断在北大念国学班的常客。这个现象反映了整个社会对于民族文化补课、学习的强烈的需求。

从国学普及的方向和线索来说，一条是自下而上的发展。虽然国学班是在各种各样文化需求的共同推动下开展的，而并非由政府主导的，但是由于社会各个部门的参与，国学班相当流行，各个省市都非常多。就具体形式而言，有的是以诗词诵读为主，有的是以儒家经典的普及版为主，如《三字经》《弟子规》，也有一些是以儒家正典为主，如"四书"，甚至还有"五经"。总体来讲，从校园内的国学班、社会的经典诵读发展起来的大众学习，是一个传统文化的再学习运动。于是推动国学普及的层次越来越多，甚至有一些是县市政府部门所组织的。就国学普及的内容而言，一个方面是知识性的普及，这个方面大家的需求很大、积极性很高，当然这个需求来自各个方面，企业家有企业家的需求，媒体界的朋友有媒体界的需求，总体来讲是文化知识上的一种补课。另一个方面是道德的教化，特别像国际儒联所推动开展的儒学普及活动、儿童国学启蒙活动、初高中国学教育，注重加强我们德育上的发展。这两个方面共同推动了整个今天国学普及的自下而上的发展。

有关国学普及的另外一个方向，除了刚才我讲的国学班、大众诵读这样一条线索外，从 2006 年开始，主流媒体也参与进行推动。2006 年 1 月，《光明日报》设立了国学版，它本来的宗旨不是写学术文章，而是写给大众看，写给普通人看，所以国学版的初衷和整个方向是自上而下的社会文化传播，这与自下而上国学热的推动、对国学知识进行普及的目标是一致的。到了 2006 年 10 月，中央电视台跟于丹女士合作，讲《论语》与人生，燃起了我们最近五年《百家讲坛》的发展，这个意义也是相当重要的。中央电视台的这项工作得到了社会非常热烈的响应，后来成为这几年整个中国传统文化普及的一个先锋，带动了媒体对国学热的文化参与。主流媒体参与国学热，这个作用非常大。2009年对国学普及又慢慢向青少年发展，央视2频道《开心辞典》栏目推出了"开心学国学"，这个活动选择在暑假播出，是面向青少年的，追求文化素质的提高和德育的养成，这跟整个自下而上推动国学教育的方向是一致的。因此可以说，整个这一波的国学热是由自下而上和自上而下这样两条线索的交叉推动所形成的。而社会与民众的需求是推动国学热的主导动力。

　　第四点是关于"国学机构"。其实，2000年北京大学中国传统文化中心就率先转型为国学研究院，但未引起社会的注意。此后国学机构渐渐增多。动静比较大的，首先是2005年中国人民大学设立国学院，开始运用国学学科的方式进行国学教育和推动国学研究，这在社会上引起了相当大的反响和议论；其次是2009年清华大学重建国学研究院，老清华国学院是中国现代国学研究的标志和典范，清华国学研究院的重建自然引起了海内外的特别重视。除了国学研究机构推进研究以外，国学院要把学科性质的发展带进学校来，引起了对现有体制的一些冲击，其中最关键的是国学要不要成为一级学科，这个话题的讨论也是2009年以来在《光明日报》的参与下进行的。而国学学科问题的讨论，含有对西方学科体系的某种质疑，具有一定的理论意义。除了体制内的国学机构外，体制外的民间的国学教育机构也建立了不少，体现了民间对国学教育的热衷发展。

　　由于时间的关系，我以上就从经典汇编、文明对话、国学普及、国学机构四个大的方向和事件，粗略地概括一下近年来我们所经历的一些文化现象，提出对其中的意义的一些理解。

　　最后谈一点，建立马克思主义与中国传统文化相结合的一个新的文化体系，应该说任重而道远，还要走很长的道路来探索。如果就文化事件来讲，新世纪有三个和孔子有关的文化事件，一个是孔子公祭，一个是孔子电影，一个是孔子塑像。纪念孔子诞辰公祭大典2004年9月在曲阜孔庙举行，这是中华人民共和国成立以来的首次公祭，在海外影响很大。一个就是孔子电影，孔子电影的出现，从对电影的积极反应来看，某种意义上代表了中国社会文化对于孔子的共识。如果把它放在马克思主义中国化的立场上，我觉得这个问题在20年前从方向上其实已经解决了。江泽民同志在1989年秋天做了关于孔子的讲话，他讲的方向是明确的：第一句话，他说中国古代有孔子这样一个思想家，我们应引以为自豪；第二句话，他说孔子思想是很好的文化遗产；第三句话是，应当吸取精华、去其糟粕、继承发扬。①这就从方向上明确了我们在现代中国文化发展过程中怎么对待孔子。孔子在几千

---

① 谷牧.我对孔子的认识[J].新华文摘,2009(10)：129-131.

年中国历史发展中的作用和在近百年来中华文化重建中形成的地位,使他已经成为中国文化的代表。因此我们对于孔子的态度要非常慎重。但遗憾的是,今年孔子塑像一立一撤,引起大众关注,海外一片哗然。其实孔子像的位置根本不在天安门广场范围内,而一些同志还根本不清楚孔子像的位置就大发其议论,是很不负责任的。对这一文化事件发表意见的人很多,从媒体误导、愤青心态到"文革"遗风,都参与了对这一事件的议论。我始终认为孔子塑像立在国家博物馆是积极的,而且从一开始我就肯定,在政治上可以说这是马克思主义中国化深入发展到新阶段的一个标志。就其结果而言,则不能不说这是马克思主义中国化进程中的一个曲折。这也说明,我们有很多同志没有真正领会党的根本任务在十一届三中全会以来的重大转变,思想还是停留在革命斗争甚至"文革"的时代,从今天中国共产党领导中华民族伟大复兴这一根本任务来看,北京的天安门广场不能再仅仅理解为中国革命的中心,今天的天安门广场及其所象征和代表的,是中华民族作为民族国家的中心,是中华民族伟大复兴的中心,也是中华文化继往开来、繁荣发展的中心,我相信这将逐步成为全国人民的共识。因此,虽然经历了这次曲折,但从整体上看,整个社会的发展带来的人民对民族文化的信心不会减弱,人们对中华文化的伟大复兴的信心不会动摇,文化界和广大人民对中国传统文化的肯定和守护是不会改变的。因此我对于中国的马克思主义和中国传统文化相结合的前景是乐观的。

（本文系 2011 年 9 月 3 日参加北京大学马克思主义学院中国文化发展中心"近十年中国文化的发展"讨论的发言,已发表于 2014 年 1 月 29 日《中华读书报》）

国学热与国学研究

"国学"已经成了今天社会文化的一个重要符号,虽然它在当代文化中涉及的范围很广,但其主体部分则是有关中国传统文化的学术研究与文化传播。换言之,一个是国学研究,一个是国学传播,这是当代"国学"符号表达、运用于各种文化实践的主要方面。

从 90 年代前期的所谓国学热,到今天的真正国学热,事实上对中国传统文化的学术研究推动都不大。因为学术研究需要长期积累的基础,需要占有大量历史资料,需要熟悉近代以来乃至当代的研究成果,绝不是一蹴而就的,所以时代的趋向能转变一般人们的文化观念,却不能直接转化为学术研究的成果。

国学热对于文化传播的意义就不同了。在社会文化层面,除了研究古代文化的学者外,知识界和一般社会大众对于传统文化只是一知半解。总体上说,20 世纪 50 年代以来把传统文化一棍子打倒的风气影响很深,传统文化长久地与人民相隔绝,无法成为人民生活的精神资源。因此,一方面阐发优秀传统文化的意义,纠正许多 20 世纪特殊条件下形成的错误的文化观念;一方面把中国古代的经典要籍,把中国古代各种文化形式所蕴含的内容,以通俗的形式,通过各种社会文化渠道,传播给社会大众,使得人们有对传统文化"再学习"的机会,这些都是国学的文化传播的重要任务。国学热给传统文化的传播创造了市场,也提供了机遇。在社会道德价值亟须重建的时代,在人们精神文明需求日益增长的今天,对传统文化知识的需求非常迫切。

然而,一个合理的社会文化结构,是学术界影响知识界,知识界影响文化界。因此,我们欢迎国学传播的各种努力,赞成调整传统文化从业人员在不同业界的配置,关心和参与国学传播的事业。但我们也要强调,学术研究是本,文化造势是末,踏踏实实做好学术研究,提高我们的学术研究水平乃是根本。越是国学热,越是国学传播风行的时代,学术研究者越要沉潜,越要警惕传媒的诱惑对学术工作者志业心的销蚀。公共文化人在传媒中不断发表"宣言",媒体和受众则盲目追逐"热点",似乎已经成了当下的流行习惯。如果人文学者不能立定脚跟而随波逐流,甚至借势弄潮,借用"心从法华转,不能转法华"的说法,那就是"心随传媒转,不能转传媒"了。

　　环顾世界,国外汉学的研究、我国台港学术界的中国传统文化研究,都有很高水平的研究成果不断问世,而我们自己的国学研究,无论在深度和广度上,都还大有待于发展和提高。我们的国学研究成果,在世界同行中的地位还不高。如一般都承认,美国的日本研究受到日本的日本研究影响很大。在 21 世纪的国学研究中,我们必须给自己提出新的目标,这就是,我们自己关于中国传统文化各个方面的研究应当在未来成为世界汉学研究的典范,而使世界汉学更多接受中国的中国研究的影响。国学研究任重而道远。

十、国学经典

◆ 国学的内容体系与分类

◆ 张岱年先生开的一份"国学"书目

◆ 关于张岱年先生的《中国文化精神》

◆ 关于《礼与十八世纪的文化转折》

◆ 子部文献的重要性

国学的内容体系与分类

称中国学术为国学，这里的"国"即本国之意，"学"是学术之意，国学是本国学术之意。"国学即中国固有的或传统的学术文化"，这一含义经过近代学者的使用，已成为"国学"的通常定义。如在商务印书馆出版的《现代汉语词典》中，对"国学"一词的解释就是沿用了这样的定义："称我国传统的学术文化，包括哲学、历史学、考古学、文学、语言学等。"这可以说是自清末民国初至今，一直沿用下来的比较通用的定义。

国学的内容范围，前人多以中国传统的四部分类来列举。经、史、子、集四部分类是古代书籍的分类，但也反映了对书籍所承载的学术的一定分类。

近人章太炎于 1922 年讲《国学概论》时，明确把国学的本体内容分为经学、哲学、史学、文学，这也是从四部借鉴而来，虽然子部并不都是哲学，集部也并不都是文学。可见他的国学讲法已把四部的书籍分类概念转换成学术分类的概念，而且使用了近代的学术概念来表达国学的主体内容。

另外，章太炎晚年的《国学讲演录》，分为小学略说、经学略说、史学略说、诸子略说、文学略说，把国学的内容分为五大类，这一分类也主要是参照传统经史子集四部的分类而来，但又不拘于四部。其实小学在传统分类中属经部，章太炎重视小学，认为音韵训诂的小学是治国学的基础，故独立为一类，不再从属于经学。其实，从体系上说，小学是治学的方法，和经史子集并不能并列。章太炎的分类是基于重视国学研究的角度。

我们今天讲国学，应先依照传统的书籍分类与体系加以介绍，而后可以做国学内容分类的说明。

一

古代中国典籍的分类不完全等同于知识学术的分类，但书籍的分类也是从书籍的内容进行分别的，在相当程度上反映了对知识、学术的分类。中国学问知识的传统分类有两个主要代表，一个是《汉书·艺文志》，一个是《隋书·经籍志》，前者是六分法，后者是四分法。

汉哀帝时刘歆写成《七略》,把当时皇家藏书做了分类整理,班固作《汉书·艺文志》,采用了《七略》的分类体系及其说明。《七略》中的辑略是综述学术源流绪论,班固未加采用,其余六略三十八种是分类体系,这就是六分法,即六艺、诸子、诗赋、兵书、数术、方技。

六艺:有易、书、诗、礼、乐、春秋、论语、孝经、小学,共九类。《六艺略》结语称:"六艺之文:《乐》以和神,仁之表也;《诗》以正言,义之用也;《礼》以明体,明者著见,故无训也;《书》以广听,知之术也;《春秋》以断事,信之符也。五者,盖五常之道,相须而备,而《易》为之原。故曰:'易不可见,则乾坤或几乎息矣',言与天地为终始也。"可见这里所说的六艺即是六经。

诸子:有儒家、道家、阴阳家、法家、名家、墨家、纵横家、农家、小说家、杂家,共十家。《诸子略》结语称:"诸子十家,其可观者九家而已。皆起于王道既微,诸侯力政,时君世主,好恶殊方,是以九家之说蜂出并作,各引一端,崇其所善,以此驰说,取合诸侯。其言虽殊,辟犹水火,相灭亦相生也。仁之与义,敬之与和,相反而皆相成也。《易》曰:'天下同归而殊途,一致而百虑。'今异家者各推所长,穷知究虑,以明其指,虽有蔽短,合其要归,亦六经之支与流裔。使其人遭明王圣主,得其所折中,皆股肱之材已。仲尼有言:'礼失而求诸野。'方今去圣久远,道术缺废,无所更索,彼九家者,不犹愈于野乎? 若能修六艺之术,而观此九家之言,舍短取长,则可以通万方之略矣。"其实子可以是家,但家不一定是子,而这里把"子"和"家"混同,如"小说家"列入诸子,可导致任何"家"皆可以入于"诸子"之类,为后来的子部内容脱离诸子而收入许多杂家杂类打开了方便之门。

诗赋:有赋三种,及杂赋、歌诗,共五种。结语称:"传曰:'不歌而诵谓之赋,登高能赋可以为大夫。'言感物造端,材知深美,可与图事,故可以为列大夫也。古者诸侯卿大夫交接邻国,以微言相感,当揖让之时,必称诗以谕其志,盖以别贤不肖而观盛衰焉。故孔子曰'不学诗,无以言'也。春秋之后,周道渐坏,聘问歌咏不行于列国,学诗之士逸在布衣,而贤人失志之赋作矣。"

兵书:有权谋、形势、阴阳、技巧,共四种。

数术:有天文、历谱、五行、蓍龟、杂占、形法,共六种。

方技:有医经、经方、房中、神仙,共四种。

六大类共三十八种。在《七略》的六分法的分类中,兵学、医学、占卜与经学、子学、文学并立,占有重要地位,反映了当时知识体系与书籍数量分布的状况。

《七略》的六分法中,六艺相当于后来的经部,诸子相当于后来的子部,诗赋相当于后来的集部,只是当时还没有史部,也说明这个时期的文化中,史学书籍还没有兵书、数术、方技的书籍来得多而重要。可见,书籍的分类是以一定时代书籍的数量分布为基本依据,盖汉代史学书籍还不够多,故不以立为一类。所以书籍的分类和知识的分类在出发点上就不是同一的。当然,不同时代的知识生产状况不同,也会随着文化发展而变化。

<h2 style="text-align:center">二</h2>

再说四分法。魏晋以后,历史、佛经、文学的文献增多,而古代科技发展较为缓慢,汉代《七略》的六类分类方法已不能适应书籍分类需要。魏晋的郑默、荀勖进一步收集文献图书,郑著《魏中经簿》、荀著《中经新簿》,将群书分为甲、乙、丙、丁四部,甲为六艺等、乙为诸子等、丙为史记等,丁为诗赋等,次序为经、子、史、集,初步形成了后来四部分类的体系。李充以经、史、子、集的四部分类法对图书进行了整理编目。与汉代的《七略》相比,此种分类把《七略》六分法的后三部分兵书、术数、方技并入了诸子的部分,表明这部分书籍当时已不占重要地位;而把“史记”独立出来为单独的一部,突出了史学书籍的重要性,具有很重要的意义。

在唐初官修的《隋书·经籍志》中,虽然在具体类别上沿袭《七略》,但在总的部别划分上,以经、史、子、集四者命名分部,正式确立了四分法在古代书籍分类中的地位,也进一步提高了史部的地位。此种做法虽有其合理性,较大的问题则是把在《七略》中独立的兵书、术数、方技并入了诸子,使诸子类变得很繁杂,很多并入其中的科技类书籍与诸子并无关系。最后,清朝编辑《四库全书》时,也是按经、史、子、集四部分类,表明经、史、子、集分类法自隋唐以来开始居于主流地位。

《隋书·经籍志》中的四部分类如下。

经:分易、书、诗、礼、乐、春秋、孝经、论语、纬书、小学十类。

史:分正史、古史、杂史、霸史、起居注、旧事、职官、仪注、刑法、杂传、地理、谱系、簿录十三类。

子:分儒、道、法、名、墨、纵横、杂、农、小说、兵、天文、历数、五行、医方十四类。

集:分楚辞、别集、总集三类。

以上共四部四十类,子部最杂,姚名达《中国目录学史》亦早指出此点。此外又有:

道经(附):分经戒、饵服、房中、符箓(均不列书目)四类。

佛经(附):分大乘经、小乘经、杂经、杂疑经、大乘律、小乘律、杂律、大乘论、小乘论、杂论、记十一类。

道、佛书共十五类,加上四部的四十类,共五十五类。

清代的《四库全书》沿用了《隋书·经籍志》的四部分类法而略有变化。

经部:即经学。经部之下又分易、书、诗、礼、春秋、孝经、五经总义、四书、乐、小学十类。四书列为经部，显示了宋以后的经典变化，是很有意义的。

史部：即历史。史部之下又分正史、编年、纪事本末、别史、杂史、诏令奏议、传记、史钞、载记、时令、地理、职官、政书、目录、史评等十五类。

子部：包括政治、哲学、科技和艺术等类的书。分为儒家、兵家、法家、农家、医家、天文算法、术数、艺术、谱录、杂家、类书、小说家、释家、道家，共十四类。《隋书·经籍志》把兵书、术数、方技并入了诸子，已经使得诸子类变得繁杂，《四库全书》更把佛、道典籍并入了子部，使子部的问题更加突出，虽然这种做法并不是始于《四库全书》的。

集部：收历代作家的散文、骈文、诗、词、散曲集子和文学评论、戏曲著作等。分为楚辞、别集、总集、诗文评、词曲等五类。

《四库全书》共四十四类，类别广泛，书籍浩如烟海，几乎囊括了古代学术文化的全部。但在四部分类上，子部的两大问题（科技类、宗教类的并入）已十分明显。

为了便于学习，近代梁启超曾提出"国学入门书要目"，便于学习者确立国学的根底。他列的最基本书目也是依据四部的思路。

经部："四书"《易经》《书经》《诗经》《礼记》《左传》。

子部：《老子》《墨子》《庄子》《荀子》《韩非子》。

史部：《战国策》《史记》《汉书》《后汉书》《三国志》《资治通鉴》（或《通鉴纪事本末》）《宋元明史纪事本末》。

集部：《楚辞》《文选》《李太白集》《杜工部集》《韩昌黎集》《柳河东集》《白香山集》。

这些便是他认为最基本的国学典籍（书目前的经史子集部名是我们所加）。他说："以上各书，无论学矿、学工程，皆须一读，若并此未读，真不能认为中国学人矣。"

<h2 style="text-align:center">三</h2>

以上是依中国传统书籍的四部分类呈现的中国学术的范围。不过，近代国学大师已经不完全按照传统书籍分类的四部说明中国学术的范围。如章太炎的《国学讲演录》，不再执着于四类的分法，认为国学内容分五类：小学、经学、史学、诸子、文学。不仅在四部外增加了小学，也把集部直接提炼为"文学"。他在《国学概论》中则表示，中国传统学术的主体内容是以经学、史学、哲学、文学四大类为主，这是把子学直接提炼为"哲学"，集部直接提炼为"文学"。这些都对传统的四部观念从国学内容的角度做了近代学术化的诠释和改进。

图书的四部分类在一定程度上影响了中国主流学术的分类观念，但因四部本是书籍的分类，不仅从学术知识的分类角度来看并不是完全合理的，就其沿袭的分类概念本身也不尽合理。据前面所说看来,其中问题最突出的是"子部"。从概念来讲,"子"本是诸子学,但先秦以后,墨家、名家、法家等皆已断绝。汉代虽还保存不少诸子的书,实际仍在传承的子学唯剩儒道两家,所以"诸子"的概念已经不能贯通整个中国文化的历史。《汉书·艺文志》已经把"诸子"向"百家"转变,而魏晋以后的子部内容越来越繁杂,名实混乱,问题最多。

与子部相关的大问题有二:

一是如何安排宗教类的书籍。《四库全书》把佛道列入子部,并不合理,因为佛藏、道藏唐宋以后已经成为独立浩大的典籍体系,成为专门的知识部类。而且佛教、道教也不是"诸子"。值得一提的是,魏晋时期佛教、道教书籍开始大量增加,对书籍分类也产生了影响,在其中占据了独立的地位。如梁阮孝绪编《七录》:"一曰经典录,纪六艺;二曰纪传录,纪史传;三曰子兵录,纪子书兵书;四曰文集录,纪诗赋;五曰技术录,纪术数;六曰佛录,七曰道录。"《七录》在经、史、子、集四部外加了佛、道二录,反映了佛教、道教书籍急速增多的事实,也提示出国学内容分类需要有所变化,用今天的话来说,即体现了在经学、史学、哲学、文学四大类外再加宗教类的合理需求。《隋书·经籍志》中的四部分类后面,又附加了道经、佛经,显然也是关注到佛、道经典书籍的规模数量和独立地位。《四库全书总目》子部释家类小序注意到《七录》和《隋书·经籍志》的做法:"梁阮孝绪作七录,以二氏之文别录于末。隋书遵用其例,亦附于志末,有部数卷数而无书名。旧唐书以古无释家,遂并佛书于道家,颇乖名实。然惟录诸家之书为二氏作者,而不录二氏之经典,则其义可从。今录二氏于子部末,用阮孝绪例;不用经典,用刘昫例也。诸志皆道先于释,然魏书已称释老志,七录旧目载于释道宣广弘明集者,亦已释先于道,故今所叙录,以释家居前焉。"其实《隋书》并不是把佛道书附于子部之末,而是把佛道书附于四部之外,故《七录》和《隋书》中佛、道书都有独立的地位。而《四库全书》不仅把佛道书录于子部之中,而且佛道之书也没有相对独立的类目,比起《七录》和《隋书》来就更不合理了。

二是如何安排科学技术的知识。《隋书·经籍志》和《四库全书》把人文社会知识与自然科学书籍混合在子部之中,显示出对科学技术的不重视,这是当时科技发展缓慢造成的限制;而在《汉书·艺文志》中属于科学技术的部分另为独立,不与诸子混杂,从知识内容分类的角度看,应是比较合理的。中国古代天文、历法、算学、医药学、农学等十分发达,应在分类中有自己独立的部类地位。

以上主要讲的是书籍的传统分类的问题。从书籍分类转回国学内容,考虑到以上所说,如果我们像章太炎一样,用现代的学术语言表达我们对国学内容的分类的理解,那么,参考《汉书·艺文志》《七录》以及《隋书·经籍志》的书籍分类法,可楷定经学、哲学、史学、文学、宗教、科技六部为国学内容的主体,其庶几可以较合理地成为中国古代知识的主体分类。其中哲学主要是儒家和其他各家思想,宗教主要是佛教和道教,科技即包括兵学、农学、医家、天文、算法、术数等。就学术分类与书籍分类的对应关系来说,经学对应于经部书籍,史学对应于史部书籍,哲学对应于子部书籍一部分,文学对应集部书籍一部分,宗教对应于佛经道经,科技对应于天文数术类书籍。至于主体内容之外的枝干细节,就不在这里细数了。

严格地说,国学知识体系包罗广大,如张岱年先生《国学丛书·序》所说:"总起来说,中国传统学术包括哲学、经学、史学、政治学、军事学、自然科学以及宗教、艺术等。其中自然科学有天文、算学、地理、农学、水利、医学等,这些都是国学的内容。"而今天我们向一般社会大众概括介绍的"国学"内容,则是其主要部分,并不是巨细无遗的介绍。当代的国学介绍,又是根据当代社会文化的需要,如主要是介绍其历史人文的部分,对科技、艺术的部分一般就不作介绍了。

同时,介绍国学主要内容时可以参照传统书籍的四部分类,但参考四部分类只是一种方便,不必全拘泥于传统四部的分法。如《四库全书》子部书籍中兼有儒、释、道,前面已经说过这是不太合理的,改良的办法如上所说,是把释、道二家移出子部,另为独立之宗教类,子部中保留儒家等各家作为哲学类。于是,基于这个思路,如果不考虑科技的部分,则可以说国学的主要内容是经学、史学、哲学(思想)、文学和宗教五大部分,而不是章太炎所说的五个部分。这个办法的特点是既增加了宗教的独立部分,仍包容了经、史、子、集的主体结构形式于其中。

当然,今天介绍国学内容可以有许多方式,如若着眼于学术文化,则也可以经学、史学、文学、儒学、道学、佛学六大部分来构成国学的内容主体。经学、史学、文学可对应于四部的经、史、集三部,儒学、佛学、道学则对应于四部的子部。在这里四部的基本内容都仍保有,只是结构形式有所改变。儒、释、道本来即是子部的主体,占了子部思想类的绝大部分,而把儒、释、道独立出来,使得中国古代学术中所谓三教(儒释道)的结构得以明确展开,有利于学术文化的呈现。① 至于国学展馆的设馆,在注意保有国学内容主体的情况下,也不必与学术的分类完全相同,而需要根据展陈目标进行综合、具体的考量,加以安排。

(2016 年 12 月)

---

① 当然,这样一来,原来的子部中的农家、医家、天文算法、术数、艺术、谱录、杂家、类书、小说家的部分(这些多不属于"子"而属于"家"),介绍国学主要内容时就不作专门介绍了,事实上章太炎《国学概说》和《国学讲演》对子学也只是介绍哲学思想而已。因为作为国学内容的诸子学毕竟与书籍分类的子部在概念上是不同的。

张岱年先生开的一份"国学"书目

现在流行各种国学书目,这使我想起来张岱年先生开的一份书目。30 年前的 1978 年秋天,我们 78 级研究生入学之初,张岱年先生给我们开了一份"中国哲学史必读书目",书目共 80 余种。这份书目所列各书,与后来张先生讲"中国哲学史史料学"时所举书目,略有不同。广义的"国学"以中国古代的义理之学为其核心,狭义的"国学"即指中国传统学术思想,所以这份书目亦可视为一"国学"书目。现录之如下,供对中国哲学和中国文化有兴趣的同志,和有志于学习、研究国学和中国哲学史的同志参考。

中国哲学史必读书目

老子:

《老子集解》(奚侗) 《老子校诂》(马叙伦)

《老子古本考》(劳健) 《老子正诂》(高亨)

《老子校释》(朱谦之)

论语:

《论语集注》(朱熹) 《论语正义》(刘宝楠)

《论语集释》(程树德) 《论语译注》(杨伯峻)

管子:

《管子集校》(郭沫若) 《管子学》(张佩纶)

商君书:

《商君书注译》(高亨)

孟子:

《孟子集注》(朱熹) 《孟子译注》(杨伯峻)

墨子:

《墨子间诂》(孙诒让) 《墨子校注》(吴毓江)

《墨辩发微》(谭戒甫) 《墨经校注》(高亨)

庄子：

《庄子集释》（郭庆藩）　《庄子集解》（王先谦）

《庄子义证》（马叙伦）　《庄子补正》（刘文典）

《南华经解》（宣颖）

周易：

《周易注疏》（王弼、孔颖达）　《周易程氏传》（程颐）

《周易集解》（李鼎祚）　《周易本义》（朱熹）　《周易述》（惠栋）

《周易姚氏学》（姚配中）　《周易费氏学》（马其昶）

《周易古经新注》（高亨）　《周易古经通说》（高亨）

公孙龙子：

《公孙龙子论》（陈澧）　《公孙龙子形名发微》（谭戒甫）

《公孙龙子集解》（陈柱）　《公孙龙子译注》（庞朴）

孙子兵法：

《孙子十家注》《孙子兵法新注》

荀子：

《荀子集解》（王先谦）　《荀子简释》（梁启雄）　《荀子选注》

韩非子：

《韩非子集释》（陈奇猷）　《韩非子浅解》（梁启雄）

贾谊：

《贾谊集》

董仲舒：

《春秋繁露注》（凌曙）　《春秋繁露义证》（苏舆）

王充：

《论衡集解》（刘盼遂）　《论衡校释》（黄晖）　《论衡选注》

南北朝：

《世说新语》《弘明集》

韩愈：

《韩昌黎集》

柳宗元：

《河东集》

周敦颐：

《太极图说》《通书》

张载：

《正蒙》《横渠易说》

程颢、程颐：

《程氏遗书》

朱熹：

《朱子语类》《朱文公集》《朱子全书》

陆九渊：

《象山集》

叶适：

《习学记言》

王守仁：

《王文成公全书》

王廷相：

《王廷相哲学著作选集》

方以智：

《物理小识》

黄宗羲：

《明儒学案》《明夷待访录》

王夫之：

《周易外传》《尚书引义》《张子正蒙注》

《诗广传》《读四书大全说》《读通鉴论》

《思问录》《黄书》《老子衍》《庄子解》

戴震：

《孟子字义疏证》

魏源：

《魏源集》

康有为：

《新学伪经考》《孔子改制考》《大同书》

谭嗣同：

《谭嗣同全集》

章炳麟：

《訄书》《章氏丛书》《章太炎政论选集》

（2008 年 5 月）

关于张岱年先生的《中国文化精神》

主持人：各位读者们，晚上好！欢迎大家来到三联书店，一起参加这次由凤凰读书会和北京博雅论坛共同举办的第 204 期凤凰读书会，这次演讲主题书目是我们中国非常著名的国学大师张岱年先生的《中国文化精神》，这本书已经在北京大学出版社出版了，所以大家在读书会后可以到书店购买。这次主题会我们非常荣幸邀请到两位重量级嘉宾来跟我们解读一下张岱年先生的思想。第一位是清华大学国学院院长、著名国学大师、哲学家陈来教授，他也是张岱年先生的弟子，所以由他来解读张岱年先生的作品是再合适不过了。另外一位是中国社会科学院的李存山教授，李存山教授主要做中国传统哲学的方向，所以我相信他对中国传统哲学的理解，应该会给这次读书会带来不一样的视角和帮助。现在我们把话筒交给两位嘉宾，让他们给大家带来一场精彩的知识盛宴。

陈来：大家晚上好！非常高兴有机会来参加凤凰网的活动，直到今天中午我才明白这个活动是凤凰网主办的，在之前我一直以为是搜狐主办的，因为跟我联系的同志跟我讲要跟搜狐联系，所以我想得挺简单，清华出来就是搜狐的大门，还挺方便的，但是没想到走了四十分钟。

今天跟大家介绍张岱年先生的书，我先介绍一下张先生，大家对张先生可能还不是很了解，我尽量说话注意点，因为我说"张先生"说惯了，很少说"张岱年先生"，这在我们内部很清楚，但是跟大家说的时候，或者这个视频播的时候，可能怕观众不知道这个人是谁。张岱年先生是 1909 年生人，去世是 2004 年。应该说我们北大哲学系是一个长寿的系。前面是冯友兰先生，他是 1895 年出生，1990 年去世，接下来就是张先生，张先生和冯先生应该说是 20 世纪中国哲学和中国哲学史的奠基人，在这个学科里，冯友兰先生 1933 年出版的《中国哲学史》（上、下）两本，和张岱年先生 1936 年完成、1958 年才出版的《中国哲学大纲》，应该说是中国哲学史这个领域的经典，任何人学中国哲学不能绕过这两本书。冯先生的书是中国哲学史通史奠基性的典范，张先生的书是通论的典范，但被学界承认晚了一些。主要原因是张先生书写得很早，1936 年就写好了，可是 1937 年抗战，抗战就打断了他的书的出版过程，到 1948 年再拿出来出版，又赶上解放，到 50 年代中期，老的商务印刷馆找到了张先生原来打出的纸型，说这个纸型找到了就可以用来排印。但是这时候又发生一件事情，张先生被打成右派，好在并没有影响这个书的出版，只是没有用张先生的本名，用了他的笔名宇同，这本书在海外出版的时候也用的是宇同，很多人如曹聚仁都不知道宇同是谁，后来用了张岱年先生的名字大家才知道。所以这本书早就写成了，50年代出版的，真正影响比较大的时候是80年代，张先生已经变成这个时代中国哲学界的大佬，而且是泰山乔岳式的人物，是我们这个学科大家都非常敬仰的人物，这时这本书才开始流行起来，被大家认识。

　　从80年代初，大家都知道张先生是这个学科的大师，这个地位在80年代初已经被大家公认了。从80年代到90年代，再到他2004年去世，我以前讲过一句话："我还没有看到过这样的人，像张岱年先生这样，在1978年以后，他已经70岁了，70岁以后写了那么多文章"，我没仔细统计，可能有400万字。他已经70岁了，写了十几本书，那么多文章，改革开放以来其他学科，我都没有见到过，可以说是焕发了他的学术青春。因为张先生在他最年富力强，40多岁不到50岁的时候，被剥夺了学术研究、讲课、发表文章的权利，剥夺了20多年。张先生著作里《中国哲学大纲》是最有名的，但是这个是他在30年代完成，50年代出的，我们今天看到的张先生文集里面的八卷，七卷都是后来写的，其中也有一部分是他40年代的哲学创作，但是更多的文字是50年代以后，特别是改革开放以后写的，改革开放以后写的一会儿请李存山先生跟大家聊一聊。我们要聊张先生要知道他这个人的情况，张先生他写完《中国哲学大纲》的时候才二十七八岁，所以清华那时候真是出人才，像林庚、季羡林、钱锺书等，张先生那时候才20多岁，就写出了一部名著《中国哲学大纲》，真了不起。可是张先生在那个时候他的志向不是仅仅写这部《中国哲学大纲》，其实他在上大学的时候，就开始注意他的哲学创作，就是要形成自己的哲学观念，甚至形成自己的哲学体系。那时候应该说张先生思想还是比较前卫的，张先生那时候一方面受到现代西方哲学最先进、最前卫哲学的影响，当时叫解析哲学，后来我们叫分析哲学，像罗素、穆尔等，就是分析性特别强的，这个对张先生影响非常大，他接受这个训练也比较早就开始了。同时，他非常关注当时由苏联传来，在中国影响非常大的哲学，在1928年、1929年的时候，这个时代从俄国进来的哲学对青年影响非常大，特别是列宁，当时张先生就把这一类从列宁传来的马克思哲学、列宁哲学，当时不是叫马克思列宁主义，他把它看作新唯物论。旧的是机械的唯物论，新唯物论是辩证唯物论，张先生更多是用"新唯物论"，加上他对中国传统哲学的倾向和理解，张先生作为哲学家想据此而成就一个体系，所以西方哲学，特别是分析解析哲学，由俄国传来的列宁、马克思的哲学，加上中国传统哲学，三流合一，这个是当时他想形成自己哲学的体系。

　　所以他在上大学的时候，就开始在《世界日报》副刊上写这个方向的论文，后来到三四十年代,他沿这个方向形成了一个自己的思想体系,就这个体系一共写了五篇比较长的论文以及其他论文。后来改革开放以后,我跟张先生讨论过,我说我就把这五篇论文命名为"天人五论",原来没有这一说,是我跟张先生讨论以后才有的。我说您这个可以叫"天人五论",当时冯先生写了"贞元六书",您写"天人五论",冯先生讲新时代的新理学,您是讲新唯物论的思想,当时张先生就说"那不能跟冯先生比"。这是当时张先生思想体系的性格,应该说在当时还是非常前卫的,今天我们讲马克思列宁主义,好像大家习以为常了,但是在 20 年代末 30 年代初,张先生不是通过政治的途径、通过政治信仰如加入中国共产党来确信马克思主义,不是,他就是从哲学的,是从这个途径走入新的哲学。当然了,在客观上他受到他大哥的影响,因为他大哥是张申府先生,他是中国共产党的创始人之一。周恩来、朱德都是他介绍入党的,但是很遗憾他不久就脱党了,虽然组织上脱党了,但是思想是走新唯物论思想的,想要把它变成一个新的哲学。所以张先生应该说顺着申府先生的想法在 40 年代就形成了他自己的一套哲学体系。当然当时没有来得及出版,后来到 80 年代才第一次出版。从 50 年代开始,应该说张先生就不能再讲自己的哲学了,虽然他的哲学是新唯物论,跟当时的新哲学还是合拍的,但是在那个环境下,只能听苏联专家讲新哲学,别人不能讲,所以张先生把全部精力转变到中国哲学史,在《中国哲学大纲》基础上进一步对中国哲学史,特别是宋元明清哲学做了特别多的研究,达到了非常高的水平。以上我就把张先生改革开放以前的情况跟大家讲一讲,下面请李先生把他改革开放以后的学术活动跟大家讲一讲。

　　…………

　　陈来:张先生总结自己的学术工作有三个方面,一个是哲学理论,一个是中国哲学史,还有一个是文化问题研究,文化问题研究最早可以追溯到 1935 年,因为 1935 年中国也有一次文化论战,那时候张先生也写过两篇文章。张先生所讲的文化问题研究,主要是在 80 年代以后,因为 80 年代有一个文化热,但是真正的文化热应该是 1984 年以后才形成的,在此之前有一段酝酿期,像张先生讲的《中国文化精神》的文章,就是在 80 年代初期,1982 年前后写的,但是有一个酝酿的过程。到 1984 年以后,1985—1988 年期间就比较火热了。张先生在那个时候做的一些文化问题研究,应该说虽然那个时候面对的问题跟今天不完全一样,但是有些基本观点和理论应该说是永久不变的。举个例子,张先生后来常讲,中国文化的精神是什么,中国文化的基本精神就是两句话:"刚健有为,厚德载物"。我现在回想起来,文化热其实是一个内外的互动。1982 年酝酿文化讨论的时候,其实我们从海外得到的信息还是非常少的,几乎没有,开始有一些学术著作慢慢传进来了,但是很多都没有进来,我说的是学术的,不是说邓丽君,邓丽君 1978、1979 年就来了。因此张先生 80 年代初讲的关于中国文化精神的讨论，不是受海外所影响，其实对海外也有影响。比如我们在 1985 年、1986 年就很关注台湾出版的海外余英时先生的《从价值系统看中国文化的现代意义》，后来我注意到余先生写文化问题的时候，他接受了张先生的观点，引用了张先生的观点，即什么是中国文化的精神，"自强不息，厚德载物"。可见海外也关注文化问题的讨论，其实海外很多也受我们的影响，并不是我们完全受海外的影响，反而是互动的。当然到了真正文化热的高峰，像杜维明先生亲自到北大讲课，也带来他的一些话语和讨论，海外的影响越来越大，但是这个过程是互动的。其中张先生的观点，对海外很有影响。现在我回想起来，我们近代以来，特别是从"五四"以后，对中国文化基本精神的问题，可能前辈讨论还是比较少，没有什么像样的现成结论，张先生完全是通过他自己的一种体会提炼出来的，当然这个精神可以追溯到《周易》的文本，因为张先生对《周易》也很有兴趣，他认为《周易》的这两句话正好成为中国文化的精神总结。我们后来大多数同志都是沿着张先生的方向讲的，包括什么是民族精神，也是从这个方向来理解，张先生的这本书里也多次提到这个观点，我想如果讲他到晚年很重要的领域文化问题研究，其中很重要的观点就是这个观点，而这个观点不仅在我们国内，在海外也有很大影响。

接着说这本书，这本书是张岱年先生和程宜山先生一起写的，程宜山是我同班同学，但是他已经因病故去 20 多年了。他是一个非常有才华的学者，而且他积极推广发扬张先生的学问，是非常难得的张先生的思想文化学术方面的传人。我重新看这本书，除前面我讲的其中的基本观点在海外的重大影响之外，我觉得还有几点比较值得注意。我很注意这本书的最后所提到的关于"民族主体性"的问题。今天由于 20 世纪 90 年代后期中国经济迅猛发展，外国叫"中国崛起"，我们已经是世界第二大经济体了，但是在 20 世纪 80 年代，大家的民族自信心是不太强的，我们需要打很多强心针，才能把自信心鼓起来。什么叫强心针呢？比如说中国女排，中国女排一胜利，全国不得了。聂卫平下一盘棋下赢了，全国不得了。靠这些东西支撑着我们民族的自信心。今天女排再输了也没人注意，围棋韩国人走在前面我们也不怎么紧张了，那个时候不行，那个问题非常大，真是牵动全国人民，主要是要牵动影响我们的民族自信心。在那种情况下，民族自信心比较低落，需要很多外在的东西去刺激它、强化它，在那个时代，很多人的文化观是不能够振奋民族自信心的。但是张先生在那个时候写了一篇文章叫《文化建设与民族主体性》，意味着要想搞文化建设必须确立民族主体性。那么什么是民族主体性？张先生讲了三点：独立性、自主性、自觉性，即民族独立性、民族自主性、民族自觉性，这几点也包括民族文化在里面，民族主体性是包括了民族文化主体性在内。我为什么讲这点呢？因为

90 年代以后很多学者开始讲文化主体性,中国人讲文化主体性当然是中国人的文化主体性,到 21 世纪文化主体性就变成大家很普遍的共识了。同时在 90 年代中期的时候,开始有人类学家费孝通先生提出"文化自觉","文化自觉"是结合了文化主体性,大家更强调这个概念,文化自觉。但是文化主体性也好,文化自觉也好,在张先生之前的文章里已经提出了这些观点,就是我刚才讲的民族主体性,民族主体性后面包括自觉性,这个自觉性在民族文化就是民族文化的自觉,所以后来费老讲的文化自觉,应该说这个观点张先生在 80 年代已经提出了,包括民族文化的主体性。那么区别在什么地方呢?就是张先生提出民族主体性的时候是从哲学上讲的,因为 80 年代开始,哲学和文化主要的潮流是高扬主体性,以前我们太讲客观性,讲普遍规律,造成了对个体的压抑,对个人个性普遍的压抑,那时候为什么有萨特这些人的哲学进入中国产生影响,就是因为这些思想提倡思想的主体性。所以在 80 年代前期,有很多哲学,特别是西方哲学引进来以后都是讲主体性,这个也合理。当然这个问题是这么考虑的,哲学主体性现在讲个人主体性是对的,说西方的哲学强调个人主体性这是对的,比起我们传统文化来讲应该说它有它的特点,我们传统文化在个人主体性方面不像现代西方那么强调突出。但是张先生讲光有个人主体性还不行,还必须有民族主体性。大家都关注个人主体性,可是张先生看得比较全面,不能只有个人主体性,还要有民族主体性,这个观点很深刻,但是当时大家看得不清楚。他实际上是针对现代化理论,现代化要成功,仅仅有个人主体性是不够的,还要有一个民族的主体性,当时大家不太注意,我也是这次再读这本书对这个印象深刻的,当时可能书看得也不那么有印象。张先生讲什么呢?我们不是要学习西方,要搞现代化吗,不要以为现代化就是个人主体性,张先生说西方近代国家是很强调民族精神和民族主体性,为什么西方发达国家很成功,成功不仅仅是鼓吹了个人的主体性,而是这些民族的精神也起了作用,英国的精神、法国的精神、日耳曼德国的民族精神,近代的西方民族国家,它是很强调民族精神、民族主体性的,所以我们中国要想现代化,不能够仅仅讲个人主体性,一定也要讲民族精神、民族主体性。

所以我回过头来看张先生这本书《中国文化精神》,这一点是有意义的。一个民族它要有民族精神,这个民族精神如果没有的话也不能搞好现代化,所以张先生有对近代历史和近代西方文化整体的观察,它对于民族精神的问题,不仅仅从中国人自己民族角度看,也是从世界近代化历史看。它是一个普遍的现象,一个民族现代化要成功,除了其他很多的因素,制度的因素,包括个人的积极性发扬,很重要的是有群体性的民族精神,大家要对民族主体性有自信。这是我这次看他这本书的感受,没有强烈的民族主体意识,现代化不能成功。当然也可以说民族主体意识的建立是和现代化过程共同前进、共同上升的，它是相伴随的，张先生也不是说我们在现代化还没有搞好的情况下，先把主体性吹起来，然后我们再搞现代化，也不是，这个主体性建设过程，是伴随着现代化不断往前走，我们的认识不断向前走，然后提升的，所以这一点是这次的认识。

跟这个问题有关系的还有一点，我觉得现在今天我们对这个问题认识还没有那么清楚，包括这几年党中央的文件，讲现代文化建设，这个问题讲得还不是非常清楚。什么问题呢？毛泽东在40年代写了一本著名的著作《新民主主义论》，对新民主主义文化有一个基本表述，"民族的形式，新民主主义的内容"，当然还有"科学的，人民大众"的说法。《新民主主义论》对民族的形式对新文化的表达，好像我们近年党中央起草的文件也没有作明确的辨析。但是在80年代张先生曾经讲，民族的主体性要表现在两个方面，民族独立性、自主性在形式和内容两个方面都要具有民族的特性，应该说这个观点是对以前毛泽东新民主主义论新的发展。民族文化不仅仅是形式问题，还包括内容问题，什么内容呢？这就是今天的问题，中共十八大以来，特别是习近平总书记讲中国优秀文化的价值观，张先生晚年对价值观也有研究，我觉得这就是"内容"的重要部分。民族文化不是说只是给我们提供一种形式，穿汉服、学国学，如果我们今天再来看《新民主主义论》，我觉得我们今天要重新表述的话，要吸收张先生在80年代的想法，不能说民族文化在今天只是给我们提供一种形式。无论是民族文化的独立性还是自主性，当然要体现在内容，价值观是重要的方面，还有世界观、历史观，有很多其他方面的内容。所以我重读这本书确实有一些新的收获，不是说我是张先生的学生，我在这儿故作惊讶，这本书以前我也看到过，但是不瞒大家，我以前看得不是很细，为什么？张先生的书我看得很细，因为这本书主要是程宜山我的师兄执笔的，我也知道这些观点很多是从张先生来的，所以我没有那么细看，特别是大量的铺陈、论辩的方面，显然是我师兄写的，所以那时候我看得不是很细，这次我又细翻了一遍，我觉得很多观点值得我们今天再把它表彰出来。

再有，因为我也不知道大家是念什么、学什么的，我就大胆猜想大家很多都是文艺青年，很多同志到书店来都是因为对文学很有兴趣，特别是对近现代文学有兴趣。我们知道近代文学从"五四"以后到30年代有一个基调，这个基调就是对国民性的批判，这个成了80年代文化讨论里面一个很重要的东西，很多人重拾"五四"时期对国民性的批判，作为一种文化反思，应该说主导意义是积极的，因为民族要前进，我们要反思自己的缺点。但是总不能说中华民族的民族精神、中国文化的文化精神、中华民族的整体就是一个阿Q代表的，阿Q所有问题就反映了中国民族的特性，这肯定是片面的。因此，我们说对国民性的批判、反思有它的迫切性，但是张先生讲这不科学,从概念上来讲不科学。张先生就讲了一个"性习之辩",说现在我们大家都讲国民性,其实不是国民性,是国民积习,是习惯,不是本性,那不是中华民族的本性,中华民族的本性可以被遮蔽、有可能会迷失,我们需要自觉发扬认识,但是大家指出的所谓的国民性的东西,其实都不是中华民族的本性,那只是我们的一些积习,而这些积习是可以改变的。民族本性怎么改变,只要民族文化还在,你的民族性永远不能改变。如果我们对中国农民的认识仅仅限于阿Q,你怎么解释我们轰轰烈烈的大革命是以农民为主体的? 从抗日战争到解放战争,应该说从八路军到解放军,我们的战士都是以农民出身为主体,包括国民革命军的战士,我们纪念反法西斯战争胜利 70 周年,我们也肯定了国民革命军,这些将士也都是农民出身的。所以我想张先生讲得对,很多是国民积习,农民也有他自己的积习,但是他就可以变成抗日战士和勇士,所以这里面有一些"习"是习惯,不是本性,我觉得张先生那时候讲这个观点是反潮流的。我们参加文化讨论的都有文学背景,都对近代国民性批判很熟悉,但对张先生的观点不熟悉。很少能理解到张先生的程度,什么是这个民族的本性,什么是这个民族在一定政治条件和一定思想条件下形成的积习,哪些可以改变,哪些不可以改变,我觉得这一点是非常重要的。这个对于当时的文化热,比较流行的仅仅集中在国民性批判的、那种还是比较肤浅的对于中国文化的认识,应该说有一种点醒作用。但是那个时代很多人可能没有好好读张先生的书,没有深刻意识到这个问题,今天把这个问题重新讲出来,虽然今天坚决或者全面反对中国文化的人已经很少了,但是从理论上回溯这个问题还是有意义的。张先生在中国文化 80 年代的讨论里,至少有这四点,我今天再来读这本书,觉得不仅对当时有意义,对当今也有意义,不仅对国内的人有意义,对海外的人也有意义。

………………

陈来:张先生对文化观有一个重要的观点,他其实是在讲针对全盘西化和全盘反传统,怎么运用对比法、辩证法。因为全盘西化、全盘反传统,都是形而上学,都不是辩证法。针对这种文化观,张先生讲了文化系统和文化的元素、要素的关系,其中最重要的就是讲可离与不可离,相容与不相容。有些人说为什么要全盘西化,因为光学它其中的一点是学不来的,要全盘都接过来才可以学到。还有为什么要全盘反传统,我们中国文化有一点不好的,光把这个择出去不行,因为它都是紧密联系的,在系统里不可离的,你要想把它去掉,就要全部拔草除根。张先生认为不是这样,文化的要素有些是不可离的,有些是可离的,一个文化要素跟它的文化体系的关系是复杂的,有些是可以离开的,可以结合到另一个系统,这是张先生一个重要的观点。还有是相容与不相容,一个文化领域是复杂的,一个文化领域不见得都是顺着一个方向的,有些东西是看似相反,其实是相成的、相容的,你看起来不相容,实际上文化整体上还是相容的。我记得张先生指出儒家和法家之间看起来非常对立,但是在中国文化体系里,在历史发展里,有它的相容性,当然这是在一定的条件下。所以很多东西看起来是对立的,但是在文化系统里是相容的。还有一些是不相容的,张先生说科学与迷信是不相容的。不管他举的例子是不是很周密,但是他分析了这两种情况,包括相离不相离,我想他的意思是我们学习西方不见得要全盘西化,西方好的东西我们可以拿过来结合到我们文化里面,而不需要整体地把西方文化全部移植过来。比如冯先生也讲了西方的科学与民主,我们把科学拿过来,不一定要把西方的宗教都拿过来,变成都信西方宗教,这个没有必要。所以张先生讲他的文化观点其中一个很重要的文化讲法,就是要区分相离和不相离,相容和不相容。同时文化结构和文化要素之间还有一个讲法,中国文化的问题,不是整个地把它不要了,不是这个问题,可能主要是要把这个结构,把旧的结构要消减,而不是把所有元素都不要了,所以张先生既注意结构,又注意要素和系统的关系,要素和要素的关系,这个讨论我觉得是比较深入的。我前几年看了一篇北大学报的文章,关于文化价值论的观点,这是 2012 年我们一个美籍华人的教授,他系庆回来写的一篇论文,其实那个方法跟张先生 20 多年前,80 年代讲的这套理论是一致的。所以我想张先生他在文化理论上的研究,一些概念上、方法上的分析是比较细微深刻的,对今天来讲很有意义。

（此文系作者 2015 年 6 月 25 日参加凤凰网读书会,谈张岱年先生书《中国文化精神》文字实录节选。此文中只保留了对谈中作者的谈话）

关于《礼与十八世纪的文化转折》

　　书的题目叫作《礼与十八世纪的文化转折——〈儒林外史〉研究》，看到这个题目，我首先想到的问题是：《儒林外史》在什么意义上可以作为新文化史研究的一个案例？我们知道，新文化史不是注重精英的思想经典，而是比较注重社会文化的层面。这个层面正是《儒林外史》所面对、所揭示的那个层面，虽然它是小说，小说具有虚构性，但是这个小说比较特别，讲的都是当时的人和事。从这个意义上，也许它可以看作一种史料，哪怕不能对应到历史上实有的人和事，但是它确实反映了那个时代、那个社会特有的现象，那它怎么作为新文化史研究的一个案例呢？这是我首先想到的一个问题。

　　我觉得这个书名不太好，《礼与十八世纪的文化转折》是一个太大的题目，你要处理的是思想文化的转折，还是学术文化的转折，或是社会文化的转折？这么一个题目是包含一切的，是根本没有办法处理的。要想用这个题目，至少对 18 世纪礼学的整个变化发展必须了解，思想文化的脉络必须了解，然后才到社会生活，当然是跟文人有关的社会生活的变化。英文题目本来不是这样，*Rulin waishi and Cultural Transformation in Late Imperial China*，就比较清晰。出版商可能觉得这个题目比较好卖，比《〈儒林外史〉研究》更能抓住人的眼球，但是如果进行学术批评，评论者马上会认为你这个题目太大。如果题目是从礼和 18 世纪文化转折的角度去看《儒林外史》，就可以成立，就是作者新的贡献，以前没有人从这个角度去看《儒林外史》。应该说，从整本书可以看出作者在文学以外的思想文化方面的训练是很好的。

一

　　《儒林外史》为什么叫"外史"？外史和正史有什么不同？为什么这个时代有这个外史？我想，外史所面对的不是儒学的主流精英世界（虽然精英世界的人数可能不一定太多），而是这个世界的外围、边缘。以前有人说《儒林外史》表现的是一个失意文人的世界，主要是讲这些失意文人的事情，倒也不必这么看。我觉得它之所以是外史不是正史，是因为书中人物没有进入真正的主流世界。吴敬梓的时代，主流的精英世界到底是什么样子？这就不得不回到 16 世纪、17 世纪。17 世纪有顾炎武、黄宗羲、王船山这样的大儒，18 世纪有这样的大儒吗？即使讲社会文化，我们看 16 世纪从正德到万历时代，如果讲儒林的状况，最兴盛的就是讲学，以阳明学为中心的讲学，到处都是讲会，到处都是以理学为中心的讲会，吸引了各个层次、各个方面的人，不只是精英人物，很多底层人物，都有参与。这是那个时代真正的儒林面貌。每个时代都有失意文人，不可能没有，但是我们要知道，那时主流世界即使不说是人人意气风发，也是思想研讨非常活跃的。16 世纪、17 世纪理学主导下的士风都是这样。即使到明末清初，政治变化了，那些大儒也还在那儿奋力地做大学问、写大书，面对那个时代历史文化的重大课题，这些在《儒林外史》里根本不能反映。不能反映是有苦衷的，因为在 18 世纪，即使是主流士大夫和知识人也已经没有那个东西了，为什么没有呢？18 世纪是儒学精英理想失落的时代，儒家理想失落，代之以考据学的研究、礼学的研究，这些都是以理学的退场作为前提的。当然还能找出一个半个理学家，但总的来说，这个时代理学不在场，对思想、对理论的研究没有了，没有程、朱、陆、王这样的大儒出现，剩下的世界不就是这么个世界吗？有几个还有操守的人，大部分是这些俗儒。换个时代，就会把那些失意文人带到理学的社群里，儒学的面貌就不一样了。

回过头来再看 18 世纪这个时代，乾嘉时代当然有重要的意义，但是从儒学史和当时社会来讲，它就是一个远离理想、脱离理念、没有思想的时代，这个时代的结果就是造成这样一个儒学世界，这样的士风，这是对儒学的伤害，也是对中国文化的伤害。

二

回到这本书。有人认为吴敬梓是颜元的再传。我想讲，颜李不是只讲礼乐兵农。就颜元说，"礼乐兵农"只是"三事"之一，前面还有两件事。一件事是"仁义礼智"，是讲最重要的、普世的价值。另一件事就是"孝友睦和"，社会层面的实践问题。没有了前面一句，就没有了理想和价值；没有了后一句，就脱离了社会秩序的实践。而《儒林外史》正是这样，所以只讲"礼乐兵农"还没有真正理解颜元的儒学思想。

回过头来讲"礼仪主义"，很多研究清代史的人叫"礼教主义"。当你讲 18 世纪文化转折的时候，必须要讲清楚明清文化的转折。我刚才讲了几种文化，现在就讲学术文化，礼学的明清转折是什么？以 16 世纪为中心，可以说明代的礼学是家礼学，家礼学不是研究王朝礼、聘礼，是真正研究落实在社会民间的礼的体系，家礼是真正能够落实到社区、落实到宗族、落实到民间实践中的东西,这是明代礼学的主流。清代正好相反,把家礼学作为礼学的杂类排除出去,转到经礼学。但是这个经礼学的研究怎么能够落实到社会基层秩序的实践?这就跟家礼学有很大的不同。比如泰伯祠,在里面走两下,对社区、农村真正的实践能有什么作用?不是毫无作用,你在那儿慢慢地摆那些仪式,对你的性情陶冶也有一定意义,但是就它的社会功能来讲,与社会实践是脱节的。

礼书的编纂,乾隆的用意是要结合民生日用,可是到了四库全书和知识分子那里,全变成了经典研究。乾隆还有点经世致用的意思,可是到了乾嘉礼学,特别突出的是仪礼,仪礼复杂而繁琐,跟社会实践越来越远。但是后来乾隆可能觉得也不错,知识分子也不用搞别的了,就这样做经典研究吧。

明代的礼学到清代的礼学最重要的变化是从家礼学到仪礼学的变化,而仪礼学是最容易脱离实践的。比如礼的功能,最重要的礼学应该是收族、互助、正俗、宗法秩序的重整,而通过仪礼,则很难下沉到这个世界。书里讲泰伯礼,泰伯礼的实践性实际上是很差的。泰伯祠在南京,它跟更基层的农村社会宗族文化的建设、宗族秩序的建立都没有太多的关系,就变成好像城里人在看节庆一样,好像南京城里多了一个节庆仪式的表演,如此而已。

三

商伟的书是以二元礼和苦行礼两个概念形成总体框架,我对此还是怀疑的。苦行礼的说法基本是不能成立的,中国历史上没有这种苦行礼,也没有这么说的。商伟突出苦行的意义大概是受到韦伯的影响。韦伯讲儒家的入世苦行,但是在中国儒家文化里不这么用,这在历史上没有根据。另外,它所描述的现象,像郭孝子,他是孝行的实践,那是德的范畴,不是礼的范畴,不能把这些德行的实践都纳入礼,把它叫作苦行礼,它并不是礼。我的看法,苦行礼的概念恐怕是不能成立的。

泰伯祠当然是典型的礼乐文化的一个例子。礼的层面是很多的,如果只从礼的功能上来讲一元、二元,那么礼可以三元、四元、五元,很多元,因为礼的概念不是从形态上来讲,而是从功能上来讲,礼有很多功能,《礼记》里已经说了。而这个时代就礼的范围来讲,一般我们是分为四大类,礼经、礼制、礼教、礼俗。礼经就是礼的经典,这个经典独立构成的世界,这是文本的世界;礼制包括各种制度的建设;礼教不是在正式的礼经里,但是有各种家礼等文献,构成了整体的文化气氛;最后是礼俗,跟各种地方风俗结合的东西。所以礼的范畴是很广的,现在所谓二元礼只是从功能上区分,这不能真正掌握明清的礼的本体和礼的功能。说礼具有二重性可以,但很难说二元礼。

有关明清礼文化的转折和 18 世纪礼学的研究,中文世界已经有很好的研究,如张寿安的研究,但本书在修订中都没有参考,是个遗憾。

(本文系作者在"《礼与十八世纪的文化转折》研讨会"上的发言,发表于 2013 年 4 月 10 日《中华读书报》)

子部文献的重要性

近代以来经学研究的地位下降，子学的研究地位急遽上升，这是大家知道的事实。从晚清到现代，有关子学的研究应该说是非常兴盛的。因此，子部的文献也越来越受大家的重视。这是跟传统学术重经学不一样的一点。

最近几年，经学重新受到大家的重视，所以呼吁加强经学研究的呼声也多起来了。目前由于整个学术正在转型，虽然未来我们对经学会比过去 50 年更加重视，但是中国学术大的面貌、格局和趋势不会改变。因为子学所包含的内容的确是太丰富了，所以在这一点来看，从整个中国学术研究的未来发展看，仍然应该说子学是最重要的方面，子部的文献的重要性我们可以说还是排在第一位。

山东大学特别注重儒学研究。在这方面，子部的儒家类文献有独特的重要性。其重要性就是，在宋代以后，有很多的儒学思想家没留下经典的注释，也没有留下他的文集，但是留下了大量的语录，这些语录大部分都保留在子部儒家的文献当中。所以我们研究宋代以后的思想，特别是像宋明理学，主要依据的文献是子部儒家类的文献。我想在这一方面《子海》对子部文献的收集，特别是善本的收集，对于我们的子部研究应该说是有特别大的支持作用。

近代以来学术已经有了新的结构，我们移植了西方的学术分类和学科分类。在这个分类下面我自己所从事的专业叫做中国哲学史，而中国哲学史研究特别要依据子部的文献。因为子部包含着儒家、墨家、名家、法家、道家、阴阳家、杂家，子部大量的文献都是中国哲学史研究主要的依据素材。所以 80 多年来，中国哲学史这门学科的发展也是跟子部文献的利用密切联系在一起的。在这一方面，子部的善本文献的整理和影印将会对中国哲学史的研究有很大的帮助。

关于子海文献的学术价值，我简单提一点，这次出版的 124 种，目录第一页我就看到了三种宋本是跟我们的研究密切相关的。第一种就是《张子语录》宋代的漕刻本，这个以前我们没有注意，因为我们以前用的是吴坚刻本和《诸儒鸣道集》的语录本，所以这个本子值得好好地比对。第二是《程氏遗书》的宋刻本，最近十几二十年来，由我的一篇文章所引起，学界开始讨论《程氏遗书》的编纂过程，现在流传于世的印本有几种，需要把《子海》中的珍本跟其他刻本，以及没有用《程氏遗书》的名字，可事实上是《程氏遗书》的稿本加以比对，进一步研究。第三个是《晦庵先生语录大纲领》,这个书以前用得很少,我最早用过这本书,现在国家图书馆藏有这个本子。这个本子是朱子门人 13 家的语录,但也是用分类的形式编纂的。中间的地方还有附录,记载了特别的史实,对于研究朱子学和当时其他流派的互动具有重要的价值。以前因为某种原因没有条件利用这种善本,现在如果我们手里要有的话就比较方便了。最近这本书在日本也受到重视,有一个中国学生在日本做博士论文,其中有一个部分就是研究这部书,现在这个书用起来就比较方便了。

最后,我也想提一点,关于子学的研究和子部的文献还是有一点差别的。这个差别主要就是山东是孔孟之乡,孔子、孟子是先秦诸子学里面重要子学的一部分。但是关于《论语》和《孟子》的文献,在经部四书类,不放在子部的儒家类里面。所以,现在我们的子部儒家类,对于研究孔孟(作为子学的孔孟)来讲是不够的,这两部分必须是结合的。所以我们要建立子学研究中心,把子部儒家的部分跟经学中的四书类紧密结合,才能把子学中的孔子、孟子的研究全面开展起来。

(本文系作者 2013 年 11 月 30 日在山东大学"《子海》首批重大成果发布会"开幕式上的发言)

十一、国学分论

- 孟子思想的时代价值
- 宋明学案：为往圣继绝学
- 宋代理学的特点及其对宋代文化的影响
- "关学"的精神
- 简论"浙学"
- 关于闽南文化
- 张南轩与乾淳理学
- 黄宗羲民本思想的现代意义

孟子思想的时代价值

今天讨论的一个主题，就是孟子思想的时代价值。最近有一个最明显的例子，就是习近平总书记2月主持学习，他讲了这么个意思，说要深入挖掘中华优秀文化的时代价值，要使中华优秀文化的时代价值成为我们社会主义核心价值的源泉、基础。什么是中华优秀文化的基本价值？他讲了六条，第一条是讲仁爱，第二条是重民本。这个六条里边，我想前两条就跟孟子有特别直接的关系。习近平同志的讲话是从社会主义核心价值这个角度来看的，他的基本想法就是，我们今天要培育践行社会主义核心价值，不能忘了中华文化，一定要把社会主义核心价值跟优秀传统文化的核心价值对接起来，要让传统文化的核心价值成为涵养社会主义核心价值的源泉、基础。

这个思想非常重要，从这里我们看出来，孟子的思想对我们今天培育践行社会主义核心价值有特别明显的关系。六条里面第一条是讲仁爱，第二条是重民本，第三条是守诚信，第四条是崇正义，第五条是尚和合，第六条是求大同。应该说这六条都属于儒家思想，而前面这两条与孟子思想有直接关系，所以我想我们今天要讲这个孟子思想的时代价值，其中一条就是孟子思想对于我们涵养社会主义核心价值，能够提供最直接、最重要的基础。这是我的一个基本认识。那么我再解释一下，为什么这个讲仁爱特别跟孟子的思想有关系。孔子不是也讲仁爱吗？我觉得这个点有个分别，这个分别也是孟子对孔子的一个发展。我们看，孔子他是第一个把"仁"提到最重要的地位，看成一个最重要、最完整的价值的人。我们可以说在孔子思想里，这个"仁"，基本上是道德的价值、伦理的价值。他特别强调作为道德的仁以及修身的仁。所以，阐发"仁"在个人的道德修身这方面的意义，是孔子思想的一个重点。那么爱人呢？爱人涉及人和人的伦理关系，但是孔子思想里面重要的是讲人的德行、人的修身、人的道德。

我们再看孟子，孟子是讲仁爱，但是孟子这个仁爱已经不是重点强调个人的道德修身，他是要把它扩大到一个社会的价值。所以我们现在讲仁、义、礼、智，传统上把仁、义、礼、智看作最重要的个人道德，但是我们今天来讲这个道德和价值的关系，我们要看到仁、义、礼、智，它不仅仅是个人的道德，也是社会的价值。在这一点上孟子的贡献非常突出，他把原来孔子重点放在个人道德、修身这方面的仁，扩大到整个社会。在社会的层次上来讲仁爱，这个就是仁政。我们知道孟子讲"发政施仁"（《孟子·梁惠王上》），主张把仁这个理念贯彻到整个政治和行政中去。所以这样的仁不仅仅是个人的道德了，而是变成治国理政的一个根本的法则，变成一个社会的价值。今天我们不是讲社会主义核心价值有三组吗？第一个是国家层面，第二是社会层面，最后是个人层面。所以我们看这个儒家的仁、义、礼、智，孟子已经把它的社会层面展开了，不仅仅是个人的层面，而是扩大到个人以外的社会的、国家的层面，所以我觉得这个是孟子的一个贡献，也是我们今天能够在这个社会性的价值方面发挥孔子思想的一个根据。

其次就是我们知道孔子思想里边，今天国内外大家都比较注重的，就是"王道"的思想。应该说这个"王道"的思想也是从仁爱所产生的一种思想，"王道"的概念当然不是孟子第一个提出来的，但是"王道"的解释，"王道"的思想就是以德服人，这样一个思想应该说是孟子第一个阐发的，而且应该说他是根据孔子仁爱的思想展开的。再进一步的思想就是孟子关于天下的思想。关于治天下，孟子最有名的思想就是我们今天说的"得民心者得天下""失民心者失天下"。所以这三点呢，我想比如说"仁政""王道""得天下，治天下"，都是从仁的角度发展出来的。这是孟子的一个大的贡献。我想，今天我们讲，跟中华文化的优秀的核心价值接起来，第一条讲仁爱，这个仁爱不是狭义的，不仅仅是我们道德上的仁、伦理上的爱，而是特别包括了社会价值，就是我们治国理政所能用到的价值，这样"仁"就变成我们对待社会、对待政治、对待整个天下的一个基本原则。这个我觉得是孟子的一个非常大的贡献，也是我们今天讲他的当代价值很重要的一点。

还有一点就是刚才提到的六条里面的第二条，也就是重民本。重民本当然毫无疑问，这个在历史上是要归功于孟子思想的，那么这一点我想我也不多说了，但是我要讲的是什么呢？就是这个讲仁爱和重民本有没有关系？我觉得在理论上可以探讨一下。应该说民本的思想在中国思想里面是有根源的。我们在古代，在《尚书》里边就已经有这种民本思想了。那么另外在宗教的层次上，也肯定这些民本思想，比如说"天视自我民视，天听自我民听"（《尚书·泰誓中》）。就是上天没有独立的视听，没有独立的意志，它是以老百姓的意志为意志，以老百姓的视听为视听，这当然都是民本思想。但是我想呢，如果今天我们讲孟子思想的意义，我认为在于，他的思想是从仁的思想推出来的，一方面他传承了上古以来重视民众的思想；另一方面呢，我认为这个体系里面还是因为有了"仁"的思想，从仁推出了民本，这个应该还是他对儒家思想的发展。也就是说"仁"是一个更普遍的原则，所以孟子后来讲"仁民"，就是仁义礼智的仁，仁民爱物。从这个仁民的讲法也可以看出来，他把这个对老百姓的态度也归到仁。我们今天来认识这个孟子思想，我想也应该肯定他从儒家的这个以仁为本这个基点上，他把它扩大发展出很多重要的社会价值，这些价值不仅在历史上成为中国社会文化的基本核心价值，就今天来讲，它仍然能够成为我们涵养社会主义核心价值的重要源泉。

（本文部分发表于 2014 年 8 期《文史知识》）

宋明学案：为往圣继绝学

今天讲会的题目是"宋明学案"。学案就是录载学术的传承、发展、演变，"宋明学案"就是对宋元明这个时代的国学的主要形态和发展作大概的介绍。这里"宋明学案"的学是指儒学，而儒学在宋明时期是以理学为主，其中又包含各个派别。我们今天讲"宋明学案"，是要从"宋明理学"来看看国学的发展在这个时期有什么特色和它的发展演变。

一　宋明理学的起源

理学发端于 11 世纪，但是发展的苗头可以追溯到中唐时期以韩愈为代表的早期儒学复兴运动。韩愈的儒学复兴运动有一个明确的背景：排佛。大家可能都记得几年前的一个重要的文化事件，法门寺的佛指舍利被迎到我国香港、台湾，当时凤凰卫视做了全程实况转播，特别是台湾地区的行程，受到上百万人的欢迎，后来这个佛指舍利又被迎到泰国。懂一点历史的就知道，这个佛指舍利正是和韩愈有关，唐宪宗曾要把它迎到宫中做短期的供奉，结果被韩愈知道了，韩愈写了一篇《谏迎佛骨表》，劝诫皇帝不要这么做，不要迎这个佛骨到宫里面来。韩愈认为佛教的进入，让人们不知君臣之义、父子之情，佛教的教义和它的僧侣实践违背了中国传统社会的纲常伦理，任由其发展就会破坏这个社会的伦理秩序，使社会无法维持。所以韩愈非常有先见之明地把《大学》提出来，高举《大学》旗帜，用修身、齐家、治国、平天下的理想来打击和压制标举出世主义的佛教，通过这种方式扩大儒学影响，开始了儒学复兴运动。

还有一个人是我们必须提及的：范仲淹。从唐代末期到北宋，中小地主和自耕农为主的经济形态出现，他们的子弟通过科举进入到国家政权队伍里面，成为士大夫的主体，成为儒学学者的主体，这成为这个时代的特色。因此这种社会出身的知识人，在伦理观念、文化态度和思想倾向方面，跟中唐以前、魏晋时代，尤其士族出身的知识分子的想法大异其趣。范仲淹两岁时父亲死了，困穷苦学。这样的经历在北宋理学很多重要人物的身上都可以看到。冬天学习困了的时候，用冷水洗面来刺激精神，没什么吃的就喝很稀的稀粥。范仲淹不仅有很多讲学的成就，更是代表了北宋前期儒家知识群体的精神人格,他提倡"先天下之忧而忧,后天下之乐而乐""每感论天下事,时至泣下",关心国家大事,以国家大事、以民生为己任的那种情怀,可以说感染了当时一代知识分子。"一时士大夫矫厉尚风节,自仲淹倡之",这影响了士大夫风气的变化,也可以说代表了当时北宋儒家人格的发展方向。如果没有范仲淹这样的人物出现,没有这种道德精神出现,那宋明理学的出现应该说是没有前提的,也就是没有可能的。讨论理学,按照《宋元学案》的讲法,得从宋初三先生胡瑗、孙复、石介讲起,而其中两位重要人物,一个是胡瑗,一个是孙复,都是由于范仲淹的亲自推荐才得以在朝中做官,才得以从事讲学事业。

二　宋明理学的真正发端

我们先把这个发端追溯到周敦颐。因为周敦颐做过二程的老师,二程又是北宋道学真正的建立和创立者。周敦颐号濂溪,字茂叔,湖南道县人。二程在回忆跟周敦颐学习时是这样讲的:"昔受学于周茂叔,每令寻仲尼、颜子乐处,所乐何事。"就是说孔子跟他的弟子颜回他们即使生活很贫困,在颠沛流离中也保持了一种精神快乐,"所乐何事,所乐何处?"这就是周敦颐让二程兄弟经常寻求的问题。兄弟两个就开始琢磨这个问题,当时有没有琢磨通我们不知道,但是这个问题对他们后来的发展很有影响。"寻孔颜乐处"后来变成整个宋明理学一个内在的主题。

理学发端的第二位,我们来看张载。张载号横渠。张载对《易经》《易传》,特别是对《系辞传》的解释发展出一种气本论的哲学,特别讲"太虚即气"。为什么"太虚即气"在这个时候要被强调起来呢? 我们知道宋明理学最初的动机是对佛道哲学,特别是对佛教挑战的一种回应。佛教讲"空",有的时候也用"虚"这个概念。道教里边更多的讲"虚""无"。从魏晋到隋唐,佛教、道教的思想影响很大。张载为了反对佛老的这种虚无主义,首先建立了一个以"气"作为主要载体的实在主义的本体论,回应佛道本体论的挑战。

需要指出的是,张载和范仲淹也有关系。他21岁的时候去见范仲淹。史书讲范仲淹"一见知其远器",即一见就知道这个人是有长远大发展的人才。范仲淹对张载说"吾儒自有名教可乐,何事于兵",就引导他去学习《中庸》。张载又尽读释老之书,史书说他"累年尽究其说",看了很多年之后他觉得对佛教、道教有点了解了,了解之后"知无所得",知道这里边没什么东西,然后"返而求之六经"。张载这个例子跟我们后面讲的很多理学家的例子是一样的,先有一个"出",然后再来"入",这样学问才能够最后坚定地确立起来。他通过对佛教、道教的学习,然后找到一个"他者",这个"他者"给他提供一些思想的营养,也让他看清了这些思想的一些特性。这样的学习帮助他回来重新了解儒家的思想。你直接了解不一定能够真正了解到,所以你需要一个迂回,需要一个"致曲"。

张载还提出很重要的四句话,冯友兰先生把它概括为"横渠四句",这四句也对后来理学有重要影响,就是:"为天地立心,为生民立命,为往圣继绝学,为万世开太平"。这四句话可以说不仅是对宋明的理学家,而且对宋明时代的很多知识分子都起到一种精神激励作用,即使有些人不以理学发展为志业,也都会受到这种思想的感染和激励。现在,大家对横渠四句中的第一、第二、第四"为天地立心,为生民立命,为万世开太平"这三句话都能够肯定,但对于第三句"为往圣继绝学"以及它的现代意义往往有些疑虑。其实这第三句也可以有广义的理解,"为往圣继绝学"这个"圣"字不是仅仅讲孔孟的,那是从尧舜开始的,从华夏三代文明开始的,三代文明的精华沉淀在"六经",儒家则始终自觉传承"六经"代表的中华文明的经典,所以说"为往圣继绝学",可以理解为是要接续、继承、复兴、发扬从尧舜周孔到以后的中国文化的主流传统。所以这里的"学"所代表的不仅仅是儒家文化的发展,而且是夏商周三代以来整个中华文明发展的一个主流传统,用今天的话来说,就是努力复兴中华文化。这代表了理学的一种文化的自觉。所以这句话即使在今天看来,也是有深刻的文化意义的。

三 理学的建立

理学的建立主要讲二程兄弟。以往学者比较喜欢讲"北宋五子"。"北宋五子"包括我们前面讲过的周敦颐、张载,还有二程、邵雍。其实,"北宋五子"里边核心是二程。为什么呢?因为"北宋五子"是以二程为联结中心的。周敦颐是二程的老师,张载是二程的表叔,也是讲学的朋友,而邵雍呢,和二程一起居住在洛阳,是一起讲学讨论的同仁,可见二程确实是理学或者道学的建立者。二程中的老大是程颢,号明道,人称明道先生。程颢也是"泛滥于诸家,出入于佛老几十年,返求之六经而后得之"。

关于理学,程颢在思想上有什么发展呢?他活着的时候讲过这样一句话:"吾学虽有授受,但天理二字是自家体贴出来。"我们知道在中国文化史上,"天理"二字早就出现了。《礼记·乐记》里边讲:"不能返躬,天理灭矣。"这是宋明理学最直接的一个来源。程颢有一个命题,说"天者,理也"。什么意思呢?实际上是他在对以六经为代表的古典儒学进行新的诠释。我们知道,在古典儒学里边,特别在《尚书》里边,它保留了作为神格的天的概念,所以就有"皇天震怒"这样的语句出现。程颢认为,我们如今在《诗经》中看到的那个有人格的"天",我们在《尚书》中看到的那个有人格的"天"并不是真正的有人格的"天"，那个"天"其实是"理"，是宇宙的普遍法则，这是"天者，理也"真正的思想。所以这样的"天"的概念的确是以前所没有的，理学家们把上古儒学中一些迷信的东西扬弃掉，"理"就被发展、诠释为一个上古时代六经中"天"所具有的最高的本原性的概念，理学体系便从此具有了其真正意义。

史书记载，程颢这人具有一种"温然和平"的气象，对人很有感染力。有的学生跟从程颢学习几个月后感叹，如在"春风和气"中坐了几个月。一般而言理学家跟皇帝关系都不好，而程颢虽也批评皇帝，但是皇帝却很被他感染。神宗本来是很信任王安石的，王安石跟程颢政见不和，可是在程颢见完皇帝临走时，皇帝嘱咐程颢"可常来求对，欲常相见"。这样的君臣关系是少见的，这就说明了程颢与皇帝的谈话很让皇帝受感染。程颢曾经跟皇帝说，我希望皇上您要常常注意防止自己人欲的萌发。同样的话朱熹也曾对孝宗皇帝说过，但孝宗很不喜欢，可是神宗皇帝听完程颢的话后，却拱手对他说："当为卿戒之。"意为你这样劝我，我当为你来提醒自己经常警诫自己。

他的兄弟就不同了。二程中的另一位程颐，号伊川。程颐18岁时到太学求学，当时主教太学的胡瑗出题考学生，题目便是"颜子所好何学"。程颐于是写了一篇《颜子所好何学论》，此文令胡瑗对他刮目相看，于是让程颐参与教学，结果当时有的京中官员就把程颐当作老师来对待。程颐也曾参加过科举考试，但是考过几次未中，就放弃了。后来家里有推荐做官的机会他都让给了族人，拒绝接受。所以直到四五十岁依旧是个没有任何出身的布衣。但是50多岁时他一下被提升为皇帝的老师，官衔为崇正殿说书，当时小皇帝即位，大臣都推荐他去给皇帝教书。但是程颐的性格与程颢有所不同，程颢是"温然和平"，而程颐则是"严毅庄重"，对待皇帝、太后都非常严肃，要求给小皇帝讲课时太后应在帘后同听，垂帘听讲而不是垂帘听政。在他以前，给皇帝讲书的官员是站着的，皇帝是坐着的，而他说这不行，一定要让讲官坐着讲，以此培养皇帝尊儒重道之心。此外程颐还提出了很多大胆的建议，不怕因此得罪皇帝、太后，但最后终因得罪人太多而被外派。他非常严谨，生活上也是如此，一生谨守礼训。晚年有学生问他："先生谨于礼四五十年，应甚劳苦？"意为先生视听言动、待人接物什么都是按礼来做，是不是太辛苦了？程颐答："吾日履安地，何劳何苦？"意为我按着礼行事使我每日就像踏在安全的平地上，有什么辛苦的，如果你不按着礼行事，那便使你每天都处于危险的地方，那才辛苦。

如程颢一样，程颐也提出了理学思想中非常重要的一个命题，就是"性即理"。"性"就是指人的本性，这句话跟程颢所提的命题"天即理"在理学中具有同样重要的地位，都是非常核心的命题。以前学者讲人性有讲人性善、人性恶、人性无善无恶、人性三品等,到北宋时如王安石也是受到人无善无恶的影响。程颢是用"理"来规定、界定天的概念,天是最高的本体。程颐则用"理"来规定、来解释人的本性。

四 理学的发展

宋明理学的发展,其最核心的人物,最简单的讲法就是程朱陆王了,前面讲了二程的阶段,后面就讲讲朱和王。

同许多宋代知识分子一样,朱熹也是出入佛老,泛滥百家,然后返求诸六经。前人说他"致广大,尽精微,综罗百代",他既吸收了二程的思想,还吸收了周敦颐、邵雍、张载的思想,扬弃了佛道的哲学,通过对"四书"不断地、终身地、死而后已地注释,建立了自己的理学体系。在他的体系中,提出了关于"格物致知"的一套系统的理论解释。《大学》的"八条目"里面最基础的就是"格物",格物才能致知,致知才能正心诚意。可是,什么是格物呢? 汉人的解释很不清楚,把"格"解释为"来"。朱熹就通过解释发展二程思想,把"格物致知"解释为"即物穷理"。"即物",就是不能离开事事物物;"穷理",就是要研究了解事物的道理。

朱熹讲"格物致知",最早是讲给皇帝听的。他 34 岁的时候,孝宗继位之后召见了他。他就给孝宗讲了"格物致知",说帝王之学必须要先"格物致知"。第二年,他又去见皇帝时说,大学之道即"格物致知"。皇上没有做到"即物穷理",没有做到"即事观理",所以就没有收到治国平天下的效果。可见理学提出"格物致知"这些理论,不是用来约束老百姓的,首先是针对帝王之学的。朱熹要给皇上讲治国平天下的道理,而孝宗皇帝是不喜欢别人批评的,所以他对朱熹的两次奏对都不是很高兴。又过了十几年,朱熹在白鹿洞书院讲学,因为全国大旱,皇帝就召集学者多提批评意见。朱熹又写信上谏了,讲"天理人欲""正心诚意",说皇上不能"格物穷理",所以只能亲近一些小人,没有国法纲纪,不能治国平天下。皇上听了很生气。到了朱熹晚年的时候,他又入都奏事,走到浙江时,就有人对他说,你喜欢讲"正心诚意",但这是皇上最不爱听的,这次你就不要提了。朱熹很严肃地说,我平生所学就是这四个字,怎么能够欺君呢? 他见到皇帝的时候,还是批评了皇帝,说皇帝内心里面"天理有所未存""人欲有所未尽"。有人讲,宋明理学宋儒讲"格物致知""正心诚意",讲"存天理、灭人欲",是讲给老百姓听的,是用来控制老百姓的思想,这个是不对的。我们看朱熹的经历,他一开始就是讲给皇帝听的,是向承担各级职务的知识分子来宣讲的。我们知道,古代对皇帝、士大夫阶层没有一个十分健全的监察监督机制,所以需要用道德的警戒、道德的修养来提醒、规诫、劝导他们,朱熹就用《大学》《中庸》的思想来为所有的官员、士大夫确立规范。不仅仅是规范,他同时也指出一条怎样发展自己的宗旨。一个士大夫怎么培养、发展自己，包括从科举考试开始，包括成功或者不成功，或者进入到国家的官僚事务里面，要有一个宗旨。这个为学的宗旨，就包含学习知识和发展德性两个方面。我们也可以把朱熹的思想概括为两个方面，一方面强调"主敬涵养"，另一方面讲"格物穷理"。这适应了那个时代整个士大夫阶层的思想文化发展的要求。

在朱熹的同时，已经出现了和朱熹思想相抗衡的以陆九渊为代表的心学思想。朱熹讲要通过广泛的学习了解来获得"理"，可是陆九渊认为"理"就在我们的心中，只要返回内心，就可以得到"理"，这种思想经过元代、明代不断地发展，总体来讲，还没有变成很有影响的理论。到了明代中期，新的思想运动兴起，这就是明代中后期有重要影响的心学运动，心学运动的主导人物就是王阳明。而王阳明的思想，是全面继承和发展了陆九渊的思想而来的，所以历史上称为"陆王心学"。然而我们看王阳明的思想发展，不是从读陆九渊的书而来的，而是从读朱熹的书而来的。

王阳明五岁还不会说话，等他会说话后，智力发展很快。因为不会说话的时候，他一直在听他的祖父背诵那些经典，等他说话之后，就一下子成篇成章地把那些经典背诵出来了。

王阳明在十五六岁的时候开始读朱熹的书。朱熹讲"格物致知"，天下万事万物都要去了解，这样才能做圣人。于是王阳明找到他一个姓钱的朋友，一起来到他父亲官署后的一片竹林里面，打算对竹子进行"格物"。首先是他这位姓钱的朋友格竹子，三天三夜不吃不喝，结果病倒了。王阳明当时认为是他这位朋友力量不够，于是他自己去格，格了七天，结果也病倒了。这是一个真实的故事，王阳明自己曾多次讲到。我们可以看出，王阳明早年是多么信奉朱子的学说。但是，他的方法不是很得当。朱熹并没有让他不吃不喝，坐在那冥思苦想。朱熹的格物方法，可能并不是让人坐七天七夜，而是告诉学者应长期观察事物生长的道理，并把生长的道理与自然界的道理进行比照、结合，由此延伸到人生的道理。显然，青年王阳明太年轻了，不能全面了解朱熹的思想，可朱熹的思想对王阳明的影响还是很大的。一直到中年的时候，王阳明仍旧被这个问题所困惑，这个"理"究竟在哪儿？我们如何才能够格到？在王阳明三十几岁的时候，由于他上书要求制止宦官专权而被贬到贵州龙场做了一个驿丞。王阳明在此处生活困苦，于是他日夜静坐，终于对这个问题有所觉悟。王阳明认为，从前他去格竹子的方法是错的，真正的理是在自己的心里。我们可以看到，王阳明格物的路径是顺着朱熹的路径来的，但他所达到的结论是和陆九渊一样的。这就是著名的"龙场悟道"。

此后，王阳明经常讲学，不断发展自己的思想。在贵州的时候，他就提出了一个口号，叫"知行合一"。何谓"知行合一"呢？真正的"知"，是一定能够行的；真正的"行",也一定包含了知。到了晚年,王阳明进一步发展他的这个思想,提出了"致良知"。"良知"就是"知","致"就是行,发挥、实践、扩充的意思。这个时候的王阳明认为,格物就是要在每一件事物上,去把自己的良知发挥出来。

最后,我们做个总结。第一,宋明理学发展的内在理路。宋明理学的发展,首先是气学,用气学面对佛教和道教虚无主义本体论和人生观的挑战,建立实体性的哲学。可是仅仅讲"气"还不够,还要了解作为实体的宇宙运行的普遍规律,于是出现了理学。理学是要尽力掌握世界的规律,包括自然的规律和社会、历史、人生的法则。程朱理学把"理"当成最高的本体,把宇宙实体和宇宙规律与儒家伦理的原则结合起来,在道德实践上"理"被强化为外在的、客体性的权威。虽然这个外在的、客体性的权威有其很强的道德范导功能,但对人的主观能动性是有所抑制的。因此,理学的进一步发展,就有了心学。陆九渊、王阳明相信人心就是理的根源,也是道德法则的根源。他们提出"心即是理",相信自己的内在价值更胜于外在权威,使人的道德主体性进一步发展。所以,从气学到理学,再到心学,宋明理学的发展经历了一个逻辑的内在的展开。第二,宋明理学出现的原因。宋明理学是和社会变迁相伴随的,互为表里。宋明理学与宋代以来的近世平民社会的发展趋势相符合,宋明理学作为近世化的文化形态,可以被看作中世纪精神和近代工业文明的一个中间形态,其精神是突出世俗性、合理性、平民性,它是脱离了中世纪精神、适应了社会变迁的"近世化"过程而产生的。第三,宋明理学与外来文化的挑战有关系。中国本土的主流正统思想对待外来文化,需要经历一个消化、接收和发展的过程,对于佛教的传入,很多理学家都努力建立一个能够吸收其精华的思想体系,于是就有了理学的出现。第四,从总体的文化流变来看,宋明理学的意义更广泛,它不仅是儒家对佛教挑战的回应,同时是儒家对魏晋玄学的挑战的一种回应和消化,而宋明理学更直接面对的是自北宋初期以来的整个中国文化价值重建的时代背景。因为从唐到五代,中国文化的价值遭到了很大破坏,宋初人对五代的风气非常痛恨。在这个意义上,理学的出现承担了重建价值体系的职能。通过对理论挑战和现实问题的创造性回应,古典儒学通过理学而得以复兴。可以说,宋明理学对汉代以后整个中国文化的发展有一个新的反省,并通过这种反省致力于儒学的复兴。从儒家角度来看,汉代以来,作为中国本土主流思想的儒学发展出现了某种中断,宋明理学是先秦儒家学说的复兴,同时也是中国本土主流传统的复兴。宋明理学道统说的意义就在此。

从中古一直到现代,中国文化一直在和各种外来的文化因素的互动场域里面不断发展。儒家文化只有深入探讨作为他者的佛、道思想,才能够反过来深入地认识到自己的优点和缺点,才能掌握自己的发展方向。所以,外来因素并不是儒家发展的障碍,恰恰可能为儒家思想的发展提供一些营养、契机,给儒家认识自己提供更好的参照。在 19 世纪后期以来,我们面临着新的现代化社会变迁,遇到了更广泛的世界文明的环境,同样也遇到了社会价值的重建的课题等,重新再看宋明理学的产生、建立和发展,也有可能为我们今天提供思想文化上的启发。

(本文系作者 2007 年 6 月 27 日在湖南大学岳麓书院国学讲会的演讲)

宋代理学的特点及其对宋代文化的影响

　　宋代是春秋战国以后中国哲学思想另一个繁荣的时代。理学是宋代哲学思想的最大成就。魏晋以来，传统儒学不断受到来自玄学、佛教的挑战；隋唐时期佛教和道教盛行，成为当时主导的思潮。于是，宋代儒学家便在吸收佛、道两家的思想的基础上，对古典儒学作了新的诠释、发展和重建，创立了理学。理学在宋代也称"道学"，近代以来则称为"新儒学"。理学的基本特点是把儒家的价值理念本体化，并贯穿至心性理论和为学功夫。理学作为儒家士大夫的文化，对民众生活有引导的作用，如朱熹的《家礼》对宋代社会观念和日常生活便有相当的影响。南宋晚期，理学成为中国的正统思想，自此支配中国文化数百年之久。

　　宋朝是中国历史上士大夫阶层的黄金时代，宋太祖立国后，为了避免北宋成为五代之后第六个短命王朝，积极推行"重文轻武"政策，防止军人夺权或割据。而读书人即使出身低微，只要通过科举考试，就能进身士大夫阶层，获得较高的社会及政治地位，于是弃武习文成为社会风尚。加之宋代中央王朝大力兴办各级官学，带动了重视教育的社会风气。但人口的增长和官府财政能力的限制，使得教育的社会需求远不能满足，于是私人兴办的讲学书院应运而发展起来。同时，书院作为与官学不同的社会文化力量，与理学发展结下了不解之缘。理学家批评科举与官学教育只引导学子追求功名利禄，他们大兴书院讲学之风，以书院为宣传理学的基地，从而扩大了书院的影响，导致了南宋书院的鼎盛。南宋的书院几乎取代了官学，成为当时的主要教育机构。

　　书院最早见于唐代。唐玄宗以后，官办的书院只是藏书与修书的场所。宋初有六大书院，江西庐山的白鹿洞书院、潭州的岳麓书院、河南应天府的睢阳书院、河南登封的嵩阳书院、湖南衡阳的石鼓书院以及江宁茅山书院。白鹿洞书院、岳麓书院创建于宋开宝九年（976年）；淳熙六年（1179年），朱熹修复白鹿洞书院，兴学讲授；绍熙五年（1194年），朱熹又复兴岳麓书院，积极讲学，对当时书院的发展起了直接的作用。朱熹为白鹿洞书院拟定的学规成为各书院的标准规范，为书院的制度化建设做出了重要贡献。朱熹知南康军的三年中，多次到白鹿洞书院讲学。朱熹任湖南安抚使时，在岳麓书院讲学授徒，虽为时仅两月，但影响极大。由此可见理学家对书院建设的重要推动作用。北宋中期以后，州县官学兴起，书院的发展一度消沉,据不完全统计,北宋时期建立的书院约 140 所。到了南宋,在理学大师书院讲学的影响下,仅江西的书院便达 160 余所。有人根据各省方志统计,两宋书院 80％建于南宋。

唐宋是中华文明的成熟期,而中唐以来的思想文化的发展也见证了中国历史和文化变迁的新阶段。北宋文学的古文运动和儒家思想的新开展都肇始于中唐。宋代思想文化中最重要的发展是理学,它特别重视古典儒家的《论语》《孟子》《大学》《中庸》,而加以新的解释和发展,最后由朱熹把这四种著作合编为"四书"的新经典体系。理学吸收了佛、道思想中的某些成分,弥补和发展了古典儒家的薄弱环节,使得儒家思想可更有力地应对佛道的挑战,故理学的兴起标志着唐代以来儒、佛、道鼎立的多元文化结构进入了一个新的阶段。周敦颐、张载、程颢、程颐是北宋著名的理学家,也是理学的创立者。南宋时期,朱熹继承了程颢、程颐"洛学",又吸收周敦颐的"濂学"、张载的"关学"等理学学派的思想,集北宋理学之大成,形成了"理学"的主流;陆九渊则建立了"心学"的体系,也有很大影响。宋代所开创的理学,后来成为元代至清代前期占主导地位的学术体系,构成了 11 世纪以来中国思想史的主流发展。

（本文系作者 20 世纪 90 年代在某电视节目中的致辞）

"关学"的精神

　　"关学"指"关中之学"，一般特指宋明儒学在今陕西关中地区的发展。"关学"也有不同的发展阶段，如宋代道学主流的"濂、洛、关、闽"，其中的"关学"就是专指北宋时期的"关学"。一般认为，北宋中期的张载及其思想是"关学"的代表形态。张载讲学时便常常谈及"关中学者"，他与河南的二程论学，多介绍关中学者的看法。二程自视甚高，但对关中学者很为推重，他们说"自是关中人物刚劲敢为"。二程盛赞张载的《西铭》说："须得子厚（张载字）如此笔力，他人无缘作得！"意思也是说关中学者的刚健力量才能写出《西铭》这样的大作品。

　　《宋元学案》序录说"关学之盛，不下洛学"，这是指北宋中后期。又说永嘉诸子"兼传关学"，这是讲南宋时"关学"仍有传承之绪。《明儒学案·三原学案》也用"关学"之称，以描述明代关中之学。关中是一地域观念，故"关学"的说法表达了重视地域地理的因素。"关学"的特点，黄宗羲曾说"关学世有渊源，皆以躬行礼教为本"，而这一特点人们多认为与关中"风土之厚"有关，古代研究"关学"的学者认为："关中之地，土厚水深，其人厚重质直，而其士风亦多尚气节而劲廉耻。"

　　半个世纪以来，对"关学"的了解，往往从"以气为本，以礼为教"突出其特点。这种理解突出躬行实践，但忽略了价值和境界。其实，我认为更重要的可能还是从"横渠四句"和横渠《西铭》去了解张载和"关学"的精神及其贡献。换句话说，对张载或"关学"的认识决不能离开我们对宋代儒学主流、对宋代道学总体的认识和评价。照二程说，《西铭》是北宋道学最重要的文献，代表了道学最高的精神追求。而横渠四句"为天地立心，为生民立命，为往圣继绝学，为万世开太平"彰显了儒家的广阔胸怀，即为世界确立文化价值、为人民确保生活幸福、传承文明创造的成果、开辟永久和平的社会愿景。《西铭》是哲学的、伦理的，四句更是社会的、价值的，二者有不同侧重。四句突出了道学的价值理想，《西铭》指引出道学的宇宙意识，而张载的思想整体是把高天和厚土结合一起，顶天立地、天人合一，故横渠四句和横渠《西铭》是"关学"对宋明儒学主流精神与核心价值的主要贡献。四句的意义在宋代还不甚突出，但在明代以后越来越为人们所重视，其影响直至当代中国，塑造了中国知识分子的志向和心胸。在这个意义上说，横渠四句和横渠《西铭》构成了"关学"

对中国文化发展的突出贡献。

《西铭》把古代的仁孝思想大大延伸,把孔孟的孝亲、仁民、爱物、事天一体贯通,发展了"以天下为一家,以中国为一人"的思想,扩大了仁爱的范围;《西铭》把孝亲、仁民、爱物、忠君都看作对天地父母、对天地大家行其大孝,从而大大提高了对道德行为的觉解,使人们从天地宇宙的角度理解个人的道德义务和穷达死生。《西铭》是以万物一气的思想为其基础的,后来张载弟子吕大临提出"凡厥有生,均气同体"和"物我兼体",发挥了张载"视天下无一物非我"的万物一体境界。物我兼体即物我一体、万物一体,这些主张与二程洛学的"仁者与物同体"思想是完全一致的。相比起来,二程的"仁者与物同体"境界固然突出了博爱精神,但联系人伦日用不直接;而《西铭》境界高远,却联系着人伦日用,从更高的层次去理解人伦日用,体不离用。这也应是朱子对二程的同体一体说有所不满,但对《西铭》则无间言的理由。在这个意义上,可以说,"关学"的精神就是《中庸》所说的"极高明而道中庸",既追求博大高明的价值境界,又密切联系人伦生活的日用实践。

《西铭》经程门的表彰,其地位在南宋前期已经几乎与"四书"中的《大学》比肩,南宋儒学各家都把《西铭》视为经典,给予高度肯定,以至于后人称《西铭》为"有宋理学之宗祖"。《西铭》成为道学的经典及其影响的扩大,也引起了南宋淳熙年间反道学人士对《西铭》的攻击。他们批评时人"尊《西铭》而过于六经",批评《西铭》把君主说成与一切人同出于天地父母,使君主和人民成了兄弟,是"易位乱伦",意味着《西铭》消减了君主的绝对权威,缩小了君臣间的距离。其实这些对《西铭》的攻击,恰好证明了《西铭》在当时的重要地位和在政治思想上含有的进步意义。

不仅北宋与张载同时的二程以及他们的后学对《西铭》推崇至极,宋代道学的总结者朱子也大力推崇张载"心统性情"的思想,认为这个思想与二程"性即理也"的思想同样是"颠扑不破"的真理,在道学体系中具有特别重要的地位,朱子还高度肯定张载的"气质之说"。可见,我们论及"关学"的思想文化贡献,不能只就张载论张载,就"关学"论"关学",更要看主流道学对"关学"的认识、评价、吸收、肯定。道学的宇宙论、心性论、功夫论、境界论都有取于张载的学说,而且不是一般的吸取,是作为重要的核心命题来吸取的,这些都证明了张载思想对道学具有的发端和奠基的意义,张载本人也属于道学的创立者群体,宋代的"关学"本身就是两宋道学建构的重要组成部分,这是我们研究"关学"不可忽视的两方面。

《宋元学案·横渠学案》说张载"其学以易为宗,以中庸为的,以礼为体,以孔孟为极……循古礼为倡……于是关中风俗一变而至于古"。又说"关中学者郁兴，得与洛学争先"。《明道学案》说"关中学者躬行之多，与洛人并"。可见当时多以"关学""洛学"并提。二程当时亦称关中学者为"关中诸公""陕西诸公"。在宋代，"关学"与河南的"洛学"关系密切，在明代，"关学"与山西的"河东之学"关系密切，可见与其他一切有地域特色的学术一样，"关学"的发展也总是在与其他学术体系的互联互通中实现的。北宋嘉祐熙宁间，形成了以二程、张载为核心的北宋道学的交往网络，而程张的思想主张共同地形成了北宋道学的主流。目前学界多关注把张载作为关中学派的代表，这是无可非议的。但也要指出，若只把张载定位于此，无形之中可能会只突出张载"关学"对地域文化的贡献，使之成为地域文化的代表，而容易掩盖、忽略他对主流文化——道学的贡献。我们把张载作为道学创立者之一，把张载与道学联结起来，而不把他限定在"关学"文化，正是为了凸显"关学"对主流思想的贡献。"关学"在历史上的不断发展不仅是对以往关中学术的传承，也是对全国学术思想的吸收、回应和发展，它积极参与了各个时代主流思想的建构，是"地方全国化"的显著例子。

儒学的普遍性和地域性是辩证的关系，这种关系用传统的表述可谓是"理一而分殊"，统一性同时表达为各地的不同发展，而地域性是在统一性之下的地方差别，没有跳出儒学普遍性的地域话语，也不可能有离开全国文化总体性思潮涵盖的地方儒学。不过，地域文化的因素在古代交往还不甚发达的时代，终究是不能忽视的，但要弄清地域性的因素表现在什么层次和什么方面。如近世各地区的不同发展，主要是源于各地的文化传统之影响，而不是各地的经济-政治结构的不同。所以，问题的关键不在于承认不承认地域性的因素，而在与如何理解和认识、掌握地域性因素对思想学术的作用。

近几十年来，与其他省份多侧重"文化"的展示不同，陕西非常关注"关学"的总结发掘。换言之，其他省份多是宣传展示广义的地域文化的特色，包括人物、历史、风物、民俗、诗文等，而陕西的"关学文库"工程更多关注的是学术思想史意义上的地域学术的传统，这是很不相同的。

"关学文库"是国家十二五重点图书出版规划项目，内容包括两大系列，即文献整理系列和学术研究系列。文献整理系列含二十几位历史上"关学"学者的文集的整理，学术研究系列含十几种研究的著作，两个系列共40余册，洋洋大观。文集的整理不仅细密精审，而且以文献的研究为基础，如新编《张子全书》，其中的《补遗》收入了三种佚书以及其他相关文献，与通行本张载集28万字相比，增加到50多万字，成为最完备的张载著作集。"关学文库"不仅把"关学"的主要资料全部收揽其中，而且通过研究著作系统展示了当代"关学"研究的新成果、新水平。因此，这一工程的完成是中华文化传承创新的一项重大贡献,值得祝贺。正如张岂之先生在总序中所指出的,"关学文库"以继承、弘扬、创新中华文化为宗旨,以文献整理的系统性、学术研究的创新性为特点,是我国第一部关于绵延800余年的关中思想学术的基本文献整理与全面研究的大型丛书。这项重点文化工程的完成,对于完整呈现"关学"的历史面貌、发展脉络和鲜明特色,彰显"关学"精神,推动传统文化创造性转化、创新性发展都具有重要意义。

简论"浙学"

有关儒学的普遍性与地域性,我一向认为,中国古代自秦汉以来,各地文化交流已经很频繁,并没有一个地区是孤立发展的,特别是在帝国统一的时代。宋代以后,文化的同质性大大提高,科举制度和印刷业在促进各地文化的同一性方面起了巨大作用。因此,儒学的普遍性和地域性是辩证的关系,这种关系用传统的表述可谓是"理一而分殊",统一性同时表达为各地的不同发展,而地域性是在统一性之下的地方差别,没有跳出儒学普遍性的地域话语,也不可能有离开全国文化总体性思潮涵盖的地方儒学。不过,地域文化的因素在古代交往还不甚发达的时代,终究是不能忽视的,但要弄清地域性的因素表现在什么层次和什么方面。如近世各地区的不同发展,主要是源于各地的文化传统之影响,而不是各地的经济-政治结构的不同。所以,问题的关键不在于承认不承认地域性的因素,而在于如何理解和认识、掌握地域性因素对思想学术的作用。

近一二十年,全国各地,尤其是经济发达的地区或文化教育繁荣发展的地区,都很注重地域文化的挖掘与传承。这可以看作中国崛起的总态势下、中华文化自觉的总体之下各种局部的表达,有着积极的意义,也促进了地域文化研究的新开展。其中"浙学"的探讨似乎是全国以省为单位的文化溯源中特别突出的。这一点,只要对比与浙江地域文化最接近、经济发展和教育发展水平最相当的邻省江苏,就很清楚。江苏不仅没有浙江那么关注地域文化总体,其所关注的也往往是"吴文化"一类。指出下面一点应该是必要的,即与其他省份多侧重"文化"的展示不同,浙江更关注的是"浙学"的总结发掘。换言之,其他省多是宣传展示广义的地域文化的特色,而浙江更多关注的是学术思想史意义上的地域学术的传统。这是很不相同的。

当然,这与一个省在历史上是否有类似的学术资源或论述传统有关。如朱熹在南宋时已使用"浙学"一词,主要指称婺州吕氏、永康陈亮等所注重的着重古今世变、强调事功实效的学术。明代王阳明起自越中,阳明学在浙江的发展被称为"浙中心学";清初黄梨洲倡导史学,史称"浙东史学"。明代以后,"浙学"一词使用渐广。特别是浙东史学或浙东学派的提法,清代以来已为学者耳熟能详,似乎成了"浙学"的代名词。当代关于"浙学"的探讨持续不断,其在浙江尤为集中。可以说,南宋以来,一直有一种对"浙学"的学术论述,自觉地把"浙学"作为一个传统来寻求其建构。我以为这显示着,至少自南宋以来,浙江的学术思想在各朝各代都非常突出,每一时代浙江的学术都在全国学术中成为重镇或重点,产生了较大影响。所谓"浙学"也应在这一点上突出其意义,而与其他各省侧重于"文化"展现有所分别。事实上,"浙学"与"浙江文化"的意义就并不相同。总之,这些历史上的"浙学"提法显示,宋代以来,每一时代总有一种"浙学"被当时学术思想界所重视、所关注,表明近世以来的浙江学术总是积极地参与中国学术思想、思潮的发展潮流,使"浙学"成为宋代以来中国学术思想发展中的重要成分;而宋元明清以来的浙江学术是否有一个一以贯之的学派或学术传统,倒并不是最重要的了。所以在我看来,"浙学"历史的多元性内涵已经使把"浙学"归结为某一种学派的努力成为不可能,"浙学"在历史上出现及其影响的重要意义是,每一时代的浙江学术都在全国发出一种重要的声音,影响了全国,使"浙学"成为中国学术思想史内在的一个重要部分。

　　当然,每一时代的浙江学术及其各种学术派别往往都有所自觉地与历史上某一"浙学"的传统相联结而加以发扬,同时参与着全国学术思想的发展。因此,"浙学"的连续性是存在的,但这不是说宋代永嘉事功学影响了明代王阳明心学,或明代阳明心学影响了清代浙东史学,而是说每一时期的学术都在以往的"浙学"传统中有其根源,如南宋甬上四先生可谓明代浙中心学的先驱,而浙东史学又可谓根源于南宋"浙学"等。当然,由于全国学术的统一性,每一省的学术都不会仅仅是地方文化的传承,如江西陆氏是宋代心学的创立者,但其出色弟子皆在浙江如甬上;而后来王阳明在浙中兴起,但江右王学的兴盛不下于浙中,这些都是例子。"浙学"的不断发展不仅是对以往浙江学术的传承,也是对全国学术思想的吸收、回应和发展,是"地方全国化"的显著例子。

　　对"浙学"的肯定不必追求始终不变的特定学术规定性,然而,能否寻绎出"浙学"历史发展中的某种共同特征或精神内涵呢?关于历代"浙学"的共同特征已经有不少讨论,如"浙学"重视事功与道德的统一这一特色,古人、今人申论甚多,就不必重复了。我想在这里提出一种观察,对已有讨论作一补充,即:南宋以来,浙江的朱子学总体上相对不太发达。虽然朱熹与吕祖谦学术关系甚为密切,但吕氏死后,淳熙、绍熙年间,在浙江并未出现朱子学的重要发展,却出现了以甬上四先生为代表的陆学的重要发展。南宋末年至元初金华四先生的朱子学曾有所传承,但具有过渡的特征,而且在当时的浙江尚未及于慈湖心学的影响,与甬上四先生在陆学所占的重要地位也不能相比。元明清时代朱子学是这一时期全国的主流学术,但在文化发达的浙江,朱子学始终没有成为重点。这似乎说明,浙江学术对以"理"为中心的形上学建构较为疏离,而趋向实践性格较强的学术。不仅南宋的事功学性格是如此,王阳明心学的实践性也较强,浙东史学亦然。朱子学在浙江相对不发达这一事实可以反衬出浙江学术的某种特色,我想这是可以说的。

"浙学"的意义,也许主要不在于历代连续传承一种学术,而毋宁说是每一时代的"浙学"都作用于时代的社会、政治、思潮,发挥了重要的思想文化影响,足以为浙江学术的骄傲。至于"浙学"的连续性,我以为,重要的不一定是要把南宋以来的浙江学术,用某一家一派的主张来贯穿以呈现所谓的连续性,这既不必要,也不可能,因为"浙学"在历史上本来就不是单一的,而是富于多样性的。另一方面,无论如何,南宋的事功学、明代的心学、清代的浙东史学是"'浙学'最具坐标性质的思想流派",值得不断深入地加以研究。

(本文发表于 2014 年 1 月《浙江社会科学》)

关于闽南文化

朱子与朱子学的思想文化在闽南地区有深入而持久的影响,这是一个事实。从这个事实出发可知,朱子学是闽南文化的一个重要因素。由此来思考闽南文化的定义,应为:"闽南文化是在闽南地区曾流行并有影响的文化成分或形式"。也就是说,闽南文化不是指在闽南地区土生土长的文化而已。

因此,也就是说,闽南文化并不是专指一种人类学所谓的地方性知识。人类学所说的地方性知识是指一方人们独享的、完全自主生产的文化。闽南文化是中国文化的区域表现,是精英文化与民间文化的结合,是由两种文化共同组成的,而非仅仅指民俗文化。当然两种文化的关系是复杂多样的。

从这个角度看,目前"非物质文化遗产保护"的概念是有缺陷的,"非物质文化"应当包括思想文化,包括精神的文化;对于非物质文化遗产不能只关注实体形式的文化,也要关注非实体形式的文化;不能只关注文化的文艺形式,也要关注文化的精神内涵。而对待思想文化和精神文化的遗产的态度,不是去"保护",而是要"发扬"。

关于闽南文化中精英文化与民间文化的结合互动,在当代有一个重要的视角,就是中国社会中,儒学及其价值的大众化和通俗化。这可以为我们今天社会主流价值与话语的大众化、通俗化提供历史经验的借鉴。如儒学的大众化、通俗化在闽南地区历史上是如何以特色形态实现的,在闽南的历史上朱子家礼对民俗是如何渗入而产生影响的,这些都是有意义的课题。朱子自己曾在临漳做官讲学,以书院兴学,也致力地方教化,此类现象在中国历史文化中是普遍的、常见的,而在闽南地区的发展有何特色,则是我们要关注研究的。

就中国文化而言,普遍性与特殊性是辩证的关系,中国文化的统一性同时表达为各个地方的不同特色发展,而地区性是在中国文化统一性之下的地方差别,没有跳出儒学普遍性的地域儒学,也不可能有离开了全国总体文化思潮涵盖的地方儒学。地方儒学和地方文化是在中心与边缘的互动中发展起来的。这是中国文化的特点。我们在研究地方文化的同时,不要忽略了中国文化的这一重要特点。

(本文系作者 2013 年 6 月 19 日在闽南师范大学主办的"闽台非物质文化遗产学术研讨会"开幕式上的讲话)

张南轩与乾淳理学

张南轩是朱子学前期重要创始人之一。他曾从胡宏问学,聪明早慧,在青年时代已在理学上达到了较高的造诣。乾道初年朱子曾数次就理学的中和已发未发问题向张栻请教,以了解湖湘学派在这样的问题上的看法和结论。乾道三年朱子到长沙与南轩会面,共论太极中和之义,此后二人成为思想学术交往最深的友人。乾道五年之后,吕祖谦亦参加其中,形成了朱张吕为核心的南宋道学的交往网络,而朱张吕的思想主张共同地形成了乾淳道学的主流。朱、张、吕三人各有思想体系,但相通、相同处是主要的。张、吕二人在淳熙中早亡,朱子独立支撑南宋道学的后续发展,而终于建构、完成了代表乾淳理学的大体系。

这一体系习惯上以"朱子学"的名义为表达,并在后世历史上传承发展,取得了重大的影响。但我们必须看到,朱子学这一体系,在其形成过程中,张南轩是核心的参与者而且做出了重要的贡献。在这个意义上,以一个不太恰当的例子来比拟,正如"毛泽东思想"与"毛泽东的思想"不同,毛泽东思想是有刘少奇、周恩来等共同参与的理论与实践,朱子的思想和"朱子学"也可说有类似的差别。在这个意义上说,"朱子学"的成立包含了东南三贤的共同参与,"朱子学"的概念可以有丰富的含义,这是我们今天论及张南轩和朱子学时不可不注意的。目前学界多关注把张南轩作为湖湘学派的代表,这是无可非议的。但也要指出,若只把张南轩定位于此,无形之中可能会只突出张南轩对地域文化的贡献,使之成为地域文化的代表,而容易掩盖、忽略他对主流文化——道学的贡献。当然,湖湘学派也可以有两种理解,一种只是作为学术流派的简称,一种则是突出地域文化的特色。我们把张南轩作为朱子学前期创始人之一,把南轩与朱子学联结起来,而不把他限定在湖湘文化,正是为了凸显他对乾淳主流理学的贡献。这就是中华朱子研究会参加主办此次会议的一个重要理由。

(本文节选自作者 2013 年 10 月 19 日在"张栻思想与现代社会"国际论坛上的致辞)

黄宗羲民本思想的现代意义

在明末清初的思想家中,黄宗羲政治思想的特色在于,他与当时一流知识分子一起在明朝覆亡的刺激下,在对政治进行了"理念的反省"的同时,也大胆地进行了"制度的反省"。这种反省不仅仅涉及土地赋税等具体制度,而且是对封建社会的根本政治制度和政治理念提出的深刻和尖锐的批判反思。而这种政治思想的反省和批判由以发出的基础,则是他得自古典儒家的深厚的民本主义观念。

在《明夷待访录》中,他抨击两千年来的一姓君主制实践把一家一姓的大私当作天下之大公,把天下当作自己一家的私产,把维护某一家一姓的君主统治当作天经地义的原则。他所抨击和反对的正是马克斯·韦伯所说的"家产制统治"的原则。他主张以"天下"作为根本的价值出发点,认为君主和大臣都应当"以天下为事",即以"天下"的利益作为为之追求的终极目标。他所说的"天下"其实是指"万民"即全体人民,他明确指出:"盖天下之治乱,不在一姓之兴亡,而在万民之忧乐。"政治与社会的治与乱,不是着眼在一姓王朝的兴亡。一个王朝的兴,如果带来的是万民的忧苦,那就是乱,不是治;一个王朝的亡,如果带来的是万民的快乐,那就是治,不是乱。这种对"家天下"和"君天下"的批判,主张把对社会治乱的观察的立足点和价值出发点,从一姓王朝的兴灭转变到天下万民的忧乐,超越了以往儒者的政策批评,也涉及政治统治的终极合法性基础,在根本的政治理念上提出了振聋发聩的声音。

特别是,他明确反对把"君臣之义"绝对化,反对君主本位的政治伦理,而强调天下本位的政治伦理。他说:"小儒规规焉以君臣之义无所逃于天地之间,至桀纣之暴,犹谓汤武不当诛之,而妄传伯夷、叔齐无稽之事,使兆人万姓崩溃之血肉,曾不异夫腐鼠。岂天地之大,于兆人万姓之中,独私其一人一姓乎!"在他看来,从原则上看,士大夫对于王朝兴替的态度,应当以万民的苦乐感受优先于一姓一朝的君臣之义,政治的正义必须以万民的好恶为归依,而决不能以一姓皇权的利益和兴亡作为正义的标尺。在他对学校、取士、田制的设计和陈述中,处处都明白地指向对明王朝政治的批判。这也说明他个人奉行明遗民的行为原则并不影响他把明代政治作为对象进行"制度的批判"。

黄宗羲的这种主张,超越了他所谓历来的"小儒""俗儒",但其根本立场,是与

《尚书》、孟子的政治思想一致的,是对孟子所代表的儒家民本主义思想在中央集权的专制皇权条件下的新发展。孟子的思想在当时战国的历史条件下还不是针对大一统专制皇权的;黄宗羲则明确强调,任何专制皇权的利益在万民的利益面前都是微不足道的,人民的利益才是至高无上的,任何原则都必须处于人民原则之下。

黄宗羲民本思想的另一进步之处,是在破除了以一姓王朝的皇家利益为"公"的同时,还批评封建专制政治"使天下之人不敢自私,不敢自利"的压制和限制,要求承认"人各得自私""人各得自利"的合理性。这里的"人"就是"民",他认为政治的制度和结构要以人民为服务的主体,使人民各自得到其利益的满足,而不是压抑和限制人民对实际利益的追求。这种对民众实际利益的重视可以说是对"万民之忧乐"的进一步的具体表达。这种对民众各得自私、各得自利的同情,主要是指人民对经济利益和富裕生活的追求和满足,黄宗羲用重新界定"公"-"私"的意义的方式,发展了孟子的民本主义和民生思想,具有鲜明的时代特色。

黄宗羲的民本思想和民生思想在大力推行改革开放的今天仍有其重要的意义,认识和发展黄宗羲的思想,对我们进一步认识、理解、发展、实践"权为民所用、情为民所系、利为民所谋"的社会主义政治实践,确有其不可忽视的价值。

（本文发表于 2005 年 4 期《浙江学刊》）

十二、朱子学

- ◆ 朱子学与近代科学发展的相关性
- ◆ 朱子的学术思想与现代通识教育
- ◆ 还原朱子学研究的重要性
- ◆ "水流无波此，地势有西东"——全球化视野中的朱子学及其意义
- ◆ 中韩朱子学比较研究的意义
- ◆ 朱熹的历史与价值

朱子学与近代科学发展的相关性

一 朱子学的知识取向

朱子哲学是 11 世纪以来东亚地区最有影响的哲学,它不仅被统治阶级认可为官方哲学,而且得到了 12 世纪直至前现代最优秀的知识分子的认同。在整个"宋明理学"(Neo-Confucianism)中,与其他思想家及其流派相比,朱子学的一个显著特点是他的学说在整体上表现出来的强烈的知识取向,也正是在这一点上,造成了朱子与"心学"学派之间的冲突。陆王心学对于朱子的全部批评正是针对朱子学中这种注重知识的性格。

理学在北宋的早期发展本来是在"文"与"道"之间的紧张中展开的,理学反对辞章训诂考据之学,强调精神与道德的提升与修养,注重内心生活的体验与锻炼,力图为社会确立一种意义系统。但是在理学一开始的发展中也蕴含了某种程度重道轻文的反智主义。作为儒者的朱子当然要把价值原则设定为本体论与认识论中的优先性,而理学从北宋到南宋的发展显然由于朱子的出现发生了一种转向,即努力追求"尊德性"与"道问学"的平衡。"格物穷理"成为核心的思想原则,朱子学中把"格物穷理"解释为研究事物以穷尽事物之理,强调"格物"的知性意义。朱子宣布"人心之灵莫不有知,天下之物莫不有理",从理论上对物理的客观性和知性主体把握事物的能力作了明白的肯定,为全部知识论和科学的发展开辟了理论上的可能性。朱子明确肯定"理"不仅是本体原理和道德法则,同时包括上至天地下至草木的性质与规律,主张一个儒者必须从万殊的具体事物入手,经验地逐一认识其中之理,最后由个别上升到普遍,达到对普遍性"天理"的认识,所有这些,使得朱子学在理论上与"科学"具有可以相容的特质。

二 朱子学中"知识"的主要性格

然而,在事实上,强调"格物穷理"的朱子学并未对中古的自然科学产生明显的推动作用。这是因为,朱子学所重视的知识主要为人文知识,寻求知识的活动主要为文献的学习(读书)。朱子学承认"尊德性"与"道问学"的互动,但不肯定科学或学问具有独立的价值和意义,生产性活动更不是理学所注意的方面。因此,自然科学的独立发展在朱子学人文理性结构中难以找到生长点。从朱子学与社会的关联说,朱子的读书穷理的方法论为成熟的科举制在客观上提供了支持,科举制则与中央集权的体制结构配合运作,其功能主要是维持官僚队伍的合理再生产。这决定了道德素质和典章历史知识是对作为候补官僚的士人的主要要求,而不鼓励知识阶层进行纯粹自然科学的探索。从学术性格来说,朱子学所重视的知识,即使是关于客观事物的知识,也只是为了达到一种对自然的理解,而不是利用。严格地说,这种理解并不是没有先决条件,并不是努力按事物本来面目去理解的,毋宁说是为了普遍性天理而到具体事物上进行印证的活动。由于朱子学在意向上,是把对具体事物的知性了解与对天理的印证混淆在一起,这就必然对理学对自然的理解产生影响。所以,对于竹子生长的知识,朱子学的立场不是鼓励具体地研究竹子的习性及生长规律,以促进和保护其生长,而是观竹子生长的同时去体验"天地之大德曰生""生生之谓易"的普遍原理。这样一种知识学说的终极指向,并不是近代科学所理解的对物质世界的探索,而是精神对宇宙意义的理解所达到的境界。

三　朱子学知识论的两种功能

朱子学,至少在中国社会历史环境中的朱子学,并不能自发地帮助自然科学生长,以成为近代意义的科学,在这个意义上,朱子学对于近代自然科学并无"创生"的功能。但是,对于东亚社会文化而言,朱子学虽未(或不能)创生出近代自然科学,却不等于说朱子学与近代科学不能相容,也不等于说朱子学对于从前现代走向现代过程的科学发展只有负面的作用。事实上,朱子学的格物穷理的知识论是东亚社会接引近代科学的内部基础与资源,所以明末和清末东亚知识分子以"格物"或"格致"这样有强烈朱子学色彩的概念指称西方近代科学。就是今天的"物理"概念也仍然可看到朱子学的影子。朱子学的若干观念为东亚知识分子接受和理解西方科学提供了一个自己文化的基础。从文化对知识分子深层意识的塑造及其作用而言,可以认为,朱子学虽然对于近代科学缺少"创生"的功能,却有较强的"模拟"功能。朱子学对东亚社会及其知识分子的重视学习、重视读书、重视教育取向的培育,无疑对东亚社会接受并发展自然科学有重要作用,他倡导的读书方法及实践造就了东亚社会知识阶层对"学习"的训练而形成传统。近代西方科学进入中国未遇到任何文化上的阻力,这不能不归功于朱子学理性主义的影响。从这些方面来看,作为传统的朱子学在近代化过程中仍发生了(着)一定的积极作用。

(1991 年 2 月写于夏威夷,后收录于《朱子学刊》1993 年第 1 辑)

朱子的学术思想与现代通识教育

通识教育目前越来越得到关注大学教育的学者的重视。中国大陆目前通识教育的主要任务之一，是增加中国文化的经典课程，促进学生的中国文化认同，在中华民族复兴的时代，重建中国文化的主体性。在这方面，朱子对儒家经典学习所持的主张对我们有特殊的意义。

我们知道，朱子的经典解释有其明确的哲学基础，此即大学所谓"格物"和"致知"的问题，故朱子的经典解释是与朱子的学问工夫论紧密联结的。朱子一生学问致力于对儒家经典的重新诠释，而对大学的几个重要观念的诠释在他的整个经典系统中占有重要的地位。朱子少年时即受教读《大学》，临终前仍在修改《大学章句》，他以超人的学识和智力，把终生的心力贡献给这一篇短小的文献的整理和解释。这表明朱子对经典权威的尊重和通过汲取古典的智慧并加以创新来发展人文价值的信念，朱子的这一努力产生了广泛的影响，从此整个哲学被格物致知的问题所笼罩，"格物"与"致知"成为宋明理学中最富有生命力的范畴。

朱子的格物说有双重的性格，在朱子的格物说里包含了探索事物道理、规律的认识意义，又强调道德意识的充分实现是格物的终极目的。在经典的训诂和解释方面，以格为穷，以物为物之理，格物即是穷理；有时亦训格为至，格物即到事物上去。在朱子看来，既然《大学》条目中已经有诚意、正心这样的德性条目，格物致知的入手处就应该指知识的学习和积累。因此，到物上去是去穷物之理，这和《易传》的"穷理"之说又可以相通。不仅格物说中包含的经典学习和对自然事物的考察的知性方面在朱子生时屡屡受到象山的反对，朱子学的知识取向在明代更受到了阳明的强烈批评。

从通识教育的角度来看朱子的格致论，有以下几点值得注意：

首先，在朱子哲学之中，读书是格物最主要的工夫，《朱子语类》的"读书法"，记载了朱子教人如何读书，特别是如何读圣贤书的方法。虽然朱子自己的著作中并没有把读书明确作为一个哲学主题来讨论，但有关读书必要性的问题意识处处渗透在朱子的哲学议论之中。鹅湖之会的最后，朱陆的争辩集中在要不要肯定读书作为学圣人的工夫，也反映出这一点。朱子所重视的格物工夫，其中主要的用力之方即是读书，对读书作为工夫的肯定以及以读书为背景的哲学建构，是朱子对孔子

"学"的思想的重要发展,在这一意义上,可以说孔子之后,对"学"或由读书以学的思想贡献最大的人就是朱子。可以说,朱子的思想即是为近古的士人(读书人)提供的一套学为圣人的目标和方法。现代人教育水平普遍提高,朱子思想应较适宜于现代教育中学习者的需要。

其次,朱子所强调的格物和问学,很大程度上都是为了肯定经典讲论在儒学中的正当地位。朱子对经典学习非常重视,朱子所推动的读书主要也是读圣贤之书,读经典之书。虽然朱子作为哲学家毕生从事经典的诠释,但由于朱子特别重视读书人的经典学习,所以,他的经典诠释,在表述形式上,特别注意适合一般士人对经典学习的需要。宋明学者并非都是如此,如王船山的《读四书大全说》,是船山自己的思想著作,而不是用来教授学生的。朱子则不同,从《论语训蒙口义》到《四书章句集注》,多数朱子的经典解释著作都着眼于学生的经典学习、帮助一般读书人学习儒家经典著作是其目的之一。这使得朱子的著作在今天通识教育的经典学习中仍有参考的意义。

最后,朱子对经典学习,是持"德性"-"问学"相统一的立场,因此一方面,朱子始终坚持以道问学的态度,主张人的为学向一切人文知识开放,注重精神发展的丰富性;但朱子并不是引导人走入专门性知识,是朝向超越专门知识,追求达到一种对全体世界的理解。这种态度最接近于通识教育的思想,即朱子真正强调的格物,不是追求一草一木的具体知识,而是达到对万事万物的"通识"理解;读书的最终目的不是指向具体领域的物理,而是指向整个世界的普遍天理。另一方面,朱子也以尊德性的要求出发,要求读书者把经典书中的道理与个人的涵养结合在一起,注重道德意识和价值情感的培养,涵养德性和品质,追求德性与知性的平衡发展,这也是与通识教育的宗旨相符合的。

近代中国教育、科学的发展,曾借用朱子学的格物致知观念接引西方近代科学,是朱子学观念在中国学术近代化产生积极作用的一个例子。值得注意的是,除了朱子学的格物论有益于近代科学在中国的发展外,还应看到朱子学的格物致知思想更近于晚近受到大家重视的大学"通识教育"理念。因为朱子的格物说的确不是朝向某些专业的科学研究,而是重在培养学习者的综合素质,培养学习者的人文精神、道德理解、多元眼界和宽阔胸怀。通识教育的核心课程则是关于经典文本学习的课程,经典的意义在于经典是人类文明的成果,是人类文明在历史筛选过程中经历选择而积累下来的精华,对经典的不断学习与发展是文明的传承的重要途径,这正是朱子所始终重视的一点。由此可见,对于我们的通识教育来说,朱子的思想是孔子之外最重要的思想资源。

(2009 年 7 月)

还原朱子学研究的重要性

问：专门性的学术组织"朱子学研究会"成立了。作为会长，您怎么会想到成立"朱子学研究会"？成立朱子学研究会的初衷是什么？

陈来：每一个学科都有一个与之相对应的学术组织，也就是学会。学会的作用就是联络这一研究领域的学者，加强彼此之间的沟通，增进这个学科的研究，所以说学会的存在是十分普遍的。我们甚至可以这么说，每一个重要的学科都有其自己的学会，比如说李白学会、杜甫学会，还有研究思想家的孔子学会，等等。相对来讲，研究思想家的学会比较少，而研究文学家的学会比较多。以朱熹来讲，他个人以及他的学术在中国哲学史和中国文化史上的地位是非常重要的，而比起朱熹来说，关于一些相对不那么重要的文学家的研究，都有其各自的学会，可是对朱熹的研究在此之前没有成立过任何学会，这是有其历史原因的。我们国家有一段时间（"文革"时期）不能做到正确地认识儒家思想和儒家文化，而是对传统文化和儒家思想文化采取了强烈批判和全面否定的态度。在这样的背景下，当然不可能成立任何专门研究儒家思想和儒家文化的学会。但是就实际情况而言，朱熹的地位确实非常重要，在中国哲学史上，他是宋明理学的"集大成者"。所以说，我们成立的"朱子学研究会"是还原了朱子学研究本来的重要性。

问：朱子学研究会将在有关朱子学的研究中承担的意义和作用是什么？

陈来：有没有整体的研究和整体的规划，对一个学科的发展所起的作用和意义，是完全不一样的。因为现在对于朱子学的研究基本上都是以个体为单位展开的，每个学者都只做自己的研究，所以说成立一个相关学术组织，以便对学科的发展进行整体的规划和联系，是非常重要和必要的。因为学会的存在可以使得学科研究的布局更加均衡，避免重复；另外也可以集中精力来做些事情，在一个时期突出一个主题，同时还可以促成一些集体性的合作。打个比方，假如某个学者正在做一些艰苦的、烦琐的、资料性的编辑和研究，那么就可以通过集体的力量来完成。学会正是承担了这样的一些功能——把个体的研究变成集体的研究、规模化的研究。学会可以有计划地、有组织地、均衡地实现学科的发展。

问：您个人觉得，研究朱子学的意义在哪里？

陈来：有人会问，你觉得研究哲学、研究文化的现实意义是什么，我们研究哲学、研究文化的意义就是为了促进经济的发展和提高我们的生活质量吗？我想不一定。因为文化教育是一个非常广阔的范畴。举个例子说明，我们学习《诗经》《楚辞》，有什么现实意义吗？猛地一想，这和刚刚召开的中共十七届五中全会中规定的现实生活的任务有什么直接联系吗？或许不一定有什么直接联系。那和现实社会的经济改革有什么直接联系吗？可能也没有什么直接联系。那和现今社会所追求的法制进步和法制维权又有什么直接联系吗？我想答案应该也是没什么直接联系。但是，对于文化教育的研究真的和现实社会毫无联系吗？答案肯定是否定的。因为文化教育是一个很广泛、很深刻的领域，这个领域是由很多相关的知识、文化、专业、学科所组成的。就教育本身来讲，如果不学《诗经》《楚辞》行不行？如果不学唐诗、宋词行不行？我的答案是未见得不可以。但是只有有了这些知识的积累，一个人的文化视野、文化教养才能丰富化。假如如是问：一个人如果只了解一首两首的现代诗，能不能在当今社会生活？我自己的答案是未见得不能生活，但是这个人所处的文化层次、生活层次肯定是不一样的。所以说，文化本身就有它自己的价值和意义（也就是对整体素质的熏陶），不见得一定需要某些现实的价值才能衬托它的意义，文化可以提高人们的教养，丰富每个人对现实的理解。比如说对朱熹的研究，朱熹代表中国哲学史上的一个高峰，那么了解朱熹、了解朱熹的哲学，对我们发展关于现代哲学的研究，肯定也会起到一定的、积极的推动作用。我们要推动中国哲学史继续往前发展，就要借助于西方哲学，也就是说中国哲学肯定要与西方哲学结合起来发展。这就要引出另外一个问题：该怎么结合呢？怎么把西方哲学和中国哲学结合起来呢？答案就是：结合的领域中肯定会有一部分是朱熹所代表的理学。所以说，研究朱子学的意义主要是在文化、教育、思想、素质等这些层面，而未见得直接和当今社会的经济、政治、法律等这些层面发生什么联系。

　　问：作为一位宋明理学方面的专家和朱子学研究领域的权威，您觉得自己所承担的学术责任和学术担当是什么？

　　陈来：对我个人来讲，我觉得自己的责任就是要推动全国对朱熹和朱子学的研究。因为我觉得，时至今日，我们对朱熹和朱子学的研究及所取得的学术成果和朱熹以及朱子学本身所应该享有的研究规模和研究程度还是很不相称的。在中国哲学史这一领域里，有些其他方面的研究都逐渐地取得了一些，或者也可以说是相当的成绩，比如说跟朱熹相对的关于王阳明的研究。关于阳明学的研究在过去的十年中可以说是发展很迅速的。与其相比，关于朱子学的研究，从好的方面讲应该可以说发展得很稳健，但是反过来说，如果有不好的地方，应该就在于发展得并不迅速。所以说，我个人的想法是，希望通过学会的建立，并且借助学会的推动力，在未来的五到十年之内，能够使得对朱熹和朱子学的研究取得更大的发展，并争取使其在未来若干年内能够发展到其自身应该享有的研究规模、研究地位和研究水平。

　　问：在致力于发展和推动朱子学研究的这些年中，您取得了哪些新的，或者说是重大的学术研究成果？

　　陈来：现在还不能说取得了什么非常重大成果。只能说，现今阶段的规划就是至少要就朱熹和朱子学中的很多部分做更加深入、更加细致的研究，因为朱熹和朱子学研究中的很大一部分领域我们都至今没有涉及过。比如说朱子学，朱子学本身包括朱熹本人的哲学以及他的学问对后世产生的影响。朱熹的整个学派并不是在他自己的时代就完成了的。他的继承者包括他的弟子、弟子的弟子，以及虽然不是他的弟子却信仰他的学问的人，这样的人群构建了整个的朱子学。朱子学一直流传到清代都没有湮灭。也就是说，宋、元、明、清四个朝代对于朱子学的研究整体地构成了现如今我们所研究的朱子学。而我们今天仅仅是对于朱熹本人的研究，也不能说是很充分的，就更不要说对于存在了八百年的、整个的朱子学的研究。就此而言，我们要对各个朝代（宋、元、明、清时代）的朱子学以及每位朱子学家的重要的见解进行分析，把他们流传下来的书籍、文献进行整理、研究。如果完成这些工作的话，那么我们在学术界中肯定会有自己的学术意义、对于学科的发展会有很大的建树。

　　问：您平时工作很繁忙，还有大量的研究工作，那么是什么原因促使您做出出任朱子学研究会会长这一要职的决定？

　　陈来：因为我本来就是研究朱子学起家的嘛。关于朱子学的研究是我的整个学术历程、整个学术生命中非常重要的一部分。我的整个学术研究的基础，可以说就是关于朱熹、关于朱子学的研究。应该说，我早期至少用了七八年的时间来专门研究朱熹以及朱子学，这是我学术历程最早期的时候。研究朱熹、研究朱子学是我学术的基础，也可以说，是我的学术根据地之一。所以说，研究朱熹、推动朱子学的发展，对我来讲是一份义不容辞的责任。或者也可以这么说，我自觉有很多不能推卸、不能推辞的责任和义务，这些责任和义务当中绝对有很大一部分是关于朱熹、关于朱子学的研究。我始终觉得自己肩负着这样一种责任——就是推动关于朱熹、关于朱子学研究的发展。

　　问：众所周知，清华大学曾于20世纪20年代建立过国学院，但只存在了短短的四年时间。如今由您领导的新国学院和曾经由"清华四先生"领导的老国学院之间的区别是什么？

　　陈来：新国学院现在复建只有一年左右的时间，所以如果要回答"新、老国学院之间有什么区别、有什么不一样的地方"这个问题，就只能通过我们未来走出来的路、做出来的成绩才能比较得出，不可能说现在的新国学院刚刚复建，就能轻松地说出与曾经的国学院有什么不一样的地方。

问：作为院长，您如何评价新国学院的历史定位和历史使命？

陈来：复建国学院的初衷是建设一个在清华大学的领导下、关于中国传统文化研究的平台。既然名为"国学院"，那么我们的宗旨当然是要突出中国文化的主体性，但同时在研究的过程中又要包含世界性的学术视野，用一句话概括，就是"中国主体、世界眼光"，这也是我们给自己的定位。因为既然是研究国学，那一定就要突出我们中国人自己的主体意识。但是，我们要做的国学研究，并不是封闭的、与世隔绝的、自说自话的。我们要做的是在世界研究中国学术的这个场域内来定义自己的地位，而且要在世界性的对中国的研究、对中国文化的研究这个场域里面找到自己的主导地位。也就是说，我们不能只简单地做世界汉学研究中的一员，而是要做世界汉学研究中的主流，因为既然是研究中国人自己的文化，那么中国人就应该成为这一世界性研究领域中的主流。这也可以说是我们对自己的期盼。

问：朱子学毫无疑问是国学的重要组成部分。谈了这么多朱子学方面的内容，请谈谈您是怎样定义"国学"的。

陈来：国学有很多定义。从广义上来讲，国学就是中国的传统文化，各种的传统文化都可以称为国学。但是从狭义上来说，则不是所有的传统文化都被我们定义为"国学"的，国学一定是传统的学术，谈"国学"一定要从"学术"这个层面上谈。举个例子，比如古代的小儿歌谣或者清朝的歌谣也是传统文化的组成部分，但是从相对狭义的层面上来谈，这些歌谣并不具备学术性，即不是以学术的形态存在的，所以就不能被纳入"国学"的范畴。也就是说，我们所说的"国学"一定是一种以学术形态表现出来的传统文化。当然了，对于"国学"的定义，每个人肯定都有自己的看法和见解，也不能强求。但是一般我们所讲的"国学"讲的都是传统的学术。

问：您如何看待当今社会的"国学热"？比如说现今社会"快餐型"国学热的现象：某一位学者在电视或者平面媒体上讲国学、讲传统文化，引发百姓的追捧，由此在百姓中掀起一阵"国学热"，继而学者出书，百姓一窝蜂似地购买，但是买回来的书可能很快就会被束之高阁。您如何评价这一现象？

陈来：我个人的看法是，即使这样的热潮可能很短暂，那也总好过没有。当然了，如果可以把这样的热潮常态化，从长久来看，如果可以把国学纳入我们的教育体制，那肯定是再好不过的。只有把对于我们中华民族传承下来的经典文学、经典文化的教育和学习纳入正规的教育体制中，才不会使得百姓对国学的热情好像对流行文学、流行书籍、时尚文化那样只是昙花一现，今天绽放，明天就消失了。把国学纳入、沉淀于教育体制中是发展国学的保障。不过可以肯定的是，所谓的"快餐型"国学热当然也有"快餐型"的意义。我个人希望可以就传统文化和文化传统的学习建立起一套比较完整的教育体系。在这个体系中,既可以有刚刚谈到的"快餐型"的国学教育,也应该有与之相对应的"正餐型"的国学教育。也就是说,假如可以有一套内容丰富的教育体系,其中包含各个方面的文化产品,能够满足各个方面、各个层次的文化需要,那一定是再好不过了。

问:就国学,特别是朱子学方面的图书,请您给我们的读者推荐一下。

陈来:《博览群书》的读者朋友们如果有兴趣的话,我建议可以读读下面几本书:余英时所著的《朱熹的历史世界》、束景南的《朱子大传》、金永植撰写的《朱熹的自然哲学》以及《朱子全书》(修订本)。当然了,我个人还推荐大家看看我本人写的、由华东师范大学出版社出版的《朱子哲学研究》和《宋明理学》。

(本文系《博览群书》访谈实录,刊录于 2010 年 12 期《博览群书》)

"水流无彼此，地势有西东"
——全球化视野中的朱子学及其意义

　　古代儒家的历史哲学，常用"理-势"的分析框架来观察历史。所谓势，就是一种现实的势力、趋势；所谓理，就是规律、原则、理想。势往往与现实性、必然性相关，理则往往联系于合理性而言。二者有分有合。离开历史的发展现实，空谈理想和正义，就会被历史边缘化。但如果认为"理势合一"是无条件的，那就意味"凡是现实的都是合理的"，会使我们失去对历史和现代的批判与引导力量，抹杀人对历史的能动参与和改造。因此，就本来意义上说，"理-势"分析的出现，既是为了强调人对历史发展趋势的清醒认识，更是为了强调人以及人的道德理想对历史的批判改造的功能。从前人们常说"历史潮流，不可阻挡"，历史潮流就是势。历史潮流或有其历史的必然性，但不一定是全然合理的，不是不可以引导的；但不顾历史大势，反势而行，逆历史潮流而动，则必然要失败。妥当的态度应当是"理势兼顾""以理导势"，这是朱子学面对全球化的问题应采取的立场。

一

　　如果放开历史的眼界，把晚近迎来的所谓"全球化"进程放在近代世界历史的发展中，放在世界"现代化"运动的展开过程来看，那么可以说，全球化其实是世界史上现代化发展的一个新的阶段，是世界各地区联结一体进程的一个新的阶段，当然也是全球资本主义发展的一个新的阶段。

　　应当承认，全球化已经成为一个诠释的主题，它所引发的各种诠释涵盖了人类社会实践的多个领域。因此，如果把 20 世纪 90 年代以来兴起和流行的全球化概念看作狭义的全球化概念，即指"冷战"结束以后以信息技术革命为基础的世界新发展时期，那么，要思考和回应全球化运动的特质，必须顾及广义的全球化观念，即 19 世纪以来有关世界交往联系加深的理论思考。今天的全球化，可以说是"世界普遍交往和互相依赖的全面扩展和深化"。

　　今天，面对经济、技术的全球化，以及由此带来的人们对推进政治民主化的要求，我们必须以"全盘承受"的态度，全面加强和世界的联系与交往，加速科技文明的进步,加快学习现代企业制度及其管理体系,推动政治文明的不断进步;立足于民族国家的根本利益,充分利用全球化的机遇,趋利避害,大大发展生产力;借助全球化,促进现代化,在积极融入全球化的潮流中,建设起适应世界发展和潮流的社会,促进中华民族的伟大复兴。

全球化一词,若作为动词,本应指某一元素被推行于、流行于、接受于全球各地,在这个意义上,全球化是有主词的,如说"市场经济的全球化",其主词就是市场经济,如说"美国文化的全球化",其主词就是美国文化。但是,事实上,虽然众多政治家、媒体、学者使用全球化这一语词,但多数人并不赞成这种有主词的全球化理解。从文化上看,原因很明显,有主词的全球化,是一元论的,意味着用单一性事物去同化、覆盖和取代全球的文化多样性,意味着同质化、单一化、平面化,这在文化上是极其有害的。另一方面,这种有主词的全球化,一般被认为是西方化,甚至是以美国的政治经济体制、美国的价值观、美国的文化意识形态作为其主词的,它必然引起与世界各地民族认同和文化传统的紧张。而现实世界的全球化过程也的确有这样的趋势和倾向,特别是美国所主导和推动的全球化始终致力于朝向这样的方向发展。这理所当然地受到欧洲和亚洲等多数国家人民对"文化帝国主义"的警觉和质疑。基于这样的立场,更多的人赞成把文化的全球化视作全球各文化"相互渗透,相互融合"的过程,甚至把全球化作为一种杂和的过程。这样的全球化概念更多地代表一种全球性状态,而不是指单一中心把别人都化掉,这里就不需要主词了。可见,与这样一个时代相适应,必须发展起一些新的、富于多元性的世界性文化概念和文化理解。

所以,全球化和本土化在实践上是互相补充的,所谓"全球本土化"(glocalization)即是如此。从这个方面来说,全球化应当是多主词的,从而形成复数的全球化,诸多的全球化努力相互竞争、相互影响,共同构成全球化时代大交流的丰富画面。在这个意义上,全球化是一个竞争平台,是一种技术机制,任何事物都可以努力借助当今世界的技术机制使自己所欲求的东西全球化。

由于早期现代化过程是历史地呈现为西方化的特点,因此,从韦伯到帕森斯,在伦理上,都把西方文化看成普遍主义的,而把东方文化看成特殊主义的,这意味着只有西方文化及其价值才具有普遍性,才是可普遍化的,而东方文化及其价值只有特殊性,是不可普遍化的,从而把东西方价值的关系制造为"普遍主义"和"特殊主义"的对立。这样的观点运用于全球化,就是以"西方"去"化"全球,以实现"全球化"。在这里,全球化的讨论就和现代化的讨论衔接起来了。"现代化"要求从古代进入现代,讲的是古往今来,突出了"古-今"的矛盾;而"全球化"要求放之四海而皆准,讲的是四方上下,突出的是"东-西"的矛盾。60年代的现代化论者凸显"传统-

现代"的对立,要后发展国家和地区抛弃传统文化价值,拥抱现代化,90 年代的全球主义者强调的是"全球-地方"的对立,要用全球性覆盖地方性。可见,从现代化到全球化,古今东西的问题始终是文化的中心问题。从儒家的思想立场来说,针对现代化理论,我们强调古代的智慧仍然具有现代意义;针对全球主义,我们强调东方的智慧同样具有普遍价值。其实,这两种针对性都是强调文化传统特别是非西方文化传统的普遍意义和永久价值,只是强调的重点是一个侧重在时间,一个侧重在空间。

二

经济技术的全球化是当今的世界大势。而对于文化学者来说,重点是不仅关注全球化运动的"势",也要分析其中的"理",尤其注重全球化运动的文化面向,从而使我们不仅成为全球化运动的参与者,也时刻保持对全球化运动的清醒分析,在参与中发挥东方文化的力量,促进全球化运动向更理想的方向发展。

因此对于我们来说,问题的重点其实不是讨论全球化的经济、技术、政治的方面,重点仍在文化,即全球化时代的文化关系。从全球化的实践上看,经济和文化可以分开讨论。① 如经济全球化的浪潮席卷全球,在第三世界异议较少;但在文化上,注重本土性、民族性和地方特色的呼声日益高涨,而且这些呼声既来自非西方国家,也来自欧洲国家。中国古代朱子学中,有所谓"气强理弱"和"以理抗势"的说法。如果"气"与"势"一样可表达现实性、倾向性发展力量的概念,而"理"可以表达价值理想、合理性的概念,用这样的观点来看全球化的问题,我们可以说,在全球经济领域,气强理弱;但在全球文化领域中,理可以抗势。理念对现实的引导作用更多地体现在文化的领域。

在如何以儒家哲学特别是朱子学的观念分析处理全球化时代的问题上,已经有学者用理学的"理一分殊"来说明东西方各宗教传统都是普遍真理的特殊表现形态,都各有其价值,又共有一致的可能性,用以促进文明对话,这是很有价值的。② 我所想补充的是,从儒家哲学的角度,可以有三个层面来面讲,第一是"气一则理一,气异则理异",气在这里可解释为文明实体(地方、地区),理即价值体系。每一特殊的文明实体都有其价值体系,诸文明实体的价值都是理,都有其独特性。第二

---

① 罗兰・罗伯森也认为,世界体系在政治上、经济上的扩张,与文化并不形成对称的关系。见程光泉.全球化理论谱系[M].长沙:湖南人民出版社,2002:126。

② 刘述先.全球伦理与宗教对话[M].台北:立绪文化事业有限公司,2001.

是“和而不同”，全球不同文明、宗教的关系应当是“和”，和不是单一性，和是多样性、多元性、差别性的共存；同则是单一性、同质性、一元性，这是目前最理想的全球文化关系。第三是“理一分殊”，不同的文明及其价值之间也都有其普遍性。在差异中寻求一致，为了地球人类的共同理想而努力。

进而言之，就社会文明而言，文明包括社会组织、社会制度、生产方式、社会体制，包含民族的各种组织形式、血缘结构，以及语言、风俗、礼法、歌舞、神话、文学等，这些才共同构成一特定的文明社会。文明社会包含甚广，物质、政治、社会、精神的各方面都包含在“文明”之内。文明是实体性的存在之总和，是形而下之可见者。故学者多认为“文明”包括技术、物质的因素，而“文化”是指价值、理想、道德等。

用朱子学的分析，文明属气，文明所寓含的价值为理。各个文明有所不同，即为气的分殊的体现。文明不同，其中所寓含的理亦有不同，即各文明的价值体系有所不同。这合于朱子所说事事物物各有其理，文明的差异性是不能抹杀的。而从宇宙的全体来看，事事物物各有其理是一个方面，还有另一方面即天地万物共有之理，此即“理一”，此“理一”就地球人类而言应是贯穿或超越各文明的普适价值。因此如何处理超越各文明的普适价值与各文明内含的价值之辩证关系，是“冷战”结束以来一直被关注的问题。和而不同，是在“事事物物各有其理”的方面，当然是最基本的层次；若推而上之，各文明之间有没有共同的价值，如何表达这些体现共通性、一致性的共同之理，黄金规则是否可以看作全球伦理共通的理一，都是值得讨论的问题。换言之，分殊和理一在文明问题上如何表现，这仍然是文明对话要探讨的问题。“理一”可对应于世界的普遍性，“分殊”对应不同地区的地方性。“理一分殊”正好否定了只承认“理一”不承认“分殊”的偏失。只承认同质性，不承认异质性，就是忽视分殊，而全球化的同质化势力即抹杀分殊的倾向。朱子曾说：“理不患其不一，所难者，分殊尔。”这句话若扩大其应用来说，亦可作为对待全球化文化的一种态度。

以上是就文明间关系而言。就每一文明而言，气是很强的作用与实体因素，而且气是决定理的实体，但理一旦形成，对气又有主导其方向的内在指向意义。这些分析方法是对朱子学方法的进一步应用。如朱子说，“随其形气而自为一物之理”，此形气亦可为文明之实体因素。朱子又云“观万物之异体，则气犹相近而理绝不同”，各个文明即异体，虽皆有国家社会组织，而文明之价值之理，各有差别。故明代朱子学家罗整庵所云“理须就气上认取”，亦可用于文明多样性的认取。“如这理寓于气了，日用间运用都由这个气，只是气强理弱。”

三

在理气而外，"强弱者势也，得失者事也"。朱子重视"势"的概念，势的概念是就历史人事而言。朱子学中"势"常常体现了历史变化发展的必然性，故言"势有不能已者""势有不得不然""事势之必然"。气强理弱可作为势的一种表现。

在朱子的分析中，出现了"理势之自然""理势之必然""理势之当然"三种概念，虽然朱子对三者的分别未尝详言，但我们可以予以展开，即我们以为，"理势之自然"是指自然的进程，但不是不可改变的进程，故说"理势之自然，非不得不之势也"；"理势之必然"主要是指合乎理性的必然进程与结果，"行仁义而天下归之，乃理势之必然"是非人力所能改变者；"理势之当然"是指历史发展的合理性原则，亦即当然之理，及符合此理的历史实践，故说"理势之当然，有不可得而易者"。此外还有"理势之宜然"的说法，这是指用以解释历史的原则。无论如何，这些理势合说的表达，虽然都表达了理势的关联，但都没有明确涉及价值之理与历史之势之间的紧张。

其实，朱子不仅重视作为历史过程本身合理性的必然之"理"，也重视以当然之"理"推动人的历史实践去补充、导正势的偏重。朱子主张顺理、乘势，既要乘势而行，也要顺理而为。同时，他也指出"天下之势终不免于偏有所重"，故应"因其自然之势而导之"。这里的"导之"所依据的自然是当然之理。所以，朱子的理势说，包含着用理和势二元因素来分析历史，以理导势，引导实践的意思。

在朱子学的历史发展中，理势论也不断得到发展，如饶鲁说"盖天下有理有气。就事上说气，气便是势。才到势之当然处，便非人之所能为"。这是说气体现在世事上，便是势；势之当然处便是天理。明确以势归属气。势可以为流行之总体，亦可为流行之趋势，由于势是人事，与理气自然哲学不同，必须考虑人事的实践努力，而不能认为一切现实是自然合理的。故有理势自然流行之理，也有人事当然之理，后者是人在实践中的指导原则，因此他又说"有大德者便能回天，便胜这势"。"回天""胜势"必须以德为根基，以理为宗旨。在这个意义上说，理可以胜势。

《朱子文集》卷四有诗《分水铺壁间读赵仲缜留题》曰：

> 水流无彼此，地势有西东。若识分时异，方知合处同。[①]

"水流无彼此"，可以表示各文明与文化的共通之理，强调交流与共享；"地势

---

① 朱熹.朱子全书[M].上海：上海古籍出版社，合肥：安徽教育出版社，2002：353.

有西东",可表达东方文明与西方文明的价值差异性,尊重差异。"识分""知合",在全球化时代可诠释为:"分"是文化的差异性、多元性;"合"是全球化、普世化。这首诗在今天读来,帮助我们表达了:把握多元性和普遍性,是全球化时代必须要面对的哲学议题。

总之,朱子在《四书集注》中,既谈到"理势之当然",又谈到"理势之必然"。用这样的观点来说,全球化是"自然之势",但人可以而且应当"因其自然之势而导之",这样才能把理和气结合起来,把理势之自然和理势之当然结合起来,才能促进历史向着人的理想的方向前进。

(2012 年 10 月)

中韩朱子学比较研究的意义

朱熹(1130—1200 年),南宋著名哲学家、儒学大师,在中国哲学史和儒学史上占有极为重要的地位。他一生学术成就十分丰富,教育活动也非常广泛,他在古代文化的整理上继往开来,他所建立的哲学思想体系宏大精密,他的思想学说体系在古代被称为"朱学"。近代学术亦称"朱学"为"朱子学",这是狭义的用法;广义的"朱子学"则包括朱子的门人弟子后学以及历代朱学思想家的学说。

在历史上,朱子哲学以理性本体、理性人性、理性方法为基点的理性主义哲学不仅是 12 世纪以后中国的主流思想,还广泛传及东亚地区,在近世东亚文明的发展上产生了巨大的影响,发挥了重大的作用。在韩国历史上,朱子学在高丽后期已经传入朝鲜半岛,在李氏朝鲜朝逐步发展,在 16 世纪后半期达到兴盛。朝鲜朝崇尚朱子学,使得直到 19 世纪朱子学一直都是其主流学术,居于正统地位。韩国历史上的朱子学多被称为性理学,朱子学促成了朝鲜朝时代的学术繁荣,也形成了韩国性理学具有自己特色的理论发展。

一 朝鲜时代朱子学的贡献

总的说来,朝鲜时代的朱子学,如李退溪、李栗谷,对朱子有深刻的理解,对朱子哲学的某些矛盾有深入的认识,并提出了进一步解决的积极方法,揭示出某些在朱子哲学中隐含的、未得到充分发展的逻辑环节。

比较起来,朝鲜朝性理学讨论的"四七"问题,在中国理学中虽有涉及,但始终未以"四端"和"七情"对举以成为讨论课题,未深入揭示朱子性情说中的矛盾之处。在这一点上朝鲜时代的性理学有很大的贡献。朝鲜时代的朱子学的"四七之辩"看到了朱子哲学中尚未能解决的问题而力求在朱子学内部加以解决。"四七之辩"等讨论显示出,朝鲜朝的朱子学家对朱子哲学的理解相当深入,在某些问题和方面有所发展,在这些方面的思考的深度上都超过了同时代中国明代的朱子学。同时,16世纪的朝鲜朱子学对明代正德、嘉靖时期的阳明心学以及罗钦顺的理学思想皆从正统的朱子学立场做出了积极的回应和明确的批判。在这方面也超过了明代同时期的朱子学。

这显示出，只有把朱子学研究的视野扩大到东亚的视野，才能看到朱子学与阳明学的深度对话，而这仅仅在中国理学的视野中是无法看到的。如果说在中国明代的学术思想中看不到朱子学的内部批评（如对于罗钦顺的批评），看不到朱子学对阳明学的同时代的深度理论回应，那么这些都可以在朝鲜朝的朱子学里找到。韩国朱子学的讨论表明，新儒学即性理学的讨论空间在中国和韩国之间已经连成一体，成为共享共通的学术文化。可见研究朱子学、阳明学及其回应与互动，必须把中国和韩国的性理学综合地、比较地加以研究。

二　东亚朱子学中心的移动

在历史上，与政治的东亚不同，从东亚文化圈的观点来看，随着朱子学的向东传播，朱子学的重心也有一个东移的过程。明代中期以后，朱子学在中国再没有出现有生命力的哲学家，虽然朱子学从明代到清代仍然维持着正统学术的地位，而它作为有生命力的哲学形态在中国已经日趋没落。

而与中国明代中后期心学盛行刚好对应，16世纪中期朱子学在朝鲜获得了发展的活力，达到了相当的深度，朱子学的学者群体也达到了相当的规模。16世纪朝鲜朝朱子学的兴起和发达，一方面表明了朝鲜性理学的完全成熟，另一方面也表明朱子学的重心已经移到朝鲜而获得了新的发展、新的生命，也为此后在东亚的进一步扩大发展准备了基础和条件。如果说退溪、高峰、栗谷的出现标志着朱子学的中心在16世纪已经转移到朝鲜，此后，当17世纪以后朝鲜后期实学兴起，朱子学的重心则进一步东移，朱子学在整个东亚实现了完全的覆盖，使得朱子学成为近世东亚文明共同分享的学术传统，成为东亚文明的共同体现。

因此，虽然朱子是东亚朱子学的根源，但中国朱子学与韩国朱子学不是单一的根源与受容的关系。朱子学文化的中心，在东亚的视野下是可以移动的。没有东亚的视野，就不能了解朱子学中心的转移、变动。

三　东亚朱子学的普遍性

近世以来（中国明清时代、韩国朝鲜时代、日本江户时代）东亚各国朱子学使用共同的学术概念，具有共同的问题意识，认同共同的学术渊源，共同构成了这一时代的理学思想、讨论、话语。中国和韩国的朱子学者虽然生活语言不通，文化传统有别，但共同使用汉字和共同的学术语言，以汉文儒学典籍为经典；他们不仅通过经典文本与古人进行交流，也产生了相互之间的交流。他们从各自不同的角度积极地发展了理学的思考,为东亚地区的朱子学普遍性体系做出了自己的贡献。

　　用"一体和多元"来观察东亚朱子学的横向面貌,目前较为大家所接受,就是说东亚朱子学在体系上内在地是一体的,而中国朱子学、韩国朱子学等不同国家地区的朱子学又有自己的关注的问题,形成了朱子学的多元的面貌。这是没有问题的。另一方面,也可以看出,16世纪的朝鲜朱子学与12世纪以后的中国朱子学相比,在理学的话语、概念、问题意识方面,哲学的普遍性讨论是主体,而附加其上的具体性、脉络性、地域性的因素是次要的。例如不能说"四七"的讨论及其出现是朝鲜朝特定社会政治的特殊性造成的,"四七"的讨论更多的是朱子学内在、深入的探究使然。若强调脉络性,则会倾向把"四七"的讨论看成鲜政治社会的因素的直接结果。而强调普遍性,才能确认"四七"的讨论是更深层次的朱子学讨论,才能认识朝鲜朱子学的理论造诣和成就,才能说朝鲜朱子学超过了明代朱子学。朱子学是以其普遍性的义理吸引了东亚各个地区的学者,朱子学的普遍性义理为这些地区的士人提供了理论思考的框架和工具,提供了价值、道德、伦理和世界观、宇宙观的基础,朱子学成为这一地区共通的学术文化,这在中国和韩国最为明显。

　　因而,把文化的视野扩大,超出一个国家的边界来看,理学不仅是11世纪以后中国的思想体系,而且是前近代东亚各国占主导地位或有重要影响的思想体系。因而说理学是近世东亚文明的共同体现、共同成就、共同传统,是不算夸张的。故而,就朱子学研究而言,要展现朱子学体现的所有环节、所有实现了的可能性,就需要把中国、韩国的朱子学综合地、比较地加以研究。如"四七"的讨论可以说是朱子学自身所涵有的理论环节,但在中国更多的只是萌芽的或潜在的存在而没有发展,而在韩国则明确实现出来、发展出来。不研究韩国朱子学,就不能确认"四七"或"理发气发"的问题在朱子学体系中的存在和地位。

　　理学不仅是中国宋明时代的思想,也是韩国朝鲜时代的思想,亦是日本江户时代的思想,把东亚各国朱子学的贡献都展示出来,这样才可能把朱子学理学体系的所有逻辑环节和思想发展的可能性都尽可能地揭示出来,也才能把理学和东亚不同地域文化相结合所形成的各种特色呈现出来。不综合地研究中国和韩国的朱子学,就不可能了解朱子学体系包含的全部逻辑发展的可能性,不能了解朱子学思想体系被挑战的所有可能性,不能了解朱子学多元发展的可能性,不能确认朱子学在各个时期的发展水平,也就不能全面了解朱子学。

(本文发表于2014年3月12日《中国社会科学报》)

朱熹的历史与价值

戴鹤白(以下简称戴)：陈教授您好！今年是朱熹诞生880周年,中国北京、福建等地,都将举办关于朱熹的讨论会和纪念他的活动。我今天要提的问题都是围绕这个在西方既很出名又很陌生的中国宋代哲学家。您对朱熹的研究有很大的贡献,您认为在中国的哲学史中,朱熹占有什么样的地位？

陈来(以下简称陈)：我觉得在中国哲学史上,有两个人的地位最重要。第一个当然是孔子。孔子对夏商周一直到春秋的文化,对早期中国文化作了总结,并把这种总结上升到哲学的高度,这是第一个贡献。孔子通过这种总结和哲学的提高,开创了儒家这个哲学学派,这个学派成为中华文化的主要部分,影响了后来2500年的整个中国文化。朱熹比孔子差不多晚了1500年,他是中国文化史上另一个集大成者,他的作用可以说和孔子几乎相当。那个时代,一方面,他总结了孔子以来儒学的发展,所以他也具有总结的作用；另一方面,他又有了提高,这个提高是新的,面对佛教文化的进入和佛教文化对儒家文化的冲击,他要重建儒学的思想和哲学基础,比如说：宇宙论、心性论、修养功夫,他要作重建,这些成就都是集大成式的。所以,孔子可以说是中国第一个集大成的人物,而朱熹则是孔子以后的第二个。朱熹的思想,从12世纪以后,一直影响到19世纪。从南宋末期到元明清三个朝代,都是以朱熹的思想为正统,当然它也受到很多的批评和挑战,但我想这没有关系。另外,如果从整个东亚看,韩国一直到19世纪末,还受到朱熹思想的影响。日本也有几个世纪,特别是17、18世纪,朱子学的影响比较大。所以,我想,朱熹的影响和孔子一样,一方面在中国发生这么大的作用；另一方面,在东亚的思想和文化历史上,也有这样重要的地位。

戴：您把他放在第一还是第二的位置上？

陈：第一是孔子,第二是朱熹。

戴：那么后代,明代的王阳明,您认为他的地位没有朱熹这么高？

陈：我觉得没有这么高。因为他的时代比较晚了,已经到了16世纪初,这期间差了500年。有个笑话,进入21世纪的时候,因为要进入新的世纪,有很多人喜欢做这样的事,欧洲是,美国也是,就是看在过去的1000年里,有哪些影响世界的人物。在这个人物名单里,有朱熹,但没有提到王阳明。王阳明没有这么重要,时代不同了,因为他们差了 500 年。

戴:您写的著作中,有《宋明理学》,其中有朱熹的十个主要概念,理气先后、理气动静、理一分殊、已发未发、心统性情、天命之性与气质之性、主敬与涵养、格物穷理、道心人心、知行先后。您认为这十个概念中,哪个最代表朱熹的思想,哪个是最重要的?

陈:我看都很重要(笑),因为可以从不同的角度讲。比如说一个纯粹学哲学的人,特别如果是学西方哲学的话,你会容易认为那些宇宙论的、本体论的,这些讲法可能比较重要。因为西方哲学里面 ontology、cosmology 这样的论题比较重要。但在中国其实不一定,可能最重要的不是宇宙论,而可能是心性论。但不管怎样,我想,以前有一个讲法,说"宋明理学"可以叫作"性理之学""性理学",韩国人也是讲"性理学"。我想就朱熹而言,有关人性、性和理的讨论应该是最重要的。

戴:但是这十个概念中,他最有创造的是哪个? 他虽然是集大成者,但是有没有一个他自己最特殊的突破?

陈:关于理气的讨论,我觉得这个就非常具有独创性。因为在二程那里,并没有明确地讨论理气问题,他们讨论理和事,理事一源;理和象,《周易》中的象;理和数,但没有直接讨论理气的问题;周敦颐讲到气,邵雍也讲气,但他们没讲理;周敦颐讲太极,朱熹说太极是理,但周敦颐自己并没有讲太极就是理。所以关于理气的讨论,我觉得这是朱熹的突破。一方面他有总结,另一方面他又有创造。理气的思想对后来的影响很大,包括元明清,讨论整个哲学问题,都不可能离开理气这两个最重要的范畴。

戴:这是个很重要的概念。在您的《宋明理学》中其他哲学家没有提到这么多的概念,只有他有十个,是不是说他创造的概念最多?

陈:不一定都是创造概念,有的是继承的,因为集大成是综合的。比方说"已发未发",这个不是他自己提出的,这个在《中庸》里面就有了,北宋开始讨论。朱熹有他新的理解,但问题不是他的独创,只是对于问题的处理,他是独特的。当然这个独特是通过对前人的总结,梳理对前辈、二程,特别是程颐的思想而总结出来的。再比如知行的问题就更早了,《尚书》里就有了,它不断地出现在各个历史时代,宋代理学也有。知行的问题不是新的,但是强调知是先行是后,知是轻行是重,这个讲法是朱熹独创的,是他特有的。

戴:在这点上,他和陆九渊的观点是否相反呢?

陈:有一些差别吧。我想朱熹所使用的哲学范畴不一定是新的,但是他对这个问题的处理是新的。

戴:那么,这十大范畴会不会构成了朱熹的哲学体系?

陈：我相信是这样的，它们是构成朱熹哲学体系的重要部分。当然不是全部，朱熹的全部思想非常丰富，涉及面非常广。我们现在就是用现代人所理解的"哲学""思想"的观念去理解理学的。比如说什么是最重要的哲学问题，什么是最重要的理学问题，这是根据我们现在的理解所概括出来的比较重要的问题。可能随着我们对理学研究的深入会理解得更多，以后我们会谈一些理学或者儒学的更特殊的问题，因为以前我们在处理这些问题的时候，中国哲学还是处在一个主要以西方哲学作为参考的背景下。那么朱熹哲学里到底是否还有一些从中国思想自己看来很重要的问题，虽然在西方哲学角度上来看不重要，可在中国哲学的角度上看很重要？比如说，我现在要讲的"四德"问题，我们在以后写朱熹哲学时可能需要把这个问题写出来。元亨利贞这个问题在西方哲学中不可能重要，但你看元亨利贞、仁义礼智，这"四德说"也许以后我们再讲朱熹的时候就要讲，所以我们所谈论的朱熹是我们现在理解的问题，并不等于说包括了朱熹所有的思想。

戴：关于"理"的概念，如果用英文或白话文，该怎么翻译呢？

陈："理"这个概念的英文，大家喜欢用 principle。principle 的中文翻译也有好几个，原则、规律，我们现在基本上也在用。原则、规律、原理，基本上用这三个词来解释"理"。当然了，这是在"理气论"的意义上。在伦理学上，"理"在不同的语境下有不同的翻译。比如"理一分殊"，具体的"理"，就是指具体的道德规范。如果谈一个具体的事物，比如桌子有桌子的"理"，这个"理"就不是指道德规范，而是说桌子有桌子的属性，或者本性。我们现在处在白话文的语境下，在白话的哲学语言、体系里，这个"理"要用很多词来处理它。

戴：能不能用"真理"来翻译？我在看朱陆的几封信，翻译朱熹的几封信时，感觉有的时候将它翻译成真理是比较恰当的。

陈：有时候是可以的，因为"理"在有的时候确实表示真理，但不是说所有的地方都能用真理。

戴："理"就是太极，也可以说是本体。那么在荷兰哲学家斯宾诺莎那里，就有上帝在配合本体这个范畴。那么，在中国，"理"是否可以变成中国人的上帝？

陈：不可以，因为这是整个理学的一个重要特点。古代中国有"上帝"这个概念，但在西周的时候，"上帝"这个概念更多的是用"天"来表达，这个"天"不仅仅是自然的蓝天、白云，它还代表"帝"。所以天是一个主宰，它有人格主宰的意义。但这种意义经过西周慢慢变化，到孔子那里，其人格主宰意义慢慢被淡化，但仍然保存着。你看孔子《论语》里面的"天"，不纯粹是自然的天，它跟老子讲的不一样，"天"仍然带有主宰的意思，只是没有那么强了。在宋代，"天"解释得非常清楚："天者，理也。"就是说"天"不是上帝，"天"只是宇宙自然法则，而不是宇宙的人格主宰。所以，从这个意义上来讲，它不是一个上帝的概念。

戴：您的《朱子哲学研究》第 336 页，说有人把朱熹和康德作比较，但是您更愿意把他和莱布尼茨作比较，请问这是什么原因呢？

陈：其实可以有很多的比较，海外新儒家比较喜欢用康德与朱熹比较。但康德比较讲主体——subjectivity，这与朱熹的情况不太一样。如果说要比较，朱熹跟谁比较接近的呢？我想古代的是柏拉图，近代的呢，我想还是与黑格尔比较接近，人们比较讲究一个客观的本体，而不是强调主体性，当然他对"心"也很重视，所以我不太赞成从康德的角度来讲朱熹。另外，有一些人用康德来讲朱子的时候，基本上是用康德批判朱子，因为康德有自律的概念——autonomy，朱熹的思想则不是autonomy，二者是不相干的！所以你看朱子，比如说，斯宾诺莎、莱布尼茨，他们都比康德更接近朱熹。因为他们都有系统的宇宙论，康德没有一个真正的宇宙论。

戴：朱熹以为去世的皇帝在天上是有灵魂的，这是一个普遍的信仰吗？

陈：当时的人认为不仅是皇帝，所有的人死了以后，可能都有魂。但这种魂在朱熹那里，已经用"气"来解释它们，魂和魄都由"气"来解释。就是人死了后，魂魄不会马上消灭，但也可能慢慢地消灭，也可能很长时间才消灭。那么祭祀的作用，就是希望活着的人与魂气能够接通，使它们能够沟通。所以，格物的"格"字，古代的儒家都讲"祖考来格"，祖考就是祖先死去的魂气，你祭祀的时候，它们就会有反应。灵魂来了以后，它们就能享受你给他的祭祀品，当然这个享受不是我们日常意义的享受，它们不会用嘴来吃，但是它们会享受。所以理论上，那时认为，不仅皇帝是这样，所有的人都是一样的（死后会灵魂不灭）。

戴：朱子里面有一个很重要的概念"心统性情"，这是不是说，人能够实现超越、克服他们自己本身的命运，获得自己的自由呢？

陈：我想，可能还不能完全说人就可以主宰自己的命运。因为性和情都是属于主体的部分，而命运是外在的网络，它是决定性的。但朱熹很强调心的自由，心不受情的限制，如果心受到情的限制，就没有自由。"心统性情"，心能够驾驭性情、控制性情，它才能够从性情的限制中摆脱出来，实现自由。但是这种自由不等于是对命运的自由，只是对情欲的自由。

戴：他经常和道家、佛家比较，说心是主动的，而不是被动的。是不是这个意思呢？

陈：我想他更多的不是讲心是主动的还是被动的，他主要还是讲心有伦理的、道德的内容。因为他认为佛教讲的心是"空"的，空的里面没有"理"，实的里面有"理"。这个"理"当然就是"性即理""心具理"，无论怎么样，心都不能是空的。他就认为，道教也好，佛教也好，特别是佛教，心是空的，因为里面没有东西。佛教、道家的心是空的，就是没有任何作用，而且没有任何价值的内容，这是理学家特别反对的。

戴：在西方，一般很少敢说中国哲学是形而上学，你认为朱熹的思想是否是形而上学？

陈：我认为理气论就是形而上学。另外像心性论，在西方的传统里面，自从亚里士多德下来，形而上学就是这些，像实体，但很少讲心性论。但从中国哲学的角度来看，心性论也有形上的意思（笑）。

戴：那么，形而上学是从朱熹开始的呢，还是以前就有？

陈：这个在他以前就有。老子就有了，老子就有形而上学。另外魏晋时代的新道家、魏晋玄学、王弼他们的东西，都是一种形而上学。宋代程颐，他也有形而上学，只不过那不是他思想的全部，只是其中的某个部分。

戴：在您的著作《朱子哲学研究》中，您说"陆九渊大胆指出《太极图说》与道家的关系是有见地的"，而又说"陆九韶与陆九渊认为朱熹所谓提出'无极'以防止人们误认'太极无极同于一物'的说法是牵强的"。那么您到底是怎么看的？

陈：其实我不是说朱熹所有的解释是牵强的，也不是说陆九渊所讲的都是有道理的。我只是说朱熹的说法有自己一套独特的解释，陆九渊也有自己的一种解释。只是陆九渊的解释是比较简单的，朱熹的解释比较复杂。比如陆九渊说"无极"是老子的，乍听起来好像很有道理，道家一直在讲"无极"嘛。但是朱熹的解释在于说明，概念没有学派的属性，概念是每个人都可以用的，最重要的在于你怎么理解它们，怎么使用它，赋予它什么意义！你比如说"无极"，无极而太极，朱熹就把"无极"当作"无形"来理解，"无极而太极"就是无形而有理。这个解释就变成儒家的，所以朱熹的讲法就比较复杂。陆九渊说"无极"是道家的，听起来好像有道理，但是朱熹的解释同样有道理，只是它比较复杂。

戴：朱熹的思想在近代受到很多人的排斥，是因为他代表正统。那么，在现代呢？你认为朱熹的思想在现代有什么样的地位呢？有没有很多人研究他？您认为，现在的儒学复兴是一种表面的现象，还是真实的内容？

陈：不，我觉得不是表面的。现在中国人的心情是真实的，希望文化复兴。但新的复兴是不容易的，需要有新的朱熹出现，新的二程出现，新的思想家出现。在20世纪，已经有一些新的儒家思想家，比如说熊十力、梁漱溟、冯友兰，这些都是20世纪新的儒家哲学家。21世纪应该有新一代的儒家思想家，因为熊十力、梁漱溟、冯友兰他们继承儒家的思想著作，都是在20世纪的前50年写的。到了20世纪的后50年，整个主流文化是批判儒家文化的，批林批孔。在这半个世纪里没有出现新的儒家思想家。现在呢，虽然老百姓也好，知识分子也好，大家对传统文化有兴趣,也希望了解学习,儒学也确实是在复兴,但是这种复兴还是在文化上的复兴,还不是哲学上的复兴。现在有小孩子念《三字经》、念《论语》,这表明文化在复兴,但真正完全的复兴,需要有新的思想家的出现,比如像熊十力、冯友兰那样的人,只有这样,21世纪儒家的复兴才能真真正正地发展起来。所以复兴是真的,但现在才刚刚起步。

戴:现在中国社会可以说有一个大的"运转",甚至有人说是一种"复辟"。那么,现在对朱熹的恢复、平反,刚才说他受到批评,这是不是反映社会的整个运转?

陈:这个社会变化很大,特别是从毛泽东的时代过来,从邓小平的时代开始一直到今天,整个社会结构变化很大。大家在这个变化过程中,对文化的理解也产生了变化。如我刚刚讲的,人民一般来讲,对于他们自己的传统文化越来越有兴趣。但是也有相当多的知识分子对文化传统持批判的态度,特别是学习现代文学的学者,受到"五四"新文化运动影响比较深的学者,比如说北京大学有些学者,他们仍然是对朱熹甚至对孔子这样的人持批评态度,这样的人还不少。但是,我想,虽然这些人还在,但是这个情况正在变化,他们的力量越来越小了,同情传统文化的人越来越多。所以在这里面还会有争论,还会有人写文章批评朱熹,但是我想这个形势已经改变了。如果你看未来二三十年,朱熹的地位会越来越高才对。

戴:我最近在法国翻译了朱熹的《戊申封事》——写给皇帝的公报,他直接或间接地批评了孝宗皇帝的一些缺点。那么这种方式您认为在南宋时期是普遍的吗?那是朱熹个人非常突出的勇气,还是一般文人都具有的?

陈:封事这个事情在南宋是普遍的。如果你没有机会和皇帝当面表达你的意见,你就可以写封事来表达你的政见。我想就朱熹而言,对他来讲是需要勇气的,因为什么呢?因为孝宗皇帝不太喜欢他,特别不太喜欢他讲的东西。他明明知道孝宗皇帝不喜欢他讲的东西,他还要讲,这就是勇气。因为在《戊申封事》之前,他在春天的时候到杭州去,路上就有人和他讲,说你这次去,不要再讲正心诚意。因为他以前每次都是讲《大学》,正心诚意、格物。这是什么意思呢?让皇帝加强自己的修养,看看皇帝的心正不正。他就是说皇帝的心不正,因为你的心不正,所以容易受到小人的影响,所以他讲的这套东西皇帝不爱听。三十几岁他就讲这个,三十三四岁,他见皇帝就讲这些东西,格物致知,就是说你陛下你要正心诚意。所以在戊申年去见皇帝的时候,有人就劝他说你讲的东西是皇上最不喜欢听的,你这次就别讲了吧! 他说,我怎么能不讲呢? 不讲就是欺骗皇帝,我要把我真正的想法讲出来。如果我不讲,就是欺骗,因此他就接着讲。当时可能觉得讲得不够吧,回来在冬天就写了这封封事。在这之前十年——庚子年,他写有《庚子封事》(《庚子应诏封事》），当然他那时讲的具体的东西比较多，但也是一贯的。所以我想，当时的士大夫批评皇帝并不奇怪，但朱熹是一个代表，因为他讲的都是皇帝不爱听的，明明知道皇帝不爱听，他还要讲。我想，孝宗皇帝还算是不错的，因为他的封事送到皇帝那里时，已经是夜里，皇帝还要起来把灯点亮，还要一篇篇看。看完之后虽然没有那么高兴吧，我想还是有点感动，心想这个老头，这位老臣，他还是为朝廷、为皇帝着想，所以还是受到一点感动吧！您觉得呢？

戴：我觉得是这样的。朱熹的晚年，最后五年，即在庆元那个时候，他的学说被禁止了，甚至儒家的著作都被禁止了，因此就有人将其称为"封建时期的'文化大革命'"。

陈：这个我想不能说是"文化大革命"，因为它的所有的方式都不一样。"文化大革命"，如果从它的方式来说呢，它是从群众开始，动员老百姓来反对领导干部、当权派，它的动员的形式是这样的。它是在大学，让红卫兵起来造反，让厂里的工人起来造反，让学生造校长的反，一级一级往上，它是这种形式，动员的方式是这样的。这个在古代是根本想不到的方式。另外，从斗争的性质来讲，"文化大革命"涉及政治权力。朱熹没有这种政治权力，他只是一个给皇帝讲书的大儒，他只是道德的象征、知识的象征。所以说是不一样的斗争。

戴：他自己是没有受到迫害的，他的学生是受到迫害的。

陈：他也算是受到了的，因为罢了他的官，等于没有工资了。

戴：赵汝愚受到迫害了。

陈：赵汝愚受到迫害了，他被流放，之后死了。

戴：您的《朱子书信编年考证》，把朱子近两千封信按时间做了编排，这是极为宝贵的学术著作，是一本非常有用的工具书，这是一项很伟大的工作，这本书您是怎么做的，从哪年开始的？

陈：就是在 1978—1981 年，在北京大学图书馆，因为用书很方便。当时用的是《四部备要》的文集，它的纸质不太好，快要被翻烂了。完全靠自己的脑子来记，当时没有电脑，只靠人脑，也没有索引，日本的索引也是后来才引进来的，也不是那时候出版的，而且它所用的版本也不是《四部备要》的本子，所以那时完全靠人的脑子来记这些。当时因为社会很安静，人心也很安静，而且也没有结婚，每天早上去图书馆，晚上十点才回来，一直都是做这个研究，人在做学生的时候最可以集中时间。你看我现在，已经没有时间去图书馆了。我已经有十年没有去图书馆借书了，北大的图书馆我十年没有去借书，当然我在香港教书期间借书还是很多的。在北京我基本上都是用自己的书，基本上不去图书馆借，也没有时间去图书馆。因为在香港教书，家人不在，一个人很简单。如果在北京的话，就没有这么多时间去。所以就是在那几年写的。它最初的时候叫《朱子书信年考》，不是按每年的顺序，而是按照他文集的顺序，在每封信后面标上其年份，当时是按照文集的顺序，现在按编年的顺序作了更改。那是因为后来我的老师问是否要变成一个编年的，这样是否会更好一些，体例就变了，后来我就改了一些。后来在1982—1985年，我一边写博士论文，一边调整它的体例。调整不费脑子，只要花点体力，改变它的顺序，因为它当时比较乱。它是我第一部关于朱子的书。书中的序写于1986年1月，那个时候我就交稿了，交给的是上海人民出版社。我的《朱熹哲学研究》是1986年9月交给出版社的，所以这本书是最先完成的。但是最先出版是我的博士论文《朱熹哲学研究》，是1988年出版的，因为《朱子书信年考》出版不容易，它的排版、校对都有相当难度。

戴：研究朱熹的人有好几代，老前辈有冯友兰、任继愈；海外有钱穆、陈荣捷，还不包括海外汉学家。

陈：对。

戴：人们说您的《朱熹哲学研究》是一个里程碑，陈荣捷先生也说，其中的内容、方法俱属上乘，他用了三个异常来表达：叙述异常完备、分析异常详尽、考据异常精到。这本书是献给张岱年老师的，到现在有将近25年的历史了。那么，回顾这25年，您是如何看待这本书的呢？

陈：这本书还可以吧！因为这本书出了以后，很少有人写朱熹的博士论文，很少有人再就朱熹全面地写论文。不像王阳明，写王阳明的博士论文很多，虽然我觉得我写王阳明写得很好，但还是不断有人在写。但关于朱熹，好像没什么人再写。我的学生说陈老师写了朱熹以后，别人都不敢再写了。其实也不是不敢写，而是因为他们知道我写这本书花了很多工夫。如果他要写得比我好，必须花更多的工夫，可能觉得时间不够，是现在的人不太选朱熹做博士论文的一个原因吧！那么这个书呢，上海版加了两章，我觉得比较好，代表了我对朱子哲学的整个研究，原来中国社会科学出版社出的第一版有两部分没有加进去，这两部分加进去了以后，更完整地体现了我那个时候的研究。但是近来这20多年，我对朱熹的研究不多。朱熹写完之后，我就马上写王阳明了，写完王阳明，我就写宋明理学。宋明理学之后，我就告别宋明理学，进入古代，写了十年古代，从古代回来，我写了王船山——王夫之。当然其中我也写冯友兰，写了现代的书。但是，我也不断写一点朱熹，你看在《中国近世思想研究》里面，也有很多关于朱熹的。另外，还有清代的朱子学，如陆世仪、陆陇其，这些都是清代的朱子学。到后来我写王夫之，我重新解释了他和朱熹的关系，认为他不是一个反对朱熹的人，而是受到朱熹影响很大的人。

戴：王夫之的书中对朱熹用"子"字称呼，是否已说明他对朱熹的认同？

陈：那倒不一定，王夫之早年的书叫作《读四书大全说》。他早年的时候对朱子的批评不少，特别是对朱子的学生批评很多。但是很多人没有很好了解他，他后来写书不一样，他在中年写《礼记章句》《四书训义》，对朱熹非常推崇，完全以朱熹的继承者出现，我的书里面也讲了他和朱熹的关系。所以我后来的研究也不是和朱熹没有关系，比如说王阳明，王阳明反对朱熹。为什么我写王阳明的书大家会认为比较重要，就是因为很多人没有研究过朱熹，直接讲王阳明，对他和朱熹的关系讲不清。为什么大家认为我讲王船山讲得比较深入，是因为我将他的全部书和朱熹作了梳理。所以我后来的书虽然没有直接写朱熹，但也和他有关系。

戴：您研究哲学史，您是哲学博士，您是否认为自己是哲学家？

陈：我觉得这个要看你怎么定义哲学家。因为过去几十年，大家认为只有像黑格尔这样建立庞大哲学体系的人才算哲学家，但是现在在美国，你只要是一个学哲学、做哲学研究、教哲学的人，都是一个哲学家。就好像你学习历史，当教授教历史，就是一个历史学家。所以从这个角度来讲，每个做哲学的人都可以说是一个哲学家，尤其是研究哲学史，研究哲学史本身就是研究从前的哲学问题，拿出来再加以思考，加以批评。这样的哲学史的学者就是哲学家的一种。

戴：您现是清华大学的哲学教授，也是国学研究院院长，这个国学研究院代表着什么内涵？

陈：关键是我们去年才建立国学研究院，只是重新建立，因为我们最早建立是在 1925 年。在那时，清华大学国学研究院有四个重要的人物：梁启超、王国维、陈寅恪、赵元任。如果你了解中国现代学术思想史，就知道这四个人是最重要的，他们可能比胡适还重要。首先梁启超，他是 19 世纪末到 20 世纪 20 年代中国最有力量的思想家，他在清华的时候就是讲儒家哲学。然后王国维，他不仅对甲骨文有着开创性的研究，还最早研究商朝的历史、周朝的历史。陈寅恪从欧洲美国回来以后，后来在魏晋南北朝史、隋唐史方面的研究，影响特别特别大。一直到 90 年代，中国的知识分子还是把他视为一个神话。赵元任是一个语言学家，但在中国近代学术史上，他的资历很老。老的清华国学研究院就是由他们——被称为清华的"四大导师"——建立起来的。后来清华在 50 年代后没有文科了，到了 80 年代慢慢开始恢复。所以我们是恢复、重建清华国学研究院。

戴：您在《传统与现代》中，说更愿意把自己称为"文化守成主义"者，其具体内涵是什么呢？

陈：这个 culture conservatism 是美国人喜欢用的概念。它主要是说，conservatism 是有不一样的。比如说，从前人们将政治上反对革命的人称为保守主义者。人在政治上可能是革命的，也可能是反对革命的，也可能是中立的，但在文化上可能都反对和否定传统文化。"五四"的时候有那种 radicalism,完全否定传统文化,彻底地抛弃传统文化,这个是守成主义者所反对的,他们希望更多地来继承、传承传统文化。

戴:最后一个问题,您近年的研究转向先秦,达到了什么样的新成就?

陈:先秦的已经不能算是新的了。对先秦的研究已经是上一个十年,2002 年以前,1992 年到 2002 年,现在我又回来了。所以也还不断地在宋明、现代上做研究。我最新的研究可能都是当代的,当代的儒家思想,可以说是儒家思想跟当代的问题。比如说,明年春天我要出一本书,也是一个集子,把我关于现代的文章收集起来,主要讲儒家与人权、儒家与民主、儒家与经济发展等很多问题。其实现代问题,比如儒家与公共知识分子、儒家伦理与全球伦理这些关系,都是我所要思考的。

戴:您的成绩跟钱穆先生可以作个比较吗?

陈:可能不行吧!钱穆先生是比较古典式的,他对经学、史学、文学有通贯的了解。而我呢,我对经学、史学、文学的了解就不够。比如朱子吧,我不了解他的文学,也不了解他的史学,对他的经学只是部分了解,比较突出的部分是他的哲学。所以呢,他是老一代的学者,比较具有古典性,要把老的学问贯穿起来,经、史、文学都要贯穿起来。我的风格不同,我觉得我还是侧重哲学,以哲学为核心,但是将思想史、儒学史、文化史联系起来,这是我的风格。

(本文节选自作者 2010 年 7 月 15 日于清华大学立斋接受法国戴鹤白教授采访实录)

散论

十三、社会评论

世纪之交话传统

关于"传统-现代"的问题,我在《传统与现代——人文主义的视界》一书中曾全面地表达了我对这一问题的分析。在这篇小文章中,我想没有必要详细重复那些分析。我想谈的是,站在世纪之交的门栏,回顾持续了近一个世纪的有关传统与现代的讨论,我们今天已经获得了哪些经验,取得了哪些共识? 展望未来,在新的世纪,我们会不会或者能不能有与 20 世纪相当不同的新的视野?

在某种意义上说,20 世纪的中国历史,就是一部中华民族追求现代化的历史,是中华民族在曲回挫折中追求、奋进、走向光明的历史。20 世纪中国文化中有关"传统与现代"的争论,正是相伴于这一历史进程的产物。它既是参与这一进程的中国知识分子和有识之士对这一进程的反思,也同时是他们以及他们代表的社会公众在这一进程当中不同阶段的情绪体现。这使得 20 世纪有关"传统与现代"的讨论从来就不是纯粹书斋的理论研讨,而是与中华民族的生命实践状态密切关联的一种表达。

在 20 世纪的"传统与现代"的讨论中,对中国传统文化的批判和反省可以说是占主导地位的,正是在这个意义上,我们说 20 世纪是"批判与启蒙"的世纪。而每一次对传统的批判反思,都出现在中国"现代化受挫"的关键时期,都是以当时社会普遍的"现代化受挫感"为基础的。换言之,每当现代化受挫的时期或有强烈受挫感的时期,就会出现对现代化受挫的一种文化上的追问,追问现代化困难的文化原因。这既说明"传统与现代"的论争不是哲学家头脑中的逻辑思辨,而是现代化经历的文化晴雨表,反映着现实的社会思潮;同时也体现了中国知识分子对社会过程的文化解释的偏好。

20 世纪关于"传统与现代"的争论,虽然在不同时期有不同的争论焦点,有不同的理论侧重,有不同的现实指向,但是无论如何,20 世纪中国的"传统与现代"的讨论,从来都不是要不要"现代"的讨论,不是要不要"现代化"的讨论,也不是要不要改革的讨论,更不是要不要接纳西方文化的问题。从新文化运动的"东西古今"之争到 80 年代的"传统现代"之争,大力吸收西方文化,推进中华民族的现代化,实际上是参与争论的各方所共同肯认的。因此,争论的核心,始终是要不要"传统",如何对待"传统"的问题。由于争论的焦点是如何对待中国传统文化,所以 20 世纪中国的"传统与现代"论争，始终以两种对立的观点为主导线索，这就是对中国传统文化全面否定的激进观点，和主张肯定和继承传统文化优秀部分的温和观点。这两种观点的对峙，也就是我所谓的"反传统主义与反-反传统主义"的对立。由于20世纪各个时期对中国文化的检讨往往是当时强烈的现代化受挫感的表现，折射出当时的社会思潮和社会心理，即渴求现代化的焦虑；所以，在发生学上，反传统主义总是主动的、主导的，而反-反传统主义则是对反传统主义的回应和抗争。反传统主义希望义无反顾地甩掉历史文化的包袱，大力推进中国走向世界的步伐；反-反传统主义则主张在社会改革和走向世界的过程中，保持文化认同、承继文化传统，发扬民族精神。而在整体上看，这两方面都是中华民族在新的历史条件下张扬其生命的不同侧面。

　　20世纪中国文化的发展不是孤立的，"传统与现代"的讨论除了反映中国的现代性经验之外，它也还有受世界语境影响的一面。换言之，中国文化的现代发展是在世界现代性的发展中被规定的。"传统与现代"的讨论，其核心在如何认识和对待中国文化，但这一讨论不可避免地与"如何认识西方文化"的问题相联系，而我们对西方文化的认识，是受世界政治、经济、文化的发展变化的影响而改变的。因此，单一的"反传统主义与反-反传统主义"模式还不能完全解释中国近代以来的文化变迁与文化冲突。在许多时候，对中国文化传统的肯定，不一定是对激进主义的直接回应，而也可能产生于世界政治变化进程的复杂互动。例如，新文化运动时期，反传统主义的观点主要得力于引进西方启蒙文化的观念，而反-反传统主义的观点虽然赞成全面承受西方文化，但也提出了不少对西方文化的批评，这些对西方近代文化的批评乃至他们对中国传统文化的肯定，与西方世界的变化，与西方知识分子对西方文化的批评，与欧洲社会主义思潮与实践的出现有直接的关系。因此，这些在"传统与现代"问题上的不同文化观，并不能用何者进步何者保守来界定，毋宁说他们代表了对不同的进步的要求。

　　正因为如此，正确认识20世纪"传统与现代"论争中不同观点的贡献，要放开历史的视界，也要一改习惯性的"单元简易心态"，发展起"多元的进步观念"。就是说，"进步"所包含的肯定评价，不应仅属于文化批判的"激进"，也应属于文化认同的"保守"。在文化转型的时代，对传统抱有不同看法的知识分子，在政治-社会方面的要求基本一致，他们之间的文化观念的对立，并非起于对科学和民主的诉求有何对立，在吸收西方文化，推进中国现代化的方面，他们是有着共同的价值前提的。只是一派注重文化改造，一派重视文化认同。而在总体上看，他们都是20世纪中国政治进步、经济改革和文明延续的参与者和推动者，各自从不同的方面在不同的程度上对中华民族的伟大复兴做出了贡献。

90 年代末的思想学术界,在"传统与现代"的问题上,可以说已经形成了一些共识,这就是:传统并不是我们可以随意丢弃摒除的东西,拒绝或抛弃传统是不可能的;传统是文化对于人的一种作用,而传统对于人的作用和意义,又依赖于人对传统的诠释、理解。因此,传统的意义更多地取决于我们如何在诠释的实践中利用它、创造地传达其意义。中国传统文化虽然未能自发地引导中国社会走入近代化,但中国文化的价值传统并不必然与模拟、学习、同化既有的现代政治经济制度相冲突;"二战"后东亚儒家文化圈的高速现代化和 90 年代中国经济的迅猛发展,证明中华文化养育的中华民族完全有能力在开放的文化空间实现现代化,一个世纪以来的文化自卑感和民族自卑感被证明是完全错误的。另一方面,发达的、现代的市场经济与商业化趋势,使得道德规范和精神文明的要求更为凸显,传统的价值体系的继承和改造,将对建设有中国文化特色和完备市场经济的社会主义发挥积极的作用。

在迈进新的千年之际,中华民族已经不再怀疑自己重新挺立于世界民族之林的能力,现代化对于中国人来说,不是能不能的问题,而是如何快速和稳妥地加以实现的问题。经历了 90 年代的经济起飞,今天很少再有人把现代化受挫的满腔怨气喷向中华民族先贤创造的古代文化。尽管对传统仍然需要有理性的分析和对其中消极成分的批判,但那种把中国文化说得一无是处的论点,对人们已经没有说服力了。人们更为关心的是如何发挥传统的积极性和优秀精华。十多年前,我曾提出"化解传统与现代的不必要的紧张"。今天,我们高兴地看到,这种紧张已经日渐消解,代之而起的是对振奋民族精神、重建价值体系、复兴中华文化的关注和要求。与 20 世纪"批判与启蒙"的基调相比,我们迎来的是一个"创造与振兴"的新的时代。在这个新的时代里,"传统与现代"的问题可能不再突出,甚至完全消解,而让位于其他适应中国社会新发展的讨论,那正是我们理论发展和民族成熟的标志。

让我们张开双臂,来迎接这个伟大的、新的时代。

(1999 年 12 月 22 日)

"非典"引发的哲学与文化的反思

随着疫情的控制,2003 年春夏之交引发了全国性恐慌与危机的"非典",正在逐渐淡出我们的生活。无疑,在过去的两个月中,人文社会科学学者与各行各界一起,对于全民救治"非典"投入了自己的关怀,贡献了自己的力量。然而,在今天这样一个面对"后非典"时期来临的阶段,来谈论人文学科如何"面对""非典",显然已经不再是要求人文学科如何"当下地"为救治"非典"疫情献策出力;事实上,人文学科在整体上对于社会的意义,本来也不在于对于某种突发的自然灾疫提供直接的对策(当然此次"非典"造成的灾害不完全是出于自然原因),而在于在学术研究的同时,长远地促进社会的进步、价值的稳定、文化的发展、精神的提升。因此,在此次"非典"爆发行将过去之后,我们人文学者亟须就此次危机事件所暴露的深层次的文化、社会议题加以反思,以促进我国政治经济、社会文化的全面健康发展。以下我就这个问题谈一点个人的认识。

一 重新认识人道主义与人本主义的重要性

在"非典"爆发的时期,每个人都以同样的本然生命面对"非典"病毒,在这里,人与人的社会差别,如政治立场、宗教信仰、教育水平、财富差距都变得不重要甚至没有意义,"非典"病毒的传染不考虑社会的差别甚至种族差别,人的一切社会符号在"非典"感染面前已经变得没有意义。虽然社会恢复常态以后,所有社会符号会恢复其意义,但"非典"带来的生命危机确实以极端的方式逼显出,什么是人的本然的存在,什么是人的本然生命,揭示出了人在本然生命上的平等。在这个意义上说,"非典"以一种特殊的方式点醒了包裹在政治结构和意识形态之中的习惯思维,它告诉我们:人的生命和生活永远是第一位的。在这个意义上,"非典"的爆发对于人文学科的反思富于哲学的启发意义。如在我国现行的哲学体系中,重视"物",而始终未能突出"人"的地位,关怀人的价值立场往往得不到主流哲学的辩护,人道主义和人本主义不能理直气壮地捍卫自己。"非典"将促使我们重新认识人道主义和人本主义在哲学体系中的基础地位,从而理解"人"的问题应当始终是哲学的第一要义。又如在人类历史的发展中,病疫曾数次夺取成千万人的生命,病疫对人类的破坏大于战争。但在史学领域,我国出版的世界通史中,完全找不到有关大病大疫及其危害人类的记述,暴露出我们史学观念中"人本主义"的缺乏。在"非典"之后,我们期待着,突出"以人为本"的人文思潮将能在人文学科中成为主导的观念。

二 深刻体会现代化与全球化的生存方式

所谓"人的本然生命"是赤裸裸的,是我们抽象掉人的一切社会文化符号后得到的一个哲学认识,它被定义为一种本体的存在。而现实中的生命总是在一定的历史条件下存在和表达,这些历史条件既构成了对生命的具体制约,也造就了生命现实化的平台,构成我们的基本生存方式。什么是我们当下的生存方式?目前我们生活在一个现代化与全球化的时代环境,这个时代环境的一大特点是,高速、巨模的"流动""交往"成为时代标志和生活经验,人力、文化、资本、商品更密切、加速地在每个社会关联并进而在全球中流动和交往,成为这个时代人的基本的生存方式。疫病超过以往任何时代大规模频繁爆发,正从一个特定方面显示出这一特点。从哲学上来说,我们以往强调生产方式的重要,而相对忽视"生存方式",忽视生存方式对于上层建筑的"基础"作用,这是"非典"之后我们应当重新认识的。应当说,人们的一定的生存方式要求着与之相适应的政治文明及其他行政制度,要求与之相适应的文化观念,如政治文化、行政文化。在当今的现代化和全球化时代,信息的开放和自由交流,既是实然,也是应然,既是我们生活的现实,也是我们基于现代生存方式而产生的基本要求。我们要依据现代化与全球化下的生存方式来重新理解经济基础和上层建筑的关系,破除旧的不适应现代生存方式的各种习惯性观念。

三 改革开放是未完成的计划

哲学上的"以人为本",表现在制度文化上就是要体现"以民为本"。这次"非典"成灾中的人为因素,突出地表现出我国当前新闻制度与行政制度落后于时代发展的问题。在制度文化的理念上,最根本的是"向谁负责"的问题。"为人民服务"和"三个代表"在理论上都已表明"向人民负责"是政治与行政管理的基本价值,但是,如何从制度上落实和保证"向人民负责",而不是向领导机关负责,是改变"报喜不报忧"的行政运作心态和"只准报喜不准报忧"的新闻管理心态的根本途径。这次处置"非典"爆发中的行政失误突出地暴露了我国现行制度中的缺陷,必须下决心加以改革。进入 21 世纪,"改革开放"似乎慢慢成了历史名词,似乎改革开放只是建立市场经济,只是市场导向的经济改革。这在相当程度上妨碍了改革意识的深化。我们应当以此次"非典"暴露的问题所引起的改革呼声为契机,扩大新闻和行政改革的社会基础,把改革开放全方位地加以推进,为中华民族的伟大复兴和长治久安做出新时代条件下的贡献。

(2003 年 7 月)

内 圣 外 王
——企业全球化的东方路径

2010 年 7 月 30 日下午,2010 中国企业家国学论坛收官之作——北京论坛在北京柏悦酒店盛大召开。论坛由《中国企业家》杂志社和福建戴姆勒汽车工业有限公司联合主办,以"内圣外王——企业全球化的东方路径"为主题,汇聚多位国学大家和北京地区国际化领先企业领导人,共同围绕全球化时代,企业如何耐住寂寞,苦修内功,凭借领先的产品和服务取得成功;企业如何逐步实现和员工、消费者以及社会的和谐多赢;中国企业家如何承载"外交家"使命,成为全球市场中有担当、有操守、值得信赖的"中国封面"等重要议题展开深入探讨。

梁冬:下面我们进入主题讨论环节,有请各位嘉宾,他们是:清华大学国学研究院院长陈来先生;依文企业集团董事长夏华女士;摩立特集团中国区董事会主席爱德格·霍泰德先生;德国威能总经理王伟东先生;原阿尔卡特朗讯(中国)投资有限公司总裁刘江南先生。有请!坦白说,我觉得这种几个人在台子上坐着,一部分朋友在下面讨论的形式真的是很奇怪,不知道是谁发明的。但是我依然认为它是最有效率的讨论方式。建议待会儿除了台上的朋友分享观点以外,台下的朋友也可以参与讨论。我很想请问清华大学国学研究院院长陈来先生,我们今天的主题叫作"内圣外王",陈先生能不能跟大家分享一下什么叫作"内圣外王"?

陈来:其实"内圣外王"算是一个老的话题。这四个字最早出于先秦的大哲学家庄子,《庄子》33 篇里面最后一篇叫《天下篇》,讲到"内圣外王"。简单来说,就是内外兼修,内就是我们精神内在的修为;外就是外在的,特别是管理方面的成就。就古代来讲,为什么用"王"这个字?因为"王"是政治家的代表,用"王"来代表内在的修为和外在成就双方面结合的个人发展成就。

"内圣外王"到了宋代以后就变成了很高的境界,不管是一个国家还是一个团体,特别是个人,可以说这是非常高的一种要求。我们知道"圣"这个字到了汉代以后可以说只能归给孔子,但是孔子自己讲,说"圣则吾岂敢",我怎么敢担当圣人这个名誉呢?当然我们可以说孔子很谦虚,但这也说明了,孔子当时的人们对"圣人"的理解是不一样的,汉代以后只称孔子是圣人,其他人不能作为圣人。宋代以后把孟子称为"亚圣",也还是比孔子差了一些。

今天我们讲"内圣外王"，好像是我们内在的修为要达到像孔子一样，外王功业要达到像汉武帝一样，这是很高的要求，很不切实际。其实要回到这个圣字的古意来讲，也不一定是这么遥不可及的。比如说"圣"，包括"圣人"，其实《论语》里面讲得比较少，反而《老子》里面讲"圣人"非常多。老子讲"圣人"是怎么讲的？他有一些话我觉得确实不是离我们今天的人那么遥不可及的。

比如老子讲"圣人不积"，就是说不要把什么东西都保留起来，归自己所有，不拿出来做贡献。"以为人，己愈有""以予人，己愈多"，为人是为了帮助别人，你越帮助别人，你自己所拥有的东西越多。"以予人"，"予"是给予，你给予的人越多，自己所有的越多。"圣人欲不欲"，圣人摒弃常人的欲望，以不欲为欲。"不贵难得之货"是说圣人对高档的消费品、那些很奢侈的东西，他不把它看成是很宝贵的，这是表示圣人的心跟贪婪没有关系。这样的圣人我想跟我们的距离也没有那么遥远了。另外他讲圣人有三条，就是去甚、去奢、去太，甚就是过分，这个人太过分了，就叫甚。去甚、去奢、去太、不积、不欲，这样一种圣人，我们说体现了道家对圣人境界的一种理解。

刚才用的那些字，大部分是《老子》里面用来讲圣人的，像"无""去""不""外""后"，比如他讲圣人"后其身而身先，外其身而身存"，你把你身体的这些东西置之度外，反而你的身体能够得到保存。"后其身而身先"，你不是去争先，但是最后你得到了先。从这样一种圣人的角度来看，用我们平常哲学的讲法，我们说它代表了一种否定的辩证法，就是我刚才讲的"无""去""外""后"，这代表了一些否定性的辩证的人生智慧。

但是实际上我们不能仅仅从近代的辩证法来看。因为近代的辩证法还是把这些东西理解为一种方法和策略。好像是说我为什么要外其身，是因为我要得到我的身，把外其身、后其身看成一种策略，这样的想法还是在第二义。这种说法不是没有意义，但还是在第二义。那么第一义，就是这些是道家所理解的圣人的德行，我不是做给别人看的，不是要通过这些达到其他的目的，而是这些就是我追求的圣人的一种境界。因此这样的一种圣人境界，我想今天是有意义的。比如说金融危机的时代，碰到最大的问题就是奢和贪的问题，如果用这样内圣的"圣"来对治我们今天的社会我想是有意义的。所以道家的这种"圣"不是离我们高不可及的，不是不能够达到的。

（本文系作者 2010 年 7 月 30 日在 2010 中国企业家国家论坛北京论坛上的发言）

礼仪文明与世界城市

一

礼是一套规则体系,也是古代中国组织社会的理想方式,它对现代社会是否有意义,或有何意义,这一问题至少在多元文化成为潮流的当今世界,值得深入探讨。应该说,20 世纪的历史已经证明,在商业冲动笼罩世界、市场法则支配全球的 21 世纪,仅仅依靠法律和民主不能建设起有序和谐的社会。为了提高精神生活的品质,发扬道德价值,指导人生方向,需要开放各种探求,而其中的一个课题是:有必要把东亚传统中的礼文化经过选择而有益地应用于人文教育的实施、社会问题的解决、人际关系的调整、城市文明的建设,以期提升人性价值、建立健全人格、共创和谐的秩序。

我们今天当然不可能也不应当企图全部恢复古代关于礼制、礼俗仪节的体系,我们必须一方面依据创造地转化和批判地继承发展的原则,把儒家古礼的精神、结构、气质、原则、范式提炼出来,以适应现代社会的需要,对治当今世界的病症。另一方面,发扬古礼的礼让精神,建设适宜现代城市文明的新的礼仪体系。的确,"礼"的含义本来就是十分丰富的。那么,古代文化史上的"礼"究竟意有何指呢? 这必须加以分析和说明。可以说,"礼"在古代文化中至少有六种不同的含义:

(1) 礼义——贯彻于礼之细节规定的核心价值和伦理原则

(2) 礼乐——文化的体系

(3) 礼仪——仪式、礼节的形式规定

(4) 礼俗——生活中的习惯规则

(5) 礼制——制度

(6) 礼教——以礼作为主体的规范体系

我们今天讨论古代的"礼"文化必须在以上的分疏的基础上加以讨论,应当说,"文明有礼"的礼主要指礼仪意义上的礼。

二

"文明"一词,在中国古代始见于《易传》,如《彖辞》"文明以止,人文也"。但《易传》所谓文明与近代以来汉语"文明"一词的意义,距离颇大。与近代汉语"文明"意义相当的语词,在古代即是"礼"。换言之,古代中国文化的"礼"含有文明的意义。

儒家思想是东亚轴心文明的代表,而轴心时代的儒家思想可以说与"礼"的文明有极为密切的关系。西周的礼乐文明是儒家思想的母体,轴心时代的儒家以重视"礼"为其特色。"礼"的重要性可以《礼记》中的一段话来表示:

> 道德仁义,非礼不成;教训正俗,非礼不备;分争辨讼,非礼不决;君臣上下父子兄弟,非礼不定;宦学事师,非礼不章;班朝治军、莅官行法,非礼威严不行;祷祠祭祀,供给鬼神,非礼不诚不庄。(《礼记·曲礼》)

礼是道德的标准、教化的手段、是非的准则,是政治关系和人伦关系的分位体系。礼有威严的功能,也有亲和的作用。

当然,古代历史文化的"礼"包含多种意义,古代礼书《仪礼》所载,更多的是属于士以上贵族社会的生活礼仪,规定着贵族生活与交往关系的形式,具有极为发达的形式表现和形式仪节。"礼尚往来"的古语正是指明了古礼从祭祀仪式脱胎而发展为西周的交往关系的形式化规范体系。《仪礼》的体系更多属于古代贵族生活的庆典、节日、人生旅程、人际交往的仪式与行为的规定。《礼记·冠义》更强调"礼义之始,在于正容体,齐颜色,顺辞令",把礼作为行为规范体系,强调容貌辞气的规范和修饰是这一规范体系的基础,也是礼仪训练的初始入手处。事实上,《礼记》所理解的礼是一个无所不包的文明体系,只要是从动物性的自然活动方式摆脱出来,开始以工具利用自然力,它所利用的方式和结果就是文化,就是礼。这意味着,礼就是文化、文明。古礼包含大量行为细节的规定,礼仪举止的规定,人在一定场景下的进退揖让、语词应答、程式次序、手足举措皆须按礼仪举止的规定而行,显示出发达的行为形式化的特色。这些规定在一个人孩提时起开始学习,养成为一种艺术,而这种行为的艺术在那个时代是一种文明,一种文化上的教养。西周到春秋的礼仪文明代表着当时世界最发达的礼仪文明。

所以《礼记》上说:"有礼则安,无礼则危。"(《曲礼》)又说:"君子有礼,则外谐而内无怨。"(《礼器》)又说:"道德仁义,非礼不成,教训正俗,非礼不备……是以君子恭、敬、撙、节、退让以明礼。"(《曲礼》)从德性上说,儒家既讲"仁义礼智信",又讲"温良恭俭让",两方面在古典儒家是互相配合的,这在《论语》中看得最为明显。子贡评论孔子说"夫子温良恭俭让以得之"(《论语·学而》),这里的俭是指自我约束,节制不放纵。温良恭俭让就是"文明有礼"的德行。仁义礼智信则是"敦厚有德"的德行,它与文明有礼的德行二者要互相配合。《礼记》讲的"恭、敬、撙、节、退让以明礼",其中的恭敬退让就是温良恭俭让,"以明礼"是说温良恭俭让这一套德行是用以行礼的德行。子夏甚至说"君子敬而无失,与人恭而有礼,四海之内,皆兄弟也"(《论语·颜渊》)。做到了恭敬有礼,才能四海之内皆兄弟,达到人际关系的和谐。

三

现在,我们把礼仪文明的精神和要义归结为以下几点:

1. 礼主敬让

《左传》早就有:"让,礼之主也。"《礼记·经解》也说礼是"敬让之道"。

2. 礼主和谐与秩序的统一

礼是礼乐之总名,其中礼主秩序,乐主和谐,故礼是秩序与和谐的统一。

3. 礼贵他人

《礼记·坊记》:"君子贵人而贱己,先人而后己,则民作让。""善则称人,过则称己,则民不争。"《礼记·表记》说:"君子恭俭以求役仁,信让以求役礼,不自尚其事,不自尊其身,俭与位而寡于欲,让于人,卑己而尊人,小心而畏义。"

所以,我们可以说,"礼"所体现的道德精神是贵人敬让,突出对于对方的尊重;"礼"所追求的社会理想是有序和谐,特别是秩序;"礼"的体现是行为和精神的高度文明。

历史表明,礼之"文"作为形式节目,是可变的,随时代环境而改变;礼之"体"则是不变的基本精神原则。可以说,几千年来,中国文化培养了一种"礼性精神",它起源于祭祀礼仪,而渐渐从宗教实践中独立出来成为人世的社会之礼;它通过包括封建时代在内的各个时代的各种礼俗表达呈现,但又是超越了那些具体仪节的普遍精神,这是一种人文主义的礼性精神。礼的文化包括三个层面,礼的精神、礼的态度、礼的规定。礼的态度就是温良恭俭让,有人归纳为"恭敬而不轻怠,庄重而不轻浮,沉稳而不浮躁,自然而不做作,优雅而不粗俗,真诚而不虚伪,适中而不过分"。所以,我们可以说,中华文明的"礼"是以"敬让他人"为其精神,以"温良恭俭让"为其态度,以对行为举止的全面礼仪化修饰与约束为其节目的文明体系。无论如何,"为礼以教人,使人以有礼"(《曲礼》),礼不仅对个人修身有其意义,对社会更有提升社会精神文明的移风易俗的作用。

从比较文化的角度来看,礼的社会性十分突出。在亚里士多德的德性表中,甚至在整个西方伦理学史上,都没有类似中国对"礼"的强调,古代西方的德性伦理范畴中,从未想到以"礼"为其中一德。古代儒家的"礼"不仅是仪式的规则,而是扩展到日常生活的举止合宜的要求。在某种意义上,古典儒家认为一个人不通过"礼"的训练就不能得到"仁"等高尚的品质。

四

2004年北京城市规划提出的北京城市定位,是国家首都、国际城市、历史名城、宜居城市。现在,"世界城市"已成为北京城市的总体发展定位和目标。据北京市政府2010年1月政府工作报告,"世界城市"是指国际大都市的高端形态,在全球的经济、政治、文化等方面具有重要影响力,具体特征表现在国际金融中心、国际活动聚集地等。北京市政府为北京市发展设计的这一独立的城市发展定位,它摆脱了北京市以往"为……服务"的外在的"为他"的目的,而把城市本身的"自为"的发展指标当作目标,具有非常重要的意义。

一般世界城市指标,以国际性强、人口众多、交通先进、金融中心、文化机构聚集等为标志,注重城市的综合经济实力、产业结构的优化程度、科技创新的研发能力,并没有提及城市的文明素质,没有提及城市行为与精神的文明高度。这对已有的发达国家的世界城市来说,可能是不言自明的。但对于以世界城市为目标而尚未达到世界城市的北京来说,这样的定义就显得不全面了。

目前,著名的世界城市在具有较高的经济发展水平的同时,也都具有较高的文明程度,尤其体现在居民的行为层面,反映了这些世界城市居民的文明意识水平。如最典型的,这些城市市民的环保意识很强,做志愿者(义工)的意识很普遍,这些都是我们今天城市和居民较欠缺的。因此,要建设世界城市,必须建立起一整套新的礼仪文明体系,建设高度发达的礼仪文明,落实在居民的"行为-精神"层次。从这个角度来看,北京市目前开展的"做文明有礼的北京人"主题活动,正是建设世界城市的一项重要的基础工程。为了推进这一建设,有必要大力发扬古代优秀礼文化的精神和态度,继承北京人"客气好礼"的老传统,把传统和现代对接,把传统的礼文化转化为现代的礼仪文明。

与"礼主敬让"的古代文明既一致又有区别,现代社会形成了一套适合现代城市公共生活的礼仪规则与行为体系。如"文明有礼"的要求,包括居民在公共生活中的衣着得体、举止得当、用语礼貌、排队有序,以及一套城市公共生活的习惯。现代都市的文明还以"不影响他人"为基础原则,形成包括在城市不同场所场合的行为要求和习惯。如乘坐公共交通,以先来先坐为原则,不得无礼占座,不得以脚踩座位,不得让儿童在车内随意小便,要礼让孕妇和残疾人士等。现代都市文明行为规范和习惯,就人际关系而言,不再是传统社会以熟人为主的人与人接触关系,而是在都市生活中随处可见的陌生人或不熟悉的人之间的接触关系。就礼仪文明而言,表面上看,礼仪文明所注重的是形式的层面,但形式也反映着素质。如何在此种现代都市人际关系中使行为礼貌得体,消解混乱与冲突,体现文明素质,是现代中国文化面临的新的挑战。北京市应以首善之区要求自己,要持之以恒地大力开展"新礼仪、新习惯"的教育宣传,使之成为从家庭到学校到社会的生活习惯,从而使得新礼仪有深厚的生活文化基础。

在现代化进程中,大量农民进城务工逐渐加入城市居民的行列,但他们原有的生活习惯往往与城市生活规则相抵触,对行为在公共场合对于他人的影响缺少敏感性,这就需要帮助他们进行城市文明的再教育,让他们熟悉了解城市文明的习惯,加快融入城市生活的步伐。

还应看到,当今世界,各个国家的世界城市的文明礼仪有很大的共通性,在这里每个民族国家的特殊性传统占的比重较小,通行的城市文明条目越来越成为普适的标准,这是与其他的文化领域有所不同的。这就要求我们熟悉世界上其他世界城市的礼仪文明,关注我们在城市文明方面与世界城市的差距。中国目前仍处于经济快速增长的时期,我们应当记取孔夫子的教导"贫而乐,富而好礼",使城市文明的水平与经济发展同步提高,精神文明与物质文明同步发展,而无愧于中华文明历史上"礼仪之邦"的盛誉。

按照儒家礼思想的传统,在理解礼的意义和变迁中,最重要的是区分"礼"和"仪"。或者用另一种后来儒家常用的分疏,即强调"礼之本"和"礼之文"的分别。我们今天所说的"文明有礼"主要还是在"礼之文"的层次,在礼仪礼俗的层次,而不是道德规范的层次,这是应当区别清楚的。

(2010 年 9 月)

孔子影视片拍摄的两个基本原则

有些先生认为孔子的电影可以多拍几部，以后拍得更好一些，我的态度比较保守，我主张孔子的电影尽量少拍，因为根本不容易拍好。

拍摄孔子的电影，最大的难度在于"态度"二字。钱宾四先生曾说，我们对于中国文化和历史，要抱以温情和敬意。我想这个态度也应该成为我们对待孔子的态度，作为拍摄孔子电影的基本态度。拍摄电影《孔子》的根本原则是什么？我想，第一，我们应该对孔子的思想和成就抱以敬意，导演和编剧如果对孔子没有足够的敬意，那么电影的问题就大了，反之，这个原则你如果抓住了，其他的问题，都是小问题。第二，电影塑造的孔子的银幕形象应该能够与孔子在 2500 年中国文化史上的崇高地位相称。有人说要把孔子人性化，在人性化的口号下，把孔子变成一个普通人，这是不对的，孔子对塑造中国文化、塑造中国人的精神影响那么大，怎么能够把他变成一个普通人呢？

从这两条原则来看，我觉得电影拍得是及格的。及格不容易。及格是承认它在文化上没有大的毛病。当然，我的容忍度其实已经是很大了，包括电影里子见南子这段故事的演绎我也认了。但是电影里有一个错误我是不能接受的，就是对孔、老关系的处理，说老子是孔子的老师，这是不对的。史料记载，孔子问礼于老聃，但这个老聃是不是我们今天所说的老子，是有疑问的。即使我们承认老聃就是老子，那也只是说问礼于老子，不是说孔子的老师是老子，这两种表述的差别是根本性的。孔子说："三人行，必有我师"，《论语》还记载说"子入太庙，每事问"。孔子不仅问于老聃，还问于郯子等，表明孔子好学好问的态度。这涉及中国思想史上的大问题，弄错的话，我不能容忍。但这一点在电影中很容易修改，删掉几秒即可。希望在海外发行时删去这几秒。

（本文系作者 2010 年 1 月 18 日在北京大学孔子电影座谈会上的发言，座谈会发言后辑录于题为《从学术的角度看电影〈孔子〉——问题比比皆是，打分可打六十》的文章，刊登于 2010 年 1 月 27 日《中华读书报》）

曲阜不宜建造大教堂

据新华网 2010 年 12 月 9 日讯,曲阜孔庙附近将建造一所可容纳 3000 人、高 40 米的基督教堂。众所周知,曲阜是孔子的故乡,历来被称为圣城,近年被定名为中华文化标志城。以"三孔"为主体的曲阜古建筑文化在 1994 年已被联合国教科文组织评定为"世界文化遗产"。因此,保护曲阜作为中华文化标志和中华文化遗产的特性,是一项具有重大意义的任务。曲阜是以孔子文化为主体的古城,是儒家学派和儒家思想的发源地,维护曲阜文化的儒家文化象征,不仅是对儒家文化的尊重,对中华文化的伟大复兴,对新时代儒家思想的重建,对凝聚海内外中华子孙,都有莫大的意义。因此,我们坚决反对在曲阜建造大教堂,有关部门和社会大众都应充分认识这一事件的严重性,尽快阻止这一建设推进。为此有些学者联名签署了意见书,表达了严重关切。这一事件应引起社会更广泛的关注,并通过这一事件促进和提高地方领导与部门的文化自觉。

国家博物馆前立孔子塑像很有意义

首先祝贺办事处的成立。尼山圣源书院的成立是对儒学弘扬的一个贡献，书院在北京成立这么一个办事处还是很有必要的。

孔子塑像我本来没当作大事来注意，但也没想到网上出现不少反对意见。前天开会才发现问题有点严重了，研究儒家文化的主流学者应该发出自己的声音。

其实，这件事媒体有意误读，因为塑像并不是立在天安门广场，而是在国家博物馆的北边。所以，说塑像在立在广场是不符合事实的。广场的区域和界限是大家熟悉的，孔子像所立的位置其实并非天安门广场的一部分。

反对孔子塑像的这些反应，有的主要是受启蒙主义的反传统影响，另一种是将广场只看成革命的象征，将广场与中国文化割裂开来。我认为对于立孔子塑像，赞成者一定很多，网上虽然表达了不少反对的意见，但并不等于社会大多数人反对。一般而言，觉得事情正常的人们就不需要去到网上表达。所以去上网反对的其实只是一小部分人。这个估计要准确。

第一，我认为在国家博物馆前塑孔子像是合适和适宜的，符合中华文化复兴并走向世界的方向。从塑像所在的位置看，也是正常的。国家博物馆是国家的博物馆，而且是国家历史文化的博物馆，国家博物馆的宗旨就是要展示中国历史文化。在这里立的雕塑当然要能够作为中国文化的象征。一定要找一个中国文化的象征，那当然非孔子莫属了，总不应该是秦始皇吧。从这个角度看，国家博物馆是做了一件大好事，符合大多数国人的意见和文化潮流的方向。

第二，这件事情如果放大来看，立像本身确实也有重要的文化意义。即使社会把它理解为是在天安门广场，也有其重要的意义。当前一个重要任务就是团结海峡两岸暨港澳和一切海外华人，共同致力于中华文化的伟大复兴。塑像的消息一传出，台湾立即有反应，认为大陆要掌握中华文化的主导。马英九最近提出要以中国文化统一中国，打文化牌，这与过去陈水扁的去中国化完全不同，对于台湾的和平统一有其积极意义。但是话又说回来，推动传统文化复兴的主导力量是在大陆，所以大陆对于传统文化的态度对于未来的祖国统一具有很大影响。塑像表达了明确的认同中国文化的信息，被解读为大陆要掌握中华文化发扬的主导权，这个影响是积极的。塑像的建立能起到这种作用，是好事。

第三，仅仅将天安门理解为革命文化的象征是片面的。1978 年以来，我国已经从阶级斗争为纲转变为以经济建设为中心，建设富强、民主、公正的现代化国家成为全国人民的一致追求，中华民族的伟大复兴和中华文化的伟大复兴成为执政党带领全国人民奋斗努力的神圣使命。作为中华人民共和国的政治中心的广场，它同时应该是中华民族和中华文化的象征。因此，从政治上看，在天安门广场附近立孔子像这件事应当被看作"马克思主义中国化"的一个新的体现。目前党和政府已经认识到传统文化的重要性，一个中国的马克思主义者首先应该是个中国人，致力于民族、文化的发展。立塑像内在地包含了承认孔子是中华文化的象征，这会发挥积极的作用，这与孔子学院的建设一样，客观上表现了政府对于孔子作为中国文化的代表的认可，所以应该看作马克思主义中国化的重要体现。今天，执政党越来越认识到传统文化的积极意义，马克思主义中国化发展到了一个新的阶段。孔子塑像可以看作马克思主义的中国化这一新阶段的一个标示。

第四，孔子塑像表达了我们今天对于传统文化的态度，即我们要跟"五四"以来和"文革"的全面否定传统的做法彻底决裂，欢迎孔子回来，重新走进我们的生活。有人说孔子带着温和的微笑回来了，为什么现在民间有这么强的传统文化热？我认为这反映了对当前现实需要的认识。在当前道德重建的过程中，其他的文化资源帮不了我们，而解决社会当前面临的伦理的、心理的和文化的问题，儒家文化可以发挥重要的作用。老百姓对于抽象的文化概念不感兴趣，如果儒学对于现实生活没有用，老百姓是不会这么热衷传统文化的。国学热反映了人民认识到传统文化的现实积极作用，所以当前的传统文化热是大好事。人民是从切身需要体会到传统文化的价值，人民的文化选择不是任何东西强迫的结果而是他们自主的选择。因此，我们的思想再也不能落后于人民和时代了。如果像以前那样批判孔子，不仅落后于人民和时代，也落后于世界。美国国会去年声明向孔子致敬，这不是偶然的，面对中国崛起，他们已经意识到了孔子和儒学对于人类的价值与贡献。中共十四大后已经提到了中华文化的伟大复兴，所以在文化建设上我们应该走在时代的前头，千万不能落后于人民、时代和社会实践。

（本文系作者 2011 年 1 月 27 日在尼山圣源书院北京办事处成立会上的发言）

乡愁的文化诠释

前面几位同志的发言我很受启发。首先我要说，这个片子非常好，在这么短的时间内做出这么好的片子真是了不起，这是我们中华文化传承工程的一个非常成功的典型范例，今后工程的开展应该要参照这个片子的经验。

我想有针对性讲两点。第一个，怎么理解这个"乡愁"，怎么认识这个乡愁，乡愁这个问题在现代社会文化中有没有过时？我觉得对乡愁要有恰当的理解，就必须把它放在中国文化的家国情怀当中来看。中国文化中家、乡、国，是一体相通的，所以这个乡愁它是下有根基、上有境界的，从下面来讲它的根基就是"亲情"，表面上看乡愁只是对故土的乡情，其实中国文化的乡情的下面有更基本的亲情作为它的支撑。亲情是一种珍贵的情感，它的价值是永恒的，不会过时。美国人讲美国价值，其实自由、民主这只是在政治层面讲，美国的总统在竞选的时候第一个要讲的，最重要的是家庭价值（family value）。所以即使在美国这样一个现代社会里面仍然要优先肯定家庭价值。可见亲情的价值是超越时空的。从乡愁往上，这个乡情还可以扩大，扩大到我们所讲的家国的情怀，正像余光中的乡愁诗一样，它可以连通、包括对国家及民族的情感。所以我想对这个问题的认识，要具有一种广阔的、普遍的视野。

同时还要有一种从传播功能动态角度的理解，即不仅仅是从文本的主题来看，还要在传播实践中去理解它的意义。片子不断地播放，受众不断地接受它、理解它，片子的意义要放在这个实践过程里面来看。因为在与读者和受众互动的过程当中，片子的意义会深化、会增生、会升华、会提升、会延伸。从这个意义上来讲，我相信，这个片子，虽然看起来其主题是乡愁，但是随着它不断地播放和大家不断地接受，我觉得它的意义、内涵会大大延伸，它在观众心中所激起的，将不仅仅是单纯的亲情、故土情，不单纯是乡土情，在这种互动深化中会融入中华民族各族儿女对祖国、对中华大地、对祖国历史文化的热爱的情感，它的功能从而就包含了爱国主义教育的功能。所以，虽然这部片子它的主题讲的是乡愁，但我们可以说爱国主义以另一种形式和面貌出现在这里。所以乡愁立足于亲情，又能上升至我们的家国的情怀，这是这个片子一个非常重要的地方。从文化哲学上来理解，乡愁是"归属感"的一种表现，同时是一种"根源意识"的体现，也是对这个归属和根源的一种亲和感,这种归属感是人的民族文化认同的基础。所以我们对"乡愁"的理解不能够仅仅把乡愁看作一种忧愁,应该把它放大、提升,把它的普遍的意义挖掘出来、理解出来、放大出来,这样才能把这个片子真正的文化意义更普遍地呈现出来,这是我讲的第一点。

第二个,因为这部片子大部分讲的是古村落,有同志认为这是不是只讲了农业文明的价值、农耕社会的价值。我们以前讲农业社会到工业社会是社会必然的发展,因此农业社会生产的一切价值,在新的社会发展阶段就不再有价值。其实,在这一点上习总书记这几年讲话有一个很大的突破,从机械的历史唯物主义已经提升到了辩证的历史唯物主义,比如习总书记讲什么是中华优秀文化,就是超越国度、跨越时空、具有永恒意义又有现代价值的文化因素。什么是超越国度、跨越时空的永恒的价值? 指的应该就是人类在现代社会以前几千年来所积累的这些文化的价值,而这些文化及价值基本都是产生在农业文明的时代。人类的文明是不断传承、不断积累的,所以我一直在讲,大家不要小看农业文明,人类很重要的文化都是在这个时期积累起来的,是在这个时期发展过来的,比如说放眼世界,最重要的文化都是跟宗教联系在一起的,而世界四大宗教都是在农业文明的基础上滋养、发展起来的,而且在今天还有其重要意义。农业文明里面孕育出的很多文化的形态、文化的成果、文化的价值,其实都包含有跨越时代、超越国度、有永恒价值的东西,所以我们对农业文明还要有比较完整的认识。

同时,就中国的特点来讲,片子里面讲中国农耕文化,很强调它是一种"耕读文化",至少一千多年以来"耕读传家"是我们村落文化里面共有的传统。"耕读传家"的"耕"字,就是农业生产和生活的关系,但这个"读"字却不是一切农业文明必然具有的。"农业文明"有两个含义,一个是狭义的,仅仅指跟农业生产相联系的一些文化形态;广义的是指以农业为基础的这个历史时代所产生的所有文化成果,包括在这个历史时代的城市、乡镇和知识分子所产生的那些文化成果。我们中华文明的村落里面,一方面有和农业生产联系的一些世界观、价值观,可以由"耕"来代表。另外一个方面有和整个民族文化成果交融的方面,如仁义礼智信这些价值并不是农民创造的,但在我们的村落文化中处处都能看到它们的影响,这就是中华文化价值观的大众化、通俗化表现。"读"就代表着精英文化和民俗文化的交融、沟通。其他文明里面的一个农业村落,不一定有"读"的要素,但是中国的农村,耕和读连接一起,也就构成了我们这个农村文化背景的特色。所以我们的农村文化成为精英文化与民间文化的结合,是由两种文化共同组成的。因此我们对耕读文化也要有完整的理解。从这个角度来看乡愁纪录片,它所呈现的不仅是农耕文明的田园,而且是中华传统文化的许多基层侧面。

(本文系作者 2015 年 2 月 27 日在"《记住乡愁》研讨会"上的发言,部分发表于 2015 年 3 月 2 日《光明日报》)

十四、谈教育

- ◆ 人文学科与高等教育的危机？
- ◆ 关于通识教育的发言
- ◆ "四书"教学的现状和前瞻
- ◆ 清华国学院与清华大学——为清华国学院正名
- ◆ 答《国学周刊》采访问

人文学科与高等教育的危机？

一

我想，首先需要区别几个观念，即人文学科的危机、人文学者的危机感、人文学科的不景气。

人文学科的危机是指客观表现的危机，而人文学者的危机感则是一种主观的感觉，有这种主观的感觉并不等于有客观存在的危机。在中国，至少从 1993 年开始，一直有学者不断表达这种危机感，但是不是在客观上有这样的危机，是另一回事。

人文学者的危机感一般来自他们所观察到的人文学地位的衰落变化，从而产生强烈的失落感。但人文学科地位的降低和衰落，是一个相对的变化，是相对于自然科学或其他学科的变化，其本身不一定就构成人文学生存的危机。人文学科比起以前兴盛时代，当然不甚景气，但这与人文学科的危机还是不同的。

我觉得，中国当代的人文学者有危机感，当代的人文学不再有 70 年代末和 80 年代那种兴盛，以及近 20 年来呈现出不景气，这些都是事实。但我并不认为这些就构成了人文学科的危机。有关人文学的这些感觉和现象，还不就是人文学科的危机。

二

与中国相比，目前美国确实有人文学的危机征兆，这是由本次经济衰退和金融危机所引起的。其表现是，人文学系招生、报考、入学的人数减少，人文学人才的招聘需求下降，人文学者申请基金资助遭遇困难，有些大学开始取消人文学系或相关研究的项目。但经济危机不会持久，当经济危机过去之后，人文学科的需求就可能恢复，情况就可能改变。

中国当代的人文学的严重问题，主要是教育管理不当引起的，我国香港、台湾地区也有类似的情况。这些地区的大学并不缺少资金支持，美国的那种取消人文学系的情形在中国不会出现。中国的主要问题表现为"项目中心主义"，十年前香港的教育管理开始如此实行,两三年后中国内地就强调申请项目的重要性,台湾这几年也是如此。目前中国很多大学,副教授、教授的晋升等,申请到基金优先于研究成果的发表,这是以前不可想象的。评价体系高度量化,研究成果空洞化,不管甲骨文还是唐诗宋词,研究成果推崇以英文发表,这些管理措施严重阻碍了人文学科的有质量的发展,构成了人文学发展的重要障碍。

<h2 style="text-align:center">三</h2>

美国的人文学危机,照 1964 年 J. H. 普鲁姆的那本书《人文学科的危机》里的说法,主要是人文学"过度专门化"造成的,过度专门化导致了人文学疏离人生、社会、公众,从而导致人们对人文学的忽视。就中国来说,专门化的问题是存在的,研究型大学确实值得反思如何加强研究成果通向社会的影响。但中国社会仍有不少管道,使得大学的人文学可以和社会沟通,人文学仍然有途径影响社会文化,如中央电视台百家讲坛便是一个例子。

美国和中国的共同之处是,一般大众对人文学的认识受到市场资本主义环境下市场功利主义的价值观的影响,这正是人文精神所反对的。就当代的状况而言,美国目前的人文学危机来自"外在的打击",经济危机过去以后应该可以恢复。中国的问题来自"内在的缺陷",即管理制度的缺陷,中国大学的人文学问题,其根源是"技术理性和官僚系统的双重宰制"。海德格尔批判技术理性对生活世界的宰制,我们目前的数量指标的评价体系就是技术理性的宰制;同时教育行政机关权力集中,以这种评价体系作为指挥棒,大学无力抵制,任其指挥。长此下去,人文学将越来越缺乏生命力。

<h2 style="text-align:center">四</h2>

人文学科的功能可以分为三个方面,历史、社会和个人。就历史的方面而言,人文学科的功能是促进人类思想、文化、历史经验的承续,实现文明和知识的传承;就社会的方面而言,人文学科的功能是发展和培养学生社会历史的理解能力、伦理分析的能力以及批判的能力,使他们有能力参与社会事务;就个人而言,人文学科关注培养人的道德品性、宽广的智识,帮助人们进行人生意义的探究,改变生活的素质,过有意义的人生。人文学科是以培养君子、精英为主旨,是非职业取向的,也不是功利主义的有用性概念所能评价的。2008 年美国人费什(Stanly Fish)在《纽约时报》博客发表看法,题目是《人文学科能拯救文明吗?》,认为人文学科确实没有

什么功用,反对耶鲁大学法学院院长科隆曼的主张"唯有人文学科才能帮我们去解决迫在眉睫的'生活的意义何在'的问题"。而斯坦福大学的多位教授回应费什的看法,坚持人文教育的本质——通过阅读伟大的文学和哲学作品,从而去"探究生命的意义",坚持只有人文学才能帮助我们面对和克服现代化社会的精神危机。这些讨论对我们也仍然有参考意义。

（本文系作者 2011 年 3 月 19 日在哈佛大学上海中心研讨会上的发言）

关于通识教育的发言

刚才甘阳讲怎样从现代性的角度看美国"二战"后的通识教育问题,我想补充一点,即美国对通识教育的重视,应该不仅是第二次世界大战以后面对现代性问题出现的一个自觉回应,美国教育在这方面是有传统的。美国的很多大学都是从 college 发展起来的,美国大学的第一个阶段都是 college,college 基本上都是以博雅教育为基本模式,一直到 19 世纪后期都是这样的。以后这些 college 里面逐渐增加 professional school,才慢慢变成真正的大学。在美国这个传统非常深厚,对博雅教育和通识教育的重视,很多相关的重要章程在 20 世纪初就已经确定了。因此可以说,美国的这些一流大学都有很长久的重视通识教育的传统。像斯坦福大学就明确把通识教育作为大学部的办学宗旨,像哥伦比亚大学也是非常重视传统,当然芝加哥大学就不用说了。芝加哥大学的通识教育课程在美国大概是分量最重的,差不多占本科课程的三分之一,哈佛是四分之一,其他的一般在这两者之间。从这个角度看,这些世界著名的大学,特别是私立大学——像 Liberal Arts College 也都是私立的——有从历史上来的重视通识教育的理念。

这个理念不是没有受到过质疑,60 年代以后,不少美国家长、学生都觉得,花这么多学费来学这些,都是不能直接赚钱的,学这些到底有什么用?尽管有这些质疑,可是这些大学和私立 college 始终坚持不变,认为这样才是真正的大学,如果没有这一块,或者不是把这个看得很重,就不是真正的大学,这是大学理念问题。为什么经过这么长的历史发展,遇到这么多的现代性挑战,遭遇到家长和学生的质疑,还能够始终坚持这一条?我觉得这个值得研究,看它的理据在哪里,因为美国是市场化力量非常强大的地方,它尚且不能改变博雅教育,可见其中必有深刻的原因。

另外,我觉得博雅教育与通识教育的理念,和中国传统教育的理念应该是相通的。在 20 世纪初,王国维曾经写过一篇关于大学教育宗旨的文章,讲大学教育是要培养完全的人格,叫作全人教育,这是他面对西方大学的经验,结合中国本土的历史传统,特别是教育理念传统所作的阐发。他的阐发要求身心两方面都要发展,"身"是体育,"心"是根据知情意的结构表达的,所以把"德、智、美、体"共同发展作为他的教育理念。可以看出来,他之所以欣赏西方的这种教育理念,中国的传统理念与之相合也是一个基础。这是我讲的第一个问题,要根据历史来理解教育。

第二点，刚才好多先生，像朱维铮先生都谈到，不要因为美国是这样，所以我们要这样。我想对教育问题的思考也确实需要和中国的发展实际联系起来，不能绝对地、抽象地讲，包括 1952 年院系调整的取向。1952 年的这次调整对人文学科的伤害很大，这是不用说的。苏联模式是完全采取一种集中的专业化教育，完全取消通识教育和博雅教育的这些理念。但是这个教育模式对于第三世界国家和后发展国家来讲，在一定时期是有其合理性的。教育的发展，尤其是国家主导的教育发展，一定是跟民族国家的目标联系在一起的，不可能脱离。中国在整个 20 世纪专业人才非常缺乏，我自己毕业于这种专业的工科学院，所以我对基层对技术人才的大量需求有很深刻的体验。苏联那个时期的这种模式使得学生在本科阶段就可以完成比较好的专业教育，出去工作立刻就可以发挥专业技术人才的作用，在这一点上，应该说它有相当的积极意义。自然，在海外，这种国家主导的专业化模式受到很多质疑，如认为民族国家成为教育的主导，教育本身的主体性好像被伤害了，但是我们从中国近代历史来看，这个专业化是有其必然性和合理性的。

我觉得今天对博雅教育和通识教育的重视应该怎样提，它的重要性在哪里，应该有社会学的调查作为基础，才能够有说服力。比如，以前我们用四年的时间就教育出专业化很强的技术人才来适应社会经济文化发展的需要，是不是我们现在已经发展到这个程度——这跟社会就业接纳的台阶联系在一起，假定我们现在大学培养的学生，大部分都学非所用，就是说我们的就业状况变成大学毕业生大部分不能作为技术人才、专业人才被社会所接纳，一定要到研究生毕业才能作为专业人才被社会接纳？如果是这样，那么大学要上什么课程，要培养什么人才就要检讨了，是不是还需要那么专业化？所以我觉得这个还需要一些实证的研究来支持。假如我们国家已经发展到这个阶段，就是大学毕业生不能作为专业人才来进入到各行各业，一定要研究生毕业，经过研究生阶段的专业训练才能成为专业人才的话，那么在大学阶段当然不需要我们那么重视关于专业化的考虑，这个一定要有实证的研究，否则的话，就可能有人提出说我们现在突出博雅教育是不是太奢侈了？我们在北大也遇到这个问题，北大元培教育计划至少已经有五六年了，学生进来不分科系，两年以后再选专业——在西方很多大学也有这种情况。数学系就提出意见，说这样四年培养的人才，和数学系原来自己培养出来的人才的专业水平差很多。假如数学系自己培养的人才，尽管专业水平相对较高，但还是不能直接进入社会的专业领域，还是要经过研究生阶段的培养的话，那么在本科阶段就的确不需要那么强调专业化的分殊。假如说我们的社会需求不是这样，假如说仍然有很多很多的专业人才缺口需要本科毕业的人作为专业人才来填补，那么民族国家的历史发展到这个阶段本身就不能不成为一个总体的制约。自由教育的理念能不能实现，这个制约是不能不考虑的,而民族国家的意志一定反对博雅教育,特别是在后发展国家的发展时期。我想这些需要我们做一些基础性的研究,来帮助我们思考这些问题。

另外,在美国重视博雅教育和通识教育的是私立大学,而我们国家没有这一块,我们现在的大学都是公立大学,都是从政府拿钱。在政府当东家的大格局下面,不可能不受到国家意志的影响,在这种情况下怎么说服国家接受这些自由教育的理念,这个也需要我们做一些研究。

我们的教育现在也在发生一些变化,原来是由国家主导的,慢慢地国家的意志有点弱化、相对弱化,国家主导的情况有点慢慢变成市场主导的苗头。市场主导对博雅教育和通识教育的发展也同样有很大的杀伤力。在这种情况下,怎样面对这个转型,特别是商业化的影响,我想不仅是在香港,在中国内地这个问题也是非常值得考虑的。

第三点,我想讲人文学本身。我们在座的都是研究人文社会科学的,我想很明显,现在强调通识教育或者博雅教育,我们自己将成为受惠者,或者我们要努力成为一个受惠者,对博雅教育和通识教育的重视会使我们人文学的地位进一步巩固甚至有所加强,这个是没有问题的,我们也是理直气壮的。当然通识教育不仅有人文社会科学,还有许多是自然科学的内容,甚至自然科学和人文社会科学相结合的内容。如果我们的目的是通过通识教育巩固和提高我们人文学在整个教育体系的地位,这对我们来说是非常合理的。但我们人文学目前受影响最大、最急迫的,还不是通过强调通识教育和博雅教育来巩固我们人文学的地位,在大学里面我们人文教育的学分可能不算少,据学生反映,对学生人文教育伤害最大的是目前"三课"的教法,把我们的通识教育搞得一塌糊涂,引起学生的极度反感,这个瓶颈没法突破。另外,从人文学研究本身来说,我想对我们伤害最大,最亟须改变的就是我们现在的评估体制和管理体系。完全用如黄仁宇讲的所谓数目字管理的办法、用一种完全理科式的办法,以钱为指标,你的科研成绩就看你申请了多少钱。社会学调查当然需要很多钱。一个哲学家只需要一支笔,他在那儿进行反思式的智慧活动,他需要什么钱? 但是你逼迫他申请一大笔钱,然后到街上到处问,你知不知道孟子这个人,你知不知道孔子这个人,然后你打一个报告,说花了 100 万。现行体制就是引导你做这样的事情。这种数字化的管理完全是理工科式的管理,是商业化的功利主义的导向,这个对我们的伤害是最大的。人文学要摆脱现在的困境,就必须考虑这个问题怎么样能够在教育改革中提出来,怎么能够解决。

(本文系作者 2004 年 11 月在首届开放时代论坛"大学改革与通识教育"上的发言)

"四书"教学的现状和前瞻

各位嘉宾、各位代表、各位朋友：

　　非常难得有这个机会大家齐聚一堂。这次来参加会议的是近十年来，高校里面做"四书"教学非常有经验的一批老师。他们的背景各异，有的本身就是做通识教育的，也有更多是中国哲学、儒家哲学的研究者，当然也有西方哲学研究的名家，像张汝伦教授。我们这次会议的参与者背景相当广泛，各自积累的经验也相当丰富，所以有这样一个机会是很难得的。我们上次在香山开会的时候是 2005 年，过去已经将近六年多了。为什么提到香山呢，因为关于"四书"教学，我们十年来有一个总体的背景，这使我们今天可以来讨论"四书"教学的经验。这个背景一是近十年来的"国学热"；二就是从 21 世纪初起大家对通识教育的共同关注。甘阳先生在这方面特别有心得，他在这方面做了很多工作，包括我们的香山会议，这个会议也是甘阳先生自己一手发起并推动的，清华国学院只是从旁协助来举办这个会议；第三个就是经典阅读。国学热、通识教育、经典阅读成为这十年来社会上三个重要的文化现象。在这个背景下，就推动了以高校为主要基地的"四书"的教学活动。

　　我想如果从经典的角度来讲，"四书"应当说是最没有争议的。今天，不管是从通识教育，还是从一般的社会文化的角度来讲，"四书"是第一位的选择，这一点就经典而言是没有疑问的。即使就儒家来讲，"四书"的重要性，应当说从宋代以来，在相当多的方面超过了"五经"。因为朱子也讲，"四书"既治，则"六经"可不治而明矣。还有朱子说四子是"六经"的阶梯，就是强调"四书"重要的地位。所以，它在经典中的地位是比较重要的。那么，在以国学热为标志的中华文化复兴之时，"四书"到底在我们的教育中扮演什么样的角色，这变成了很突出的问题。因为中华文化的复兴也是它的重建，这一重建最重要的是它的核心价值如何发挥作用。整个中国文化的基本价值应该说主要是通过"四书"建立和发显的。今天，它要在中华文化新的发展中发挥作用，当然首先离不开"四书"的教学。通过它的教学过程，把它一点点、一代代地实现出来。所以在这个意义上，我觉得，关于"四书"的教学不仅仅是一个教育的问题，而且是一个涉及文化重建和文化复兴的大问题，这是具有重要意义的。这是我讲的第一个意思。

　　第二点主要是关于"四书"的课程。现在"四书"课程的类型还是比较多的，大的类别无非是两种,即专业教育的"四书"课程和非专业教育的"四书"课程。如果从时代来讲,从过去到现在,"四书"课程不是仅从这近十年来才开始的。"四书"作为高等院校人文科系的专业课程,特别是硕士生、博士生的专业课程,是从80年代就开始有的,90年代有很多中国哲学的专业都开设这样的课程。但是显然我们今天讨论的关注点还不是这一类课程,不是中文系、哲学系甚至历史系所开设的专业课程。我们现在所碰到的问题是非专业教学类的、接近通识类的课程。通识课程在各个学校里的叫法不一样,很多学校还没有叫这个名字,还是以"选修课"这一类的名义出现。它们的性质是比较接近的。在我所说的这个国学热、通识教育和经典阅读被大家所关注的背景下,以"四书"作为中国文化经典的主要教材的课程大大发展,而主要是分布在大学的非专业教育之中。当然也包括教育体制外的社会人文教育,就像我们现在看到的很多学堂、书院,还有各种各样自发的社会教育组织。我们讨论的重点不是在专业教育的层次,恐怕也不是社会文化教育的层次,更多可能是高校所承担起的通识教育课程的这一层次。但这绝不是说我们只关心这个层次,也有可能会涉及本科或硕士的专业类教育,也可能会涉及社会的一些教育和经典学习。我只是说我们主体的讨论还是在这方面。但是,在这个主体的前提下,也须积极地促进和其他几个层次"四书"教育的共同交流。但重点还是在通识教育,这是我的第二个考虑。

那么刚刚一直讲过去和现在,还有一个未来的维度。第三点就是说,我们除了经验交流之外,还需要一些前瞻性的讨论,在如今文化发展的态势下,尤其像"四书"这样的课程,慢慢变成我们正式的国民教育体系的一部分,这应当说是指日可待的。虽然我们现在在小学到中学的阶段内有一些散见的中国文化的内容,包括课程内会有一些"四书"个别章节的选段,但是"四书"作为一个科目,整体地正式进入我们国民教育体系当中,这一点大概是可以期望的。这样一来,在日后初高中,我想特别是高中吧,就会有"四书"教育的设计,我想这个领域会更大,因为它涉及中学教育。我想我们要有前瞻性地来看整个"四书"教育的框架,包括大学通识教育,以及将来跟高中教育的对接和衔接。在这方面我相信台湾的学者在以前中国文化基本教材的教学中已经积累了很多的经验,我们也希望听到这样一些经验。

如果更广义地来看,我想这个所谓的"前瞻"还须更前瞻一些。因为"四书"的集结是在宋代,就儒家的经典体系来讲,这是它在古代形成以后一个新的集结。新的集结显然是要应对当时的新的挑战,《大学》和《中庸》的突出从唐代就开始了,《大学》主要是用"内圣外王"这样一个连续的框架来抵御和抨击佛教的输入,《中庸》则是要弥补儒家关于心与天道这样一些以往比较少谈的维度。因此"四书"新经典体系在宋代出现是因应了这1000年来人们所面对的一些文化挑战。今天在西学东渐的新情况下,我们对经典的结集有什么新的构想,这很可能是我们未来会碰到的问题。也许我们会有一些新的"四书"的集结。近代以来很多的儒学前辈和大家都提出,譬如说要强调《儒行》,那么《礼记》里有很多篇目都可以被重新选择了。像这类问题,我觉得都是跟我们新时期的经典教育,不管是通识课程还是社会文化教育,所相关的。

那么我就简单讲这么几句,还是特别欢迎大家一起来参与我们的讨论,也预祝我们这次的交流会能够圆满成功。谢谢。

※　　　※

我来作个总结,这两天听了整个的发言,从始到终学到很多的东西,我想尝试把大家的讨论作一些归纳,这些归纳可能有我个人的一些偏见掺杂在里面,也可能有不全面的地方。根据我们讨论的情况,我想归纳为六个大的问题。

第一个是关于"四书"的合教和单书教学的状况。总体来看,"四书"合教的科目比较少,单书的教学是比较多的,特别是《论语》《孟子》。因为合教与单书教学在方法上有很大不同,从这几天来看,大家对单书的教学更多采取精读的办法。"四书"合教的办法,用导读或者精选比较多。另外单书作为科目教学的名称可以独立,比如《论语》《孟子》,也可以纳入不同的科目框架里头,比如说"'四书'教学——《论语》",把它纳入在"四书"的框架里面。也有不少是纳入在"儒家经典"里,这些做法我们看是各有千秋,因为我们课程的目标、设置、担负的功能不一样,层次也不同。这是第一个问题。

第二个就是关于"四书"教学的立场、态度、出发点。基本上是两个,一个是德育取向,一个是文化取向。德育取向当然包括像张汝伦教授讲的"安身立命",文化取向包含人文素质、历史文化和知识,我们大概可以归为这两个取向。有的老师是强调把"四书"的教学从德育取向展开,重视德育的动力;也有很多老师注重从文化取向来展开教学。我们可以看出有两个明确的不同的方向,当然它们都可以很成功。但看起来呢,强调德育取向的老师,或者做得比较成功的,往往依赖于个人的因素比较多,个人的魅力、个人的能力、个人的生命感召力,比如说像张汝伦教授,个人魅力很强,另外比如说像邓新文教授,强调生命的感召,还有一些老师,像张卫红老师,也是强调这一方面。在这一方面它的施行和成功更多地依赖于个人的魅力、能力以至状态和生命感召力,这并不是能够普遍化实现的,这我想也是个事实。另外就是文化取向的教学,它不仅仅有教授知识的功能,就像我刚提到的这课程本身包含着引导学生对中国文化与儒家文化正确的了解,一定会涉及这些问题,涉及怎样纠正学生对中国传统文化一些错误的认识,这个功能不仅仅是一个知识的问题,广义上也算是一种文化的功能。所以我讲的德育取向和德育的功能、文化取向和文化的功能,各有各的长处。这是我们这次会议上看到的两个不同的做法,没有一定的结论,大家各自在强调每方面的要点。

第三个,我想是关于课程的吸引力和教育氛围,教育氛围就是大家提到的营造敬畏感。一个是吸引力的问题,一个是敬畏感的问题。吸引力当然更多的是集中在教学教育方法的形式上,敬畏感是由老师以身为表率,强调整体课堂的气氛,这是我们这次看到的两种不同的关注。这两种关注当然都很好,吸引力强调课程的效果,对学生的效果;敬畏感其实包含着一种文化的功能,强调怎么样养成学生对于中国文化经典和中国文化本身的敬畏感,这也是各有所长吧。

第四个,我想是关于"四书"教学的方法上的范例。看起来大多数教学是采取经典文本的讲解的方式,突出经典阅读,逐章逐节跟着文本来讲,这是我们看到的比较多的一种形式。也有另外一种,从内容体系去讲,比如今天徐洪兴教授那些讲法,他有好几个班,教学有不同的侧重,但是基本不是按照经典原著文本的章节次序跟着文本走,所以这个不是严格意义的经典阅读,是按照经典的体系来讲解的。我相信有其他老师也是类似这种情况。经典文本讲解阅读,就经典的思想内容体系来作介绍,各有所长,前者是突出这些年强调的经典文本的学习方式,后者是适合于某些特定的对象,比如说王杰教授讲的领导干部班没办法念这个文本,像很多一些国学班可能也适宜这种方式。

第五点,关于文化教育也好,通识课程也好,跟课程相配合的普及化的通俗化的教材建设,我们讨论的不是很多。有很多的老师把自己的教学经验进行总结,或者把自己的教案教科书出版,比较典型的是今天上午徐洪兴教授介绍的几种他关于孟子的教材。一个是教材建设本身要交流,另一方面我想就是总结鉴别教材本身可以帮助我们解决刚才有的先生提的问题,就是什么样的人适宜教这个课程。因为我想,我们不可能有规定说什么人有资格,当然教务处和院系是可以有程序,但是我想这些课程将来如果推广为全国性的、所有高校都要讲的课程的话,推荐教材就变成挺重要的工作。我们可以在一定的层级上推荐教材,现有的我们跟通识教育或者社会文化教育有关的教材,当然不限于推荐一种。你可能不是专门研究儒学的人,你可能是历史学系博士毕业,你愿意讲这个课程,我们可以有推荐教材,让你按照这个教材讲,这样可以给他一个选择的范围。我们有很多类似通识课程的这一层级的课程,也就是我们所谓非专业教育的课程,教材应该是很需要的。

最后一个问题就是,关于教育主体,怎样提高它的文化自觉和历史文化素养。

这个问题从这次会议也可以看出来,我们有个别同志的历史文化素养还需要进一步提高,以适合课程和同学的需要。我想即使我们这些同志没有问题,如果课程将来要推广,在全国大学推广,也必然会碰到这个问题。当然我们不可能对教课者提出很高的要求,但我想形式上的要求是必定的,就是提高教育者的文化自觉跟综合的历史文化素养,这个整体性要求是没有错的。

这是我归纳的几个讨论问题,关于"四书"合教和单书教学、德育的取向和文化的取向、吸引力跟敬畏感、经典文本和内容体系、教材建设和教师资格、教育主体的培养提高。总体来讲在这几个大的问题上以及更多的问题上,大家没有统一的结论,也不期望大家有统一的结论,因为课程确实层次不一样,目的不一样,很多课程的功能也不一样。讨论是开放的,但是我们希望开放的讨论大家可以互相取益,不管原来适合你自己的、你所擅长的教学课程是什么样的,相关的讨论总是有帮助的。我们第一天也讲,虽然我们可以分为专业教育和非专业的教育,非专业教育我们还可以分为通识教育和一般社会文化教育,但这些教育中也都有共同的问题,大家还是可以相互取益。

最后,我想现在的"四书"教学有两个很重要的特征,我个人印象比较深。一个是课程的设计教法、教材形式等,是非常多样的,这个多样性我相信大家都看到了,不排斥这个多样性,只是希望在多样性之间能够有更多互相的沟通。在多样性后面应该说是"殊途同本",不是"殊途同归",因为大家本来出发点一样,虽然大家各种课程的教法不一样,立场态度可能有区别,但是出发点我想是一致的,就是对于中国文化的传承和发展,大家抱着一份关心,我觉得这是非常难得的。

第二个,我们现在,至少参加我们会议的,承担"四书"教学的老师,我觉得跟一般的老师不一样,我们有满腔的文化责任感和文化理想。这在我们其他的教育领域、其他的科目领域里面还是比较少见的,我也衷心希望大家能够继续保有这样一份教育的热情、这样一份文化的理想,带动更多的老师参加这个教育的事业。

以上就是我作的粗浅的总结,不对的地方请大家批评。

（本文系作者 2011 年 12 月在高校"四书"研讨会开幕式和闭幕式上的致辞）

清华国学院与清华大学
——为清华国学院正名

2009 年 11 月 1 日，清华大学国学研究院恢复重建，正式揭牌。在成立大会后续的学术研讨会上，有位学者提出老的清华国学院的名称问题，强调老清华国学院的正式名称只能是"清华学校研究院国学门"，而不是其他别的名称。因为这个学术研讨会是成立大会庆祝活动的一部分，所以为了礼貌起见，我在会上没有把我的不同意见说出来。

其实，这个问题近年来有不少学者都提出过。这些学者多是我的朋友，而我对事不对人，在这里也就免去了他们的名字，并非有意掠美。这些朋友的意见相近，代表性的表达是说：老清华国学院的名称是"清华学校研究院国学门"，简称"清华国学研究院"或"清华国学院"，但绝不可称"清华大学国学院"；国学研究院和清华大学没有关系，国学院不可能和清华大学并立，有清华大学就没有国学研究院，有国学研究院就没有清华大学。

我要说的是，上面这种意见说对了一半，但却是只知其一，未知其二。1925 年清华国学院成立时的正式名称当然是"清华学校研究院国学门"，而当时主事者吴宓和校内外皆通称"清华国学研究院"，这应当是大家公认的。事实上，1925 年清华已开办大学部和研究院，已有大学之实；换言之，就实际情况而言，1925 年以后的清华已经是清华大学了，只是未能实现更名。1928 年 8 月南京国民政府大学院改清华学校为"国立清华大学"，委派罗家伦来北平接收清华，罗家伦到校立即宣布清华更名为"国立清华大学"。清华国学院是到 1929 年 7 月送走应届毕业生后而结束的，因此，1928 年秋到 1929 年夏的清华国学研究院当然是清华大学的国学研究院。所以，说"有清华大学就没有国学研究院"是不正确的。

今年 4 月是清华大学百年校庆纪念，有必要就此作一澄清。

（2011 年 4 月 6 日）

答《国学周刊》采访问

《国学周刊》：陈院长，在清华的历史上，1925 年曾成立清华研究院国学门，1929 年停办。2009 年 11 月 1 日，今天的清华大学国学研究院正式成立。现在的研究院与过去的清华国学院的组织结构有何异同？和国内培养研究生的国学院又有哪些不同之处？

陈来：老的清华国学院，最早的名字叫清华学校研究院国学门，1925 年正式的名称是这样。因为主持人吴宓先生的理想不是办成清华研究院国学门，而就是清华的国学研究院。所以他一直主张这样。因此当时大家通行的叫法就是清华国学研究院，也简称清华国学院，更多情况下大家叫清华国学研究院。这是当时的通称。老的国学院办了四年即停办。当然这里有各种各样的原因。但是它开创了清华大学的学术基础。1925 年清华开始办大学，应该说还是有远见的。在办大学的同一年，即开办了国学研究院。如果不开办大学，还是老的留美预备学校的话，就没有必要办国学研究院。所以建国学研究院本身就说明，它那个时候已经开始办大学了。而办大学应该有研究，其他的学科当时都没有基础，所以先办了国学研究院。到了 1929 年，四大导师几位都凋谢了，梁启超 1929 年 1 月去世，王国维早两年就已逝。这两个最核心的人物不在了，这是客观的原因。还有一些内部的问题，但是它确实奠定了整个清华的学术名誉和学术基础，因为那个时候清华的理工科还不可能有学术成果。当时清华国学院的研究水平代表国学研究的最高水平和世界水平。

在 1928 年时，清华学校就已经正式改名为清华大学。那时的国学院也就变成了清华大学的国学研究院。我们现在的清华国学研究院在名称上和以前基本还是一致的，但是体制不同。以前的国学院相当于研究生教育的机构。因为那时清华没有自己的毕业生，国学院的学生都是在社会上招生的，考试比较严格。考生都是一些师范高等学堂的毕业生，所以文化程度还是很高的。加上老师指导有方，所以那时招的 70 多个学生中，有四五十个都成为后来的学术大师。大家知道的像王力、高亨、姜亮夫等，好多都是一代学术大师。我们和老国学院体制不一样，是清华文科恢复以后开始复建的国学研究院，所以我们不履行研究生院的职能，而是高等研究院的性质。因为清华本身现在文科文史哲每个系都招研究生，所以我们再单独作为一个研究生培养单位来招生，没有必要。而且按照现在的制度，也招不了多少人。所以我们就不采取这个办法。这是和以前的老研究院体制上的一个根本不同吧。

我们现在的国学研究院，性质上属于大学的高等研究院。2005年，教育部有一个意见，就是关于高等研究院的体制的，教育部的意见是，这个体制要和现有的体制不同，不像现在的大学办一个研究所，有十几人到二十几人的编制，两年就满了，谁也不能进，谁也不能出。所以我们基本上参考了国际上流行的高等研究所的模式，基本上是学普林斯顿高等研究所的模式。现在这种研究院海峡两岸都有了，像台湾大学、复旦大学的研究院，都是这种高等研究院的模式。就是有一个比较小的核心的编制，而大部分人员都是流动的。比如我们就有四个层次的流动。我们最低的一个层次是博士后，有两年在这里做流动研究。然后就是访问学者、高级访问学者、讲座教授。所以有四个层次的流动。设立讲座教授是因为在清华我们办了三个讲座，即梁启超讲座、王国维讲座、陈寅恪讲座。主要是请世界一流的文史哲领域的专家来做讲座，每位专家的讲座有八周半个学期，这些讲课的记录、讨论都整理成书出版。这几年我们已经请好几位了，像去年比较流行的《现代世界的形成》，就是请的英国的一位人类学家来讲的。

我们请的讲座教授不一定都是研究国学的，他们可以是研究中国文化的，也可以不是，主要是人文社科领域里比较出色的专家，特别是人文领域一流的学者。再下来我们有高级访问学者，就是教授，我们第一个高级访问学者是香港大学政治系的系主任。还有一般访问学者，副教授这一级的。这个体制就变成一个可流动的国际化的研究平台。这是我们和国内培养学生的国学院的不同之处。一般国学院的体制是一个教学体制，像人大、武大从本科就开始招生，我们不是，我们是一个研究平台，所以我们不招本科生、硕士生、博士生。我们自己的教学任务都在哲学系，像我自己带学生、招学生都在哲学系。在国学院我们是从博士后开始。俗称、简称我们也可以叫国学院，实际上我们是国学研究院，跟严格意义上的作为教学实体的国学院是不一样的。

《国学周刊》：您在自己的文章中也多次提到要秉承清华国学院的精神，接续20世纪三四十年代清华人文研究的传统，参与清华文科的恢复振兴，把清华大学国学研究院办成具有世界影响的中国文化研究中心。能否请您谈谈清华国学研究院目前主要开展的工作？

陈来：清华大学国学研究院直属清华大学，为跨学科研究机构，国学研究院特聘及专职研究人员以高、精、尖为原则。清华大学国学研究院力图为中国文化研究提供一个一流的国际化的平台。研究院将依托清华大学现有人文学的多学科条件，关注世界范围内中国研究的进展，内外沟通、交叉并进，着重围绕中国哲学、中国史学、中国美学与文学、世界汉学进行多维度的深入研究，以高端成果、高端讲座、高端刊物、高端丛书为特色，为发展国际化的中国文化研究做出贡献。

我刚才讲到的三大讲座，那就是高端讲座。我们有一个刊物《中国学术》，是我们的副院长刘东老师主办的。《中国学术》的宗旨是：提升我国人文社会科学的研究水准，推展中文世界的学术成就，增强文化中国的凝聚力，促进中外学术的深度交流，使中文成为国际学术的工作语言。《中国学术》已经是中国文化研究领域具有国际声誉的一流权威刊物，应该说具有相当的国际影响力，在世界汉学界也算是一个高端的刊物。我们还办了一个《清华元史》，一个《国学文摘》，所以我们有三个刊物。尤其是我们的《清华元史》和《中国学术》，都是高端的刊物。丛书我们现在也出版了数种。一个是"清华国学研究"丛书，主要是我们自己的研究成果和我们的访问学者的研究成果。丛书内容包括：有关国学的讨论，老清华国学研究的历史，清华人文大师的传记，尤其是国学院专任、兼任、客座教授和访问学者、博士后学人，以及其他本院支持的研究计划的研究成果。

我们还专门整理和出版老清华国学研究的历史，"清华国学文存"丛书现在已经出了差不多快十本了。还有"清华国学讲座"丛书，请外国人做讲座，出版讲课的记录。这是高端的丛书出版情况。高端讲座方面，我们不仅有来上课的外国人，还有"清华大学国学讲坛"及"清华大学国学工作坊"。国学工作坊是比较随机、随意、小型的，就是国内外的学者来做报告。国学讲坛规模比较大，大概一个月一次，请的都是比较著名的学者。这些都是我们一直在开展的工作。

至于是否已经办成了具有世界影响的中国文化研究中心，我们还不敢说。毕竟我们才开展工作几年吧。

（本文系作者答《国学周刊》采访问文字实录，刊登于 2014 年 6 月 12 日《都市文化报·国学周刊》）

十五、游记

九州儒学会行记

1994 年 4 月上旬的福冈,樱花盛开,气候宜人。由九州大学主办的"东亚传统文化国际会议"经历了四年的筹备之后,终于在这里举行。参加会议的学者可以说代表了当今世界宋明儒学与新儒家学术研究的最高水平。参加会议的学者,有日本的源了圆、金谷治、沟口雄三、町田三郎,美国的狄百瑞、余英时、杜维明、傅伟勋、成中英,法国的汪德迈,中国香港的刘述先、赵令扬,韩国的金日坤、金学主,中国台湾的戴琏璋、蔡仁厚、龚鹏程等,中国内地来自北大、人大、中国社科院及浙江社科院的学者参加了这次盛会。九州大学著名学者冈田武彦担任本次大会的名誉主席。另一位九州学派的著名学者荒木见悟也到会两天。这是日本多年来所主办的有关儒家思想研究的最高级别的一次国际会议。

会议的核心人物是 86 岁高龄的冈田武彦先生,他以主编《朱子学大系》与《阳明学大系》而闻名世界。这次会议某种程度上可以说是由他一人筹划的,而世界各地学者也是冲着他老先生的面子而来九州参加会议的。冈田先生无疑是日本当今的大儒,冈田先生的老师是楠本正继,楠本正继的父亲是楠本硕水,这个传承代表了九州儒学的传统。福冈和整个九州地区是日本距离中国最近的地区之一,素来有儒学研究的传统,历史上福冈的学者如安东省庵与朱舜水有极好的友谊,开启了江户儒学的水户学派。而本次大会的议题之一是纪念福冈思想家贝原益轩,贝原益轩是日本 18 世纪朱子学的重要思想家,又是对日本实学思想有贡献的学者。

会议的另两个议题是中国与周边文化、新儒家传统。大会的筹划者本来可能希望在研讨宋明儒学的同时重点研讨当代新儒家的贡献与成就,但事实上有关当代新儒家的论文,本次会议的学者提交的不多,故未能成为一个中心议题。不过,报到第一天看到日程上余英时先生的题目是"现代儒家的回顾与展望",颇吃了一惊,因为他两年前的文章《钱穆与新儒家》引起了学界不少关注甚至争论。会议结束的第二天,在多久参观孔子庙,听完讲解员的介绍后,余英时先生带头向庙中供奉的孔子像行礼。当然,我想也不必夸张这个场景的象征意义,因为余先生也好,此次会议也好,都并不是以崇儒为宗旨的。

会议之后,我和张立文、李苏平、难波征南教授访游了柳川。柳川市在历史上是一座古城,城市由河道环绕,号称水乡,很像苏州的水城结构。两岸的树木茂密低垂,伸向河中。河上有桥多座,桥洞小而低,行船过桥时,头顶几乎要碰到桥,桥洞的宽度也只能过一条船而已。两岸的民居看似别墅,样式虽各异,但大多是日本传统的建筑样式,也有少数西式小楼,这里的建筑外面全部是铝合金玻璃,里面是传统的木拉门,两者的关系似乎说不上是何为传统、何为现代,也很难说何者为体、何者为用。

柳川历史上有两个名人,一位是与朱舜水交好的安东省庵,一位是明治时代的著名文学家水原白秋。我们参观了柳川的传习馆和古文书馆,柳川的传习馆为日本培养了不少人才,古文书馆则如档案馆,收藏了不少当时儒者的手稿和账簿。这使我了解到,在日本基层地方保存有大量的儒者文献,而这些文献都没有在各种图书目录中著录。

柳川市的行政级别我们很难说清楚,但有一点很清楚,即从柳川市长到下面的町长,透着与大城市不同的纯朴的气息。我们在一位町长家过夜,对日本普通人的和善有深切的感受。尤其值得一提的是,这位町长木下正美先生曾做过教员和教育行政工作,他出版的短歌诗集,印制十分雅致精美。在町长家晚餐,大家都穿着和服,品尝日餐,酒后茶余,我居然以五七五七七的形式作了一首汉俳短歌《柳川行》以谢主人。具有如此文化素质的基层干部,其管理的眼光和能力可想而知。日本的这种町城乡交错,到处的静谧和自然,全然没有大城市的喧嚣。中夜,与町长入附近久留米市一家卡拉 OK 尽兴,店堂不大,老板与老板娘正派、文雅、大方,令人感叹。此行对日本妇女尤增添了不少敬意,日本女性的勤苦、奉献、操持、谦恭,世所罕见,没有日本的妇女,既不能完全体现日本文化,也一定没有日本的现代化。

(1994 年 4 月记于九州)

下面是我当场写的短歌:

柳川行
——赠木下先生

春日耀九州

有朋远来共携手

柳川水上游

和食和服同欢语

汉诗汉字笑满楼

　　　陈来　北京大学教授　一九九四年四月十五

（这首小诗当时写在主人家的《传谊录》上，近来由难波先生、永富青地教授寄我，特此致谢。2011 年 7 月）

东 亚 之 行

一

　　今年上半年，先后到日本福冈、中国台北及高雄、韩国汉城（今首尔——编者注）参加会议，这几个地方都不是第一次去，而且开会游览，自然是走马观花，不能深入。比较不同的是，自觉得今年出行，心情比较平静，力求客观地了解各处的人与物。

　　这三个地方，可以说是东亚现代化的三个成功的例子。今年到日本，心情最平定，也对日本加多了几分敬佩。日本可以说是世界上最有秩序、最清洁、最安全的现代化国家，日本人的工作态度最令人敬佩，西方人攻击日本人只知道工作不懂得享乐，其实这是西方人在与日本人经济竞争失败后产生的一种嫉妒和说辞。其实日本人的特色并不是工作，而是其对待工作的态度，日本人的严肃认真、一丝不苟的敬业态度，是日本文化与日本人的特色。举例来说，日本出租车司机衣帽端正，手戴白色手套，表情严肃，身体挺直，像军人一样。与同行的余英时先生交换意见，都认为日本国民浸润着武士精神，没有丝毫怠惰散漫的习气。另一方面，日本人的工作态度也可以说实现了中国古代宋儒所说的"敬"的精神，用韦伯的话来说，把传统儒学修养文化中的"主敬"伦理转化为国民精神与工作伦理，这是日本文化的最重要的一份资源。由此想到余英时先生《中国近世宗教伦理与商人精神》从理学主敬说起，也许正是受到日本国民的工作伦理所启发，是有道理的。

　　韩国500年以来，受儒家思想特别是程朱理学的主导影响，在传统上是一个儒教国家。据柳承国博士的说法，滋生于韩国、与两班制度和士祸联系密切的韩国儒学，特别表现为烈士的道义担当精神。而正是朱子的理学成为近世烈士的精神资源，理学的"理"为忠士提供了道德原则的基础，这也是韩国学生运动风起云涌此起彼伏的内在传统。不过，韩国儒学在现代韩国的影响主要不是体现为"敬"的工作伦理，主要体现为"礼"的社会文化，韩国受儒家礼学的传统影响很大，很多传统礼俗传袭至今。比较来看，礼作为等级上下的规范，在韩国没有日本那么严厉，相对松缓一些；就人际关系来说，韩国人也没有日本人那么严肃，比较容易交朋友，韩国人比较急躁，有魄力、有热情。

台湾人也是中国人,而比起日本人、韩国人和中国大陆人,台湾人具有较多的人情味,这对我们来说,是与日本人、韩国人很不同的,因为语文相通,感情容易交流,这与香港人也不同。香港人也是中国人,与我们使用同样的文字,但并不像台湾人那样容易沟通。在台湾你会觉得这里的人都是地地道道的中国人,所以一般大陆人到台湾都会有亲近感。

二

走了日韩还有我国台湾这三个地方,心中围绕的问题是同一个:什么是现代化? 与此相关的问题是:传统在现代社会的角色是什么?

日本是非西方世界中唯一在经济上变成西方集团成员的国家。日本、韩国、我国台湾都被认为是现代化成功的亚洲国家和地区。从共相来看,东亚国家的现代化究竟意味着什么呢?

从东京、汉城、香港到台北,就表面的现象看,如就女性的装束来说,几乎没有差别,最多也只能说日本稍正式、汉城较细致、香港较性感而已,北京女孩子的服装也是一样,民族和传统的差别在这里完全不见,东亚的服装文化已经世界化。但服装不是本质的要素,比如,假定现代日本的其他要素都不变,只是装束维持传统不变,难道日本就不是一个现代化国家了吗? 显然不能这么说。又如中东几个石油国家,富庶而现代,但人民的服装仍是阿拉伯传统的服装。

从东京到台北,就城市而言,高速公路、加油站、24 小时连锁店、超级市场、大百货公司、地铁、小汽车、写字楼、大饭店,这些实体的建设构成了现代化的普遍物质要素,实体建设的“西体”,这是没问题的。大中小学、工厂、公司、科研机构、报纸、邮件、电脑、电话,是今天东亚各国及地区无差别的生活要素,传统文化在这里没有体现。现代化是指经济-社会的发展形态而言,是以工业化、城市化为基础的。

上述这些因素在中国可以说都有,中国现在的生活方式已经不是传统的生活方式了,中国与东亚其他地区相比,在现象上看,只是现代化的“量”的差别,如私人汽车较少、地铁较少、高速公路较少、超市较少等。这一事实告诉我们,20 世纪以来,世界上除了非洲一些地区外,其他地方的社会生活都已经脱离传统而走入现代,从而“量”的差别已经具有了“质”的意义。

因此,什么是现代化? 从类型上看,中国的城市社会与生活早已告别传统,人们的生活方式,如到公司上班,去学校上学骑自行车、乘坐汽车,都是百年来新的生活方式。然而,为什么中国人都认为我们的国家还没有现代化? 如果说资本主义生产方式和民主政治是现代化的标志,那么印度早已现代化了,可是不仅印度人自己不认为自己已经现代化,世界上也不认为印度已经是现代化国家。从台北到汉城,我始终在考虑,现代化说到底是要归结到人的生活质量来衡量和认识——衣食住行的满意程度。而满意程度虽然有相对性,但也应有一定的参照指标。在现实生活中,人们是根据他们所了解的世界先进生活标准作为现代化的指标的。比如,汽车化看来是一个重要指标,即使汽车都是低档车型,人均汽车占有量必须达到一定的程度,出行有私车代步,在生活质量上才是满意的。私有住房也是一项,拥有现代化厨卫和较多居住空间的私有住房,应当也是现代化生活的重要指标。再次,个人收入总量应超过衣食住行基本需要一定的额度,有旅游等其他消费的空间,这也是现代化生活的一项。最后,中国的城市生活早已经走入现代形态,但中国农民的收入很低,农村的生活状态在相当程度上还是前近代的,而农村人口占比很高,这一部分将是中国现代化最困难的部分。因此中国现代化的实现不是看北京和上海何时能达到东京或汉城的生活水平,而是要看中国内地的农村何时能达到日本、韩国、中国台湾农民生活的水平,这可能是衡量中国整体现代化最重要的标尺。

（1994 年 8 月）

十六、忆往

- 关于杜维明与"儒学第三期"
- 回忆 90 年代与庞朴先生的交往
- 敬悼刘述先教授
- 在张岱年先生墓前的讲话

关于杜维明与"儒学第三期"

　　杜维明先生是 1978 年第一次回来的,来了一个月。1979 年到 1980 年又来了差不多一年,1983 年又来了一次,那次是来参加汤用彤先生的那个会,当时李泽厚先生也在,后来有《燕园论学集》发布。然后就是 1985 年了,此后几年来得比较频繁。1989 年以后到 1994 年、1995 年有一段间隙没有来中国。我第一次见他是在 1980 年北京市哲学会,是他做报告,一直到 1985 年,其实这一段他没讲什么新儒家,没讲牟宗三,也没讲唐君毅,我们现在称之为现代新儒学、港台新儒学的那一套东西他并没有讲。1980 年他讲的是《道、学、政》。

　　到了 1983 年来,他给的论文是讲"体知",这篇论文收入了《燕园论学集》。1985 年,他讲的是"儒家哲学",在北大开的课。1985 年开始就有文化热了,这个时候他主要讨论的是文化问题。如果说他前两次来是讨论中国哲学,那么他这一次来就是讲的儒家文化和现代化的问题、儒家思想的现代转化问题。所以我想,如果你讲当代新儒家,也就是港台的当代新儒家,这个研究跟杜维明先生的关系是什么,这个还要澄清一下:其实并不是因为有了杜先生来,传播了新儒家这些思想,我们才开始研究这些港台新儒家的。"第三期"的问题,杜先生在北京是 1985 年就开始讲了,这个"第三期"发展和文化讨论有关系。他在 1985 年讲的主要是针对当时的文化热,儒学第三期的意思就是儒学仍有当代意义,仍然可以进行现代转化,如果没有现代转化、没有现代意义就没有第三期了,所以他更多介入的是文化。文化的讨论我觉得杜先生的功劳是不小的。功劳在什么地方呢? 就是庞朴先生 70 年代末写了孔子的文章,李泽厚先生 70 年代末也写了孔子的文章,但是整个 80 年代以来,批判儒家的多了起来。特别是到了 1982 年、1983 年以后,由于国内政治情况的变化、思潮的变化,基本上来讲有点像"五四"那个时代思潮的动向,就是对传统进行批评批判。我那个时候思想也是这样。那是现代化动员的时代,大家都有启蒙的意识在里面。

　　那时没有一个可以代表儒学的声音,我们内地没有一个儒学发出的声音。梁漱溟先生那时已经不管这些事了。杜先生的功绩在于把海外包括英语学界对儒家思想与现代化的关系、所谓儒家人文主义的各个侧面等带进来,作为当时文化热讨论里面的几大热点之一,使讨论更加多元化了,使得文化热不仅仅都是反传统的,而多了一个传统的声音。这个声音从当时到 90 年代一直到现在,了解的人越来越多了。儒学的第三期,就意味着儒学还有发展,这就是儒学的复兴,所以在文化热中学者把杜先生作为"儒学复兴派"。

所以,杜维明先生在中国大陆的功绩,并不是把新儒学特别是牟宗三他们的东西带进来,扩大牟宗三的影响。他更多是把儒家文化的现代转化和现代意义,以及外部世界讨论的丰富性带进来,使我们的视野开阔多了。当然,不是说他当时讲了就有很多人同意,他讲的恰恰是很多人都反对的。年轻学者像杨念群、陈奎德都写了文章,当然还有李先生和朱先生他们。我记得当时黄克剑也在《读书》写了文章,基本是对杜的观点的否定。当然更不用说还有其他一些学者了。但我认为杜先生有一点是很好的,他始终是以非常开放的态度面对批评。这个我觉得是不太容易的。他始终用开放的态度来和别人交换意见、沟通。我觉得这是很难得的。你要碰到台湾其他的新儒家,恐怕就很难这样沟通了。另外,杜先生他本身虽然是新儒家,不同意"五四"的观点,但是他总是说他对"五四"有同情的了解。他当时有一个讲法,说某种意义上他也是"五四"的继承人,而且他也经常批判所谓"封建遗毒"。这方面我觉得他非常开放,不是纯粹保守的、原教旨主义的学者。

至于儒学第三期,我们知道杜先生有两个讲法,一是顺着牟宗三讲,就是从先秦、宋明到现代;一是从中国到东亚,到世界。可是"新儒学"这个概念,我们讲到"新儒学""新儒家"的时候,杜先生讲的还是在熊十力、牟宗三的这样一个系统里面,是在这个线索下面发展的概念。所以杜先生新儒学的概念、新儒家的概念,没有他儒学第三期的概念那么广。这个问题我想是一个比较大的问题,比如李先生他也讲荀子呀、马克思呀等,就是强调新儒学、新儒家这个概念本身也可以是很丰富的。所以,如果我们脱开香港或者台湾的角度来看整个中国儒学当代和未来的发展,一定是非常丰富的,绝对不可能是熊十力、牟宗三的一枝独秀。所以我们说新儒学在中国不仅受到研究,将来它本身会有所发展,这个发展一定是超越所谓心学的系统的,是非常丰富的。

（本文系作者 2007 年 10 月 29 日在"儒学第三期的三十年"座谈会上的发言）

回忆 90 年代与庞朴先生的交往

庞朴先生是我国人文学领域的著名学者,也是我个人的良师益友。庞公学问深厚,思考机智,文笔活泼,待人平易和气,从没有大学者的身份感。我认识庞公 30 多年,交谊匪浅,这里以 90 年代我与庞公的交往为主,作一点回忆,以纪念庞公的逝世。

1994 年,在中美关系于 1989 年风波后进入冻结期多年后,随着美国高官访华,美国学者也终于恢复了和国内学术界的交流。这一年杜维明先生在数年禁足中国大陆之后来访北京,我当时跟他谈了再访美国的事情。1995 年杜维明先生接任哈佛燕京学社社长后,考虑了一个计划,想请庞公和我去哈佛讲课。照这个设想,应该是庞公先去,然后是我去。但当时我有一个问题,就是我想这次带我的儿子一起去,而我的儿子正在上初中二年级。如果我在庞公后面去美国,正是小儿上初三,他这个时候若和我们一起去美国,对他的中考会有影响,所以理想的安排是在他初二这年和我们去美国,这就不会对他的中考有影响了。我把这个顾虑跟杜先生说了以后,杜先生就和庞公商量,庞公说没有问题,让陈来先去。这是庞公对我的第一次照顾。于是 1997 年 1 月我去哈佛东亚系任客座教授,当时是包弼德任东亚系主任,同年 10 月我才回国。

1997 年 8 月庞公来到哈佛,当时同在哈佛的社科院美国所的严四光先生打电话给我,说庞公来了,我立即到庞公的房间去看他。当时我们都是住在哈佛燕京学社长租的房子,在 Garden Street 29 号的一座四层公寓楼里,一楼是哈佛警察局,非常安全。我到庞公的房间,看到他女儿送他一起来,大概他先到西部他女儿那里探亲,然后一起到东部来。我看庞公房间没有电视,就从我房间抱了一台电视给庞公。庞公甚喜,说"陈来对我当然是大力支持!"因为我儿子来美时,他单独住一个房间,我们就给他弄了一台电视,庞公来时,我儿子已经回国,所以我就有一台富余的电视。

庞公来了以后,我们两人就经常一起活动,特别是周末逛 yard sale。80 年代我来过哈佛,那时中国人没有什么钱,大家都很喜欢逛 yard sale,用很便宜的价钱买一些需要的东西。90 年代再去哈佛,我对 yard sale 的兴趣依然如故。每逢周五晚上我就到附近沿街路边的电线杆子和记事栏上看看广告,记下周末附近 yard sale 的地址，周末我就拿着地图带庞公去逛 yard sale。庞公主要是买些小电器，如电话、充电器等。有此习惯后，一到星期六早上庞公就打电话来，催我出去，这成为我们在 Cambridge 的一项乐事。

因为住在同一个楼，平时常和庞公聊天，我印象最深的是庞公讲他在"大跃进"时期在农村的一段经历，可惜具体内容我忘记了。我只记得，我当时对庞公说，你应该把这一段经历写出来，让大家具体了解"大跃进"的历史，这非常重要，因为我这一代人就不太了解"大跃进"的具体历史，后人就更不了解了。

快到八月十五了，我就问庞公会不会包饺子，庞公说那还不会，于是我就操办买肉馅和菜，在庞公的房间里和面、做馅、擀皮，我和庞公两人一起包饺子，吃饺子喝葡萄酒过节，其乐融融。总之那两个月我和庞公的生活关系很密切。

那时庞公正集中精力作方以智《东西均》的注释，庞公最注重"一分为三"，因为方以智《东西均》书中有"圆伊三点"，庞公总觉得与"一分为三"有些关系，所以投入其中，乐此不疲。那时庞公作注释已经进入后期，有一天，他写了一张纸给我，上面列了 20 条左右他在注释《东西均》时不能解决的事项，希望我帮他解决。其中具体的事项我现在也记不清了，我只记得我当时也只能解决其中几项，如"新建"是王阳明等，多数的问题我也不能解决。次年也就是 1998 年 4 月，庞公又给我两页纸，上面写："陈来兄：《东西均》已粗注完了，剩下一些钉子户，难以解决，谨抄上难点若干，请便中指点。"下列 20 余条，我仍然大部分帮不上忙，只提了几点，如晦堂是晦堂祖心、海门是周海门、谭子是谭峭而已。那时还没有互联网，如果像今天一样方便，庞公也就不用询问他人了。

最值得一说的事是，在这期间庞公送给我一台笔记本电脑。那时我在家用的是 286 微机，是 1993 年买的。出门旅行当然就无法用电脑了。大家都知道，在北京的学者之中，最懂电脑的一个是庞公，一个是楼宇烈先生。庞公当时在哈佛用一台笔记本电脑工作，那是他女儿给他的。他女儿那时好像在 AT&T 工作，公司电脑换代，旧的淘汰给员工，就拿给庞公来用了。但庞公来美之后，他女儿又拿来一台，与庞公自己用的那台完全一样，于是庞公就把这台新拿来的送给我。这台电脑的电源有一点问题，我就换了一个电源，开始使用起来。当时我随身带着"嘉靖时代王学讲会"的稿子，这个稿子是我在 1995 年秋至 1996 年春在日本东京大学讲学时写的。从日本回国后，此稿之所以一直未发表，是因为我看到王学讲会多在当时的寺庙中举行，所以想多找一些佛寺志方面的资料来补充。但 1996 年回国后，在北大图书馆一直没有找到我理想的材料，1996 年在台湾"中研院"文哲所开会时我也去"中研院"的图书馆找过，也没有找到我需要的资料。所以这部稿子 1997 年就带到美国来了，我在燕京图书馆倒找到一些可用的资料。有了庞公给我的笔记本电脑,我就把这篇 4 万多字的稿子输入电脑之中,很是高兴。因为从此出国就不怕没有电脑用了。这是庞公对我的第二次照顾。

用这部电脑,1998 年我写了关于郭店楚简《性自命出》的文章,1999 年春我在日本关西大学,也是用这部电脑写了《郭店楚简与先秦儒学》《帛书易传与先秦易学的分派》《世纪末中国哲学的挑战》等。但 1999 年 5 月当我写完《世纪末中国哲学的挑战》,电脑突然坏了。回到北京请专业人士看也无法修了。1999 年秋我到香港中文大学客座,我就写信让当时还是博士生的彭国翔到系里找人把这个电脑硬盘中的"嘉靖时代王学讲会"的文件复制出来,交给《中国学术》发表。这台庞公送给我的电脑终于完成了它的使命。

说到郭店楚简,庞公和我的合作因缘也值得一提。1998 年 4 月中旬,我和庞公一起参加一个会议,我就问庞公,荆门出土的竹简出版了你知道不知道,庞公说不知道啊。这批楚简是 1993 年出土的,由考古学、文字学的专家进行整理。陈鼓应先生因为听说这批竹简中有对话体的《老子》,所以也一直关注其出版,并跟美国学者联系,安排了等此书出版后立即在美国达特茅斯学院开学术讨论会。1998 年4 月中旬此书出版,出版后先对学界保密,只复印若干份给准备 5 月 20 日到美国参加会议的学者使用。由于北大哲学系有学者收到复印件,准备到美国开会,我们就知道了这个消息。于是我告诉庞公,听说其中有《五行》,还有一些儒家的典籍资料,你要认识文物出版社的人,想办法弄两本我们先看看。庞公听说其中有《五行》,兴趣立刻来了,说他认识文物出版社的社长,他来办。那时国际儒联成立不久,庞公为国际儒联学术委员会主任,过了几天,庞公找我,说楚简中的儒家部分已经复印了十几份,要发给在京有关学者研究,并且定于 5 月 2 日赶在美国会议之前在国际儒联开会研讨。然后他把郭店楚简中的《性自命出》复印件拿给我,说"这个最难的给你"。这是庞公对我的第三次照顾。于是我就用那台笔记本电脑,用了几天时间,写成了《荆门郭店竹简〈性自命出〉篇初探》。1998 年 5 月 2 日在国际儒联会上我宣读了论文,当时会议由庞公主持,大家作了广泛的讨论。时任国际儒联秘书长的姜广辉也对郭店楚简非常有兴趣,于是由庞、姜二位代表国际儒联,在那两年中对郭店楚简的研究作了积极的推动,我作为主要成员自然也参加了儒联主办的关于郭店简的不少活动。

1999 年春天的学期我到日本客座,秋天开始在香港教书,接下来的几年中常在香港教书。2002 年庞公因意见不合而离任国际儒联,国际儒联曾希望我继任学术委员会主任,我怕引起庞公误会,故未接受。但在郭店楚简方面我们继续合作。2005 年庞公移驾山东大学,主办山东大学儒学研究中心,召开研讨会,我去参加了,提交的论文是《郭店楚简与儒学人性论》。2005 年 10 月 27 日,由我主办的北京大学儒学研究中心和庞公的山东大学儒学研究中心在北大哲学系共同主办召开了"郭店竹简与思孟学派"座谈会,对郭店楚简的发现对思孟学派研究的推动进行了专题讨论。

2006 年夏我到哈佛后对这一专题继续做了研究,11 月我给庞公写了一封邮件:

> 庞公:
> 今天收到荀子会议的预备通知,明年 8 月我应该可以参加。
> 5 月来美,暑假写了两篇《五行》的文章,一篇曾交武汉会议宣读,吾公或已闻之。大意在尊著的基础之上,再尝试提出一点新见,即以子思作郭店《五行》为前提,而提出帛书《五行》之说部为孟子所作或以孟子之名流传于当时,换言之,以子思倡之于经、孟子和之于说,来坐实"子思倡之,孟轲和之"。如此,则"思孟五行说"之成立可完全无疑。总之,目前简帛研究与思孟研究,须加入新的推动力,意以此聊备一说,以促进研究之发展也。
> 即颂
> 道安
>
> 陈来

庞公回我:

> 陈兄,您好!
> 五行大作,可否在简帛网上发一下,以为小网壮威。如无不便,即烦寄 webmaster@jianbo.org。
> 敬礼!
>
> 弟庞朴
> 11.25

从哈佛回国后,2007 年 8 月即到山东开荀子会,我也去看了庞公的中心新办公室,但此后庞公身体渐差,行路亦有困难,与庞公再不能像 90 年代那样有密切的往来了。

仅以此小文纪念庞公。

敬悼刘述先教授

　　三年前,到深圳大学参加儒学研讨会,看到刘述先生夫妇也来参会,心中很高兴,许久没有看到他们夫妇二人一起跟大家相聚。只是遗憾地看到刘先生活动有些不便,他夫人告诉我是患了帕金森病。不过此病并不影响思维,刘先生在会上的讲演述及三代新儒家,而特别提及他与杜维明先生的一致追求,我仍然记忆犹新。

　　去年我去台湾开会,上午在台大高研院做了报告,随即先行离开,因为我约了要去看刘先生,并想请他一起吃饭。近年我去台湾的频率也不太高,一年最多一次,而刘先生患病在身,内心觉得恐怕见一次少一次。这次因为知道陈荣开也在台北,以故行前托荣开去联系,一定要和刘先生聚一下。荣开带我上了计程车,说刘先生现在不要别人请客,他已经碰了一回壁。我们到了约定的酒店,并不在南港,而是在台北市中心,让刘先生跑这么远来,我本来于心不忍,但这是刘先生定的地方,也只好如此。我们先到不久,刘先生夫妇乘计程车而来,坐下寒暄后,我说今天我作个小东,您一定要给我这个机会。刘先生说,你还没资格。我只好恭敬不如从命。

　　饭中刘先生说,你曾经有一段研究到古代去了,你的《仁学本体论》我已经看了,从古代、王船山回来了,我觉得很好。可见刘先生对我的学术发展还是很关注的。其实,1999年我去香港中文大学,本来就是刘先生一力促成,希望我来接续他退休之后的中大儒学发展。

　　吃饭很欢洽,刘夫人还是一如既往,非常健谈。饭后二位又同乘计程车,同我们挥手告别离开。这一场景,至今还历历在目。

　　今天在澳门开会,收到短信,转来林月惠教授发来的信息,告知刘先生离世的消息,心中颇感怅然。刘先生是第三代新儒家的代表,出道甚早,以牟宗三先生为其父执,他在东海大学还曾教过杜维明先生,80年代至90年代20年间主掌香港新儒家的大本营,在第三代新儒家中居于中坚的地位。他退休后转到"中研院"文哲所,更加强了对牟先生去世后台湾儒学的引领。总之他一生著述不断,在儒学研究方面不仅造诣甚为深厚,而且不断结合欧美的新的哲学、宗教的发展,据本开新,在理论上开出新的局面,为当代儒学做出了不可磨灭的贡献。

哲人其萎,深切悼念刘述先先生。

陈来敬悼

2016 年 6 月 6 日

在张岱年先生墓前的讲话

张岱年先生,字季同,一字宇同,原籍河北省献县。1909 年 5 月生于北京,2004 年 4 月因病逝世于北京。张先生是我国当代著名的哲学家、哲学史家、国学大师,撰述等身,成就卓著。张先生也是著名的哲学教育家,从教 70 余年,桃李满天下。

张先生的哲学学术活动主要为三个方面:哲学理论研究、中国哲学史研究和文化问题研究。在不同时期,他的学术活动的重点有所不同:在三四十年代他的研究以哲学理论为主;50 年代至 80 年代中期他的研究以中国哲学史为主;80 年代后期以后以文化问题研究为主。在哲学理论方面他建立了"解析的唯物论"体系,成为现代中国少数建立了自己体系的哲学家之一。在文化问题研究方面,张先生创立了"综合创新"的文化观,在现代中国文化建设中发挥了重要的作用。张先生长期从事中国哲学史的研究,有着极高的造诣和广泛的建树。他的研究重视阐扬中国哲学固有的唯物主义和辩证思维传统,他的著作对中国古代哲学的概念、问题、条理、体系及其起源、演变做出了全面的论述和准确的分析,体现了他在把握中国哲学方面的广阔性和深刻性。他是当代中国哲学研究最有威望和成就的大师,他对中国哲学的精湛研究,他对中国哲学思想资料的全面把握和准确诠释,使得他和他的研究在国内外学术界享有崇高的地位与影响。

作为张先生的学生,我们深深地体会到,有些学者的贡献往往可以归结为几个学术观点,而张先生在中国哲学领域的贡献,绝不是用几个学术观点就能说明的。在当代研究中国哲学的学者中,张先生除了对中国哲学的概念、命题有最全面和准确的把握和理解外,对中国古典哲学整体体系、结构、倾向有清晰的分疏,对中国哲学史史料的熟悉掌握和渊博十分惊人,他在中国哲学领域的综合造诣已经达到了我们这个时代的圆熟的高峰。除了佛道教外,中国哲学史中几乎没有什么他未涉足过的,尤其是对先秦哲学和宋元明清哲学这两大中国哲学最主要的部分,他都有广泛、精深的研究。他所具有的对中国历代哲学家思想的完备的知识在当世学者中很少有人能与之相比。

张先生擅长于解析一个概念所具有的多个不同含义,和揭示概念的含义在历史上的发展和演变,所以他的造诣和水平渗透、体现在他的十几部著作和数百篇论文里,体现在这些著述中他对概念的分析与论概念意义的演变的字里行间之中。可以说他的著述中处处体现了他对中国哲学问题、概念的准确把握和界说,体现着那种深厚的对于概念理解和说明的功力。张先生以逻辑分析法应用于概念、命题的系统研究,为我们提供了研究中国哲学的最重要的方法典范。

张岱年先生和冯友兰先生一样,是 20 世纪我国中国哲学史研究最有成就的德高望重的大师,张岱年先生的学术贡献是永垂不朽的。

张先生和张师母相濡以沫,白头偕老,携手走过了 70 年的岁月,又携手同时而去,这是他们令人羡慕的福气。在今天这一缅怀他们的时刻,让我们衷心祝愿他们在天堂里相扶相持、相依相知,满心欢喜,一如他们的生前。

(2005 年 4 月 24 日先师张岱年先生与师母冯缵兰女士骨灰安葬仪式在北京西郊天寿园举行,应尊超世兄的邀求和计划,在仪式开始时我宣读了事先拟就的讲话。今天是张先生的忌日,也是古礼弟子持心丧三年的完成,特将此讲话发表,希望和大家分享对张先生的怀念。2007 年 4 月 24 日)

后　记

多年来，在学术著作之外，我也写过不少文字。这些文字中有一部分是对师长前辈的回忆纪念，收入了早先出版的《燕园问学记》和后来出版的《山高水长集》。还有一部分属于文化评论，如我对北京文化和大学文化的评论，收入了《北京·国学·大学》一书。

而更多的部分是我对中国文化的学术思想短论，或称学术随笔，即不是长篇大论的、注重史料论证的学术论文，而是突出主题，以两三千字，集中阐述我对某一中国文化问题的见解和主张。这部分文字虽然不是学术论文，但在我自己看来，在表达思想文化观念上，也是很重要的一类作品，和我的学术论文互为补充。它们在形式上近似随笔，其实并非随想，其中往往都凝结了凝重的思考。

这部分文字最初用处各异，后基本上都载入我的新浪博客，当然博客中也有其他内容。以前在九州出版社出版《陈来讲坛录》时，曾计划在该社后续出版我的随笔录、访谈录。后来情况变化，翟奎凤博士帮我编了《陈来儒学思想录》，焦雅君女士帮我编了《陈来二十年访谈录》，这两本书先后在华东师范大学出版社和中华书局出版。而本书收入了我关于中国文化的学术思想短论，由清华大学出版社出版。

本书所收入的各篇，先由博士生焦德明在我的博客中选取排序，再经我加以调整，交付出版。由于本书的内容都是围绕中国传统文化加以讨论，并无集中的焦点，故命名为《国学散论》。在本书即将出版之际，我要感谢清华大学出版社的梁斐女士和她的严谨工作，感谢清华大学哲学系提供的出版机会，也感谢各种各样的文化机缘——正是这些机缘促使我最初写下了这些文字，并以这些文字参与了当代中国的文化实践。

陈　来

于清华学堂

2018 年 10 月 30 日